善与忧愁

中国近代社会和文化掠影

朱新屋 / 著

中央编译出版社
Central Compilation & Translation Press

图书在版编目（CIP）数据

善与忧愁：中国近代社会和文化掠影／朱新屋著. —北京：中央编译出版社，2022.7
ISBN 978-7-5117-4204-9

Ⅰ.①善… Ⅱ.①朱… Ⅲ.①社会生活-历史-中国-近代-文集 Ⅳ.①D693.9-53

中国版本图书馆CIP数据核字（2022）第109743号

善与忧愁：中国近代社会和文化掠影

责任编辑	郑永杰
责任印制	刘　慧
出版发行	中央编译出版社
地　　址	北京市海淀区北四环西路69号（100080）
电　　话	（010）55627391（总编室）　（010）55627309（编辑室）
	（010）55627320（发行部）　（010）55627377（新技术部）
经　　销	全国新华书店
印　　刷	北京时捷印刷有限公司
开　　本	710毫米×1000毫米　1/16
字　　数	285千字
印　　张	20.5
版　　次	2022年7月第1版
印　　次	2022年7月第1次印刷
定　　价	98.00元

新浪微博:@中央编译出版社　　　微　信:中央编译出版社(ID: cctphome)
淘宝店铺：中央编译出版社直销店(http://shop108367160.taobao.com)　（010）55627331

本社常年法律顾问：北京市吴栾赵阎律师事务所律师　闫军　梁勤
凡有印装质量问题，本社负责调换，电话：（010）55626985

前　言

收录本书的13篇论文，陆续完成于过去的10余年间，其中绝大多数曾公开发表，主题均跟中国近代社会和文化相关。之所以收录成书出版，主要是为过去一个阶段的研究工作做个交代。因我原来主要从事明清史研究，因此这些论文体现了某种打通明清史和近现代史的努力。说起来，打通明清史和近现代史，既是近年来学界关注的热门话题，也是我在相当长时间内的学术关怀。年轻时眼高手低的学术雄心，使我不太愿意被后设的人为断代所限制。或者用相当矫情的套话来说，研究历史是为了更好地把握当下、开拓未来。历史学家虽然表现出对历史起源问题的浓厚兴趣，并致力于解释诸多历史事象之间的因果联系，但是也从不隐瞒自身的现实关怀。正如爱德华·卡尔（Edward Hallett Carr）所说，历史是"历史学家跟他的事实之间相互作用的连续不断的过程，是现在跟过去之间的永无止境的问答交流"①。"当下"仍处于"历史"的延长线上，当人们站在"当下"回望"历史"，从"过去"中抽取出某个历史片段并赋予它秩序/解释的时候，"当下"和"历史"之间的纠葛已发生了多次往复。这大约是致力于打通明清史和近现代史的潜在原因。

---

① 爱德华·卡尔：《历史是什么》，陈恒译，北京：商务印书馆1981年版，第25页。

离开了现实关怀往往使学术研究无所附丽，正如离开了现实职业要求的理想追求无所附着一般。人生的种种际遇你无法选择，从事历史学的研究也一样。据说曾有人跟历史学家洪业说，"历史"这个词听起来有点像"立死"，是一种"死了"的学问。不过，马克思和恩格斯说过："我们仅仅知道一门唯一的科学，即历史科学。"① 恩格斯后来还说："历史就是我们的一切，我们比其他任何一个先前的哲学学派，甚至比黑格尔，都更重视历史。"② 不论怎样解释这些话，这些话总是能带给我们前进的信心和动力。但是在一个普遍缺乏"历史感"的时代从事历史学研究，除了勇气还需要现实基础的支撑。所以坦率地说，致力于打通明清史和近现代史，并不完全出于学术自觉，很多时候恰恰是人生境遇被动选择的结果。虽然并不完全"著书都为稻粱谋"，但撰写这些论文的直接缘起，大都出于现实工作的需要。随着历史系培养的人才数量越来越多，不少受过历史学训练的青年学者逐渐进入马克思主义学院工作，原来从事中国古代史，甚至世界史研究的学者，因承担了"中国近现代史纲要"课的教学，"在马言马、在马教马、在马研马、在马信马"，不断推动自身的学术转型。收录在本书中的这些论文，既体现了这种学术转型的自觉，也是这种学术转型的结果。

说起来，学术转型并非易事，也并非天马行空、毫无来由。换而言之，任何学术转型都不可避免地带有此前的痕迹。既有的研究训练，从研究对象的选择，到研究视野、方法和思路的厘定，在为学术转型提供了研究基础的同时，也规范和限制着转型的思路。如何将既有的研究基础和新的研究对象、研究领域产生"视域融合"，是学术转型面对的首要挑战。正因如此，进入中国近现代史的研究领域，我仍小心翼翼地谨守着社会文化史的研究理路。不过，一方面，在中国近现代史研究领域，社会史、思想史、文化史、经济史、政治史等专门史，远比中国古

---

① 《马克思恩格斯选集》第1卷，北京：人民出版社1995年版，第66页。
② 《马克思恩格斯全集》第3卷，北京：人民出版社2002年版，第520页。

代史领域更加难以区分。另一方面，我也知道，"革命"毋庸置疑是中国近现代史的核心议题。参加工作以来的这段时间，我也同样做过不少有关革命史或中共党史的研究——本书中收录的《〈扬州十日记〉与辛亥革命——一个书籍史和阅读史的分析》，大概也可以归入革命史的范畴。所以尽管本书揭橥"社会"和"文化"两个主题，实际上背后仍有"革命"的关怀在。本书以"善与忧愁"为主标题，来自书中收录的第1篇论文。这篇尝试讨论明清士绅阶层如何被制造出来的论文并不成功，我却觉得仍有意义。考虑到"善"是我长期以来处理的命题，"忧愁"则始终跟现实生活脱离不了干系，姑直接以此命名，实并无深意。

细心的读者或许会发现，收录在本书中的论文基本上都属于个案研究——表现在形式上，这些论文基本上都存在正副标题，特别是人物个案研究，包括汪辉祖（1731—1807）、冯桂芬（1809—1874）、王毓英（1852—1924）、严复（1854—1921）、高谊（1868—1959）、聂云台（1880—1953）、福建籍南社成员、顾颉刚（1893—1980）、江绍原（1898—1983）等过渡时代的知识分子。然而学界往往存在一个惯例，即以某个历史人物为个案的讨论，往往容易被批评为"以个别代替整体"，容易导致历史研究的"碎片化"，从而被排除在学理意义上的方法论范畴之外。实际上，钱穆（1890—1995）很早就指出："余曾谓历史记载人物，而事必出于人，故中国史重人尤重其事。一美国史学家当面质询，果使其人为历史人物，则其事又岂得见于史。"① 20 世纪以来过于"社会科学化"的历史研究，实际上是受到梁启超（1873—1929）"新史学"以来的诸多范式综合影响的结果，放弃了原有以人物传记为书写中心的历史传统。在这种"社会科学化"的研究趋向之下，"整体论""结构论"取代"个体论""人文论"，进而对后者提出了批评。这种批评当然并非毫无道理，但是"人"所具有的能动性（agency）意味

---

① 钱穆：《现代中国学术论衡》，北京：生活·读书·新知三联书店2005年版，第108页。

着，历史研究首先应该关注"人"（及其行动），然后才是关注规范其行动背后的"结构"，却毋庸置疑。因此本书并不介意诸如此类的批评，并且认为个案研究并不必然导致近年来饱受批评的"碎片化"，恰恰通过诸多个案研究，从心灵史、阅读史、书籍史或观念史等层面，展开对诸如辛亥革命前后中国社会变迁、中国现代学术的形成等宏大命题的掠影式描述——虽然从书名就可以看出，这些论文既有对历史深处的细节描摹和深度解读，也包含研究者个体情感的主观投射。

在这种思考之下，本书将收录的论文大体上按照研究主题和时间顺序分为"时代与心灵""社会与文化""思想与学术"等三组。

第一组的主题是"时代与心灵"，包括4篇论文，时间集中在晚清（主要是19世纪下半叶）。其中，《善与忧愁——从〈病榻梦痕录〉看汪辉祖的精神世界》以乾嘉时期的著名幕僚汪辉祖（1731—1807）为例，从《病榻梦痕录》（及《痕续余录》）这本"年谱"和"学谱"中，拈出"善"和"忧愁"两个关键词，讨论如下问题：对于像汪辉祖这样的士绅阶层而言，"善"构成一种意义世界吗？"善"和"忧愁"有什么关系？如果"忧愁"无法避免，那么"忧愁"的本质是什么？《晚清时期的宗法调适与宗族转型——以冯桂芬为例的考察》则以冯桂芬（1809—1874）为例，将冯桂芬等"口岸型知识分子"视为马克斯·韦伯（Max Weber）所说的"理想类型"，考察冯桂芬在应对晚清大变局的时代氛围中，如何对既有的宗法观念进行重新理解和诠释，推动宗族的重构和转型。在此过程中，发现"反观三代"仍然是以冯桂芬为代表的"早期维新派"的重要思想方法，在"以保甲为经，以宗法为纬"的总体主张下，对宗法调适和宗族重构提出具体的路径。《由爱乡而爱国——从王毓英看晚清民初的地方自治》把温州地方士绅王毓英（1852—1924）作为分析对象，把晚清民初流行的"地方自治"观念落实到具体的"人"（士绅）上，强调晚清民初的地方自治热潮，不完全是政治变革和社会变动影响下的新事物，而实与明清以来士绅的"化乡"观念和实践有关,从而揭示出那个"过渡时代"士绅"由爱乡而爱国"的文化逻辑。《变道与变法——严复政治思想的变与不变》以严复(1854—1921)为例,讨论转型时期思想家思想的"变"和"不变"。通过梳理严复对晚清洋务派、维新派和革命派的反思性批评可以看出,由于受斯宾塞的影响,严复以"社会有机论"为思想基础,把中国和西方视为与生物体一样的有机体,因各有自己的"国性",故"中体""西用"之间并不兼容。这构成思考严复政治思想"变"与"不变"的基础,在这种思想基础中潜藏着从社会有机论到保存国性论,再到政治改良论的逻辑递进,体现出严复政治思想的一致性。

第二组的主题是"社会与文化",包括4篇论文,时间集中在辛亥革命前后。其中,《宗法与国法——从高谊看民国族谱编纂的现代性》将关注点转移到温州士绅高谊(1868—1959)上来,通过详细深入分析高谊参加的一系列宗族实践,考察原有宗法系统如何与现代国家法律体系相接榫,进而体现出某种程度的宗族现代性等问题。作为科举制度废除以后,被逐渐边缘化的知识分子,以高谊为代表的底层士绅对大历史和大环境的变化超乎寻常的敏感,这种敏感进一步表现为宗法论述中的国法话语,正向上看体现出了民国族谱编纂的现代性特征,反向上看则体现出现代民族国家建构的底层逻辑。《重访中国近代革命的低音——以湖南士绅聂云台为例》则直接借用"低音"概念,通过系统考察聂云台(1880—1953)由内到外、由小到大和由私到公的三个层面,即个体心智、家族生活与国家情怀,讨论中国近现代诸次革命活动中的个人、家庭和国家之间的交织互动,并以此作为重访中国近代革命的"低音"的渠道。《善书与20世纪初的"国民话语"——从橘朴〈与周氏兄弟的谈话〉说起》把对20世纪初对国民性的认识、批判和改造,置于现代中国从"王朝国家"向"民族国家"过渡的大背景下,从日本记者橘朴与周作人、周树人(鲁迅)兄弟充满张力的谈话中,解读双方不同的思想进路。既考察"他者"作为一种"视角",也考察"传统"作为一种

"资源"，形塑"国民话语"过程中的复杂影响。《〈扬州十日记〉与辛亥革命——一个书籍史和阅读史的分析》篇幅最长，转向近年来相当热门的书籍史和阅读史，考察《扬州十日记》和辛亥革命（特别是"排满"）之间的错综复杂关系。通过详细分析《扬州十日记》的文本形态、流传空间和传播途径，以及读者群体的阅读方式和阅读心态，更详瞻地讨论传统的思想资源如何转化为现实的革命应用。

第三组的主题是"思想与学术"，包括4篇论文，时间集中在20世纪20年代至30年代。其中，《从"雅集吴门"到"由越而闽"——南社与福建相关史事考述》主要是史实梳理和细节考证，系统考察在旧南社、新南社和后南社三个时期，福建籍南社社员群体的构成特点及雅集活动，强调这些社员彼此之间借由血缘、地缘和业缘形成紧密关联的地域知识共同体，长期持续参加南社活动并在后南社时期引入福建本省（南社闽集），成为南社持续产生影响的重要力量。《"凡是和我有关的事情总使它和自己愿意研究的学问发生些脉络"——从〈古史辨自序〉看顾颉刚的学术自觉》主要讨论顾颉刚学术成长中所遭遇的时势、个性和境遇，以及在此过程中表现出高度的学术自觉。更具体地说，这种学术自觉表现为学术自觉、学科自觉和方法自觉三个方面，论述了顾颉刚先后放弃最初的文学爱好、早年的经学训练和大学的哲学专业，强调"我们要用科学方法去整理国故"，进而思考何者为学、何以当有学、何以有今日之学、今日之学当如何等问题。《以"避世"求"事业"——论顾颉刚的"事业心"和"避世心"》从《古史辨自序》和《顾颉刚日记》出发，认为顾颉刚身上既有强烈的"事业心"，也具有同样强烈的"避世心"。这两者并不矛盾，统一在顾颉刚的学术规划和学术研究中，体现出顾颉刚以"避世"求"事业"的心态取向。这种学术心态的出现既反映了顾颉刚对现代学术研究超乎常人的敏感认知，也体现出学术研究作为一种现代社会分工出现的学院化趋向。顾颉刚的"事业心"体现了中国现代学术研究的自觉，而"避世心"则推动了这种学术自觉的实现。这对今日中国学术发展不无启发，绝无消极意味。《〈山海经〉、民俗学与旅行史——重返江绍原〈中国古代旅行之研究〉的历史世界》则以江绍原《中国古代旅行之研究》为对象，首先强调江绍原《中国古代旅行之研究》与后来的旅游史（不论是在哪种学科范畴内）有很大的不同，毋宁属于新视野下对《山海经》的研究。以此为出发点，通过重构那个时代有用无用的学术功用、传统现代的学术范式、主流边缘的学术论争，解读中国民俗学方兴未艾之时，交织于新兴学科（民俗史）、新兴领域（旅行史）和早期经典（《山海经》）之间复杂的互动关系，以期更好地理解现代中国学术的兴起及转型。

除了以上四个主题共12篇论文以外，书后还附录了1篇跟民俗研究（或民俗学）有关的论文，题为《闽北走廊与物的流动：武夷山民俗研究的回顾与思考》。本文写作缘起于作者参加厦门大学人文学院等组织武夷山世界文化遗产监测活动，通过实地调查和文献搜集，在回顾有关学术史的基础上尝试提炼相关研究的史料和方法，梳理相关研究的问题和关怀，分析武夷山民俗研究的广阔前景及可能趋向，提出可以用"闽北走廊"和"物的流动"两个关键概念，统筹武夷山民俗——尤其是茶叶、食物和两会（蜡烛会和柴头会）的研究，以便建立民俗学、人类学和历史学等多学科的综合研究图景。

以上对本书收录的各论文做简要介绍。这里也许还有必要对"掠影"二字做出说明。不可否认，不论是哪个断代史的研究，背后无一例外地都隐藏着共同的学术关怀，即"在历史中寻找中国"[①]。当我们说近代中国是"半殖民地半封建社会"的时候，实际上意味着近代中国已经丧失了自身的主体性，需要在西方资本—帝国主义对现代世界的宰制性形成中寻找并确立自身的位置。在这个过程中，它既要承受来自"五千年文明古国"的历史包袱，又要承受由"天下观念"带来的道德负担，

---

① 刘志伟、孙歌：《在历史中寻找中国——关于区域史研究认识论的对话》，北京：东方出版中心2019年版。

中国近代社会和文化因此表现出各种显然有出入或矛盾的思想、文化、价值，及其与革命、政治乃至军事之间相互并置（compartmentalized）的状态。这个相互并置的结构并非不证自明地呈现在研究者面前，因此当个体学力无法驾驭对这个结构过程（structuring）的理解时，只能诉诸某种"盲人摸象"式的探索。本书揭橥"掠影"二字，既欣慰其中的价值，也深知其中的局限。正如一段历史存在复合性一样，一个文本也存在复合性[①]——只是当作者意识到这一点时，正如罗兰·巴特（Roland Barthes）所说，作者已经"死了"。

[①] 罗兰·巴尔特指出："一个文本不是由从神学角度上讲可以抽出单一意思（它是作者与上帝之间的'讯息'）的一行字组成的，而是由一个多维空间组成的，在这个空间中，多种写作相互结合，相互争执，但没有一种是原始写作。"参见罗兰·巴尔特：《作者的死亡》，见罗兰·巴尔特：《罗兰·巴尔特随笔集》，怀宇译，南昌：百花洲文艺出版社2005年版，第299页。

目录

时代与心灵 ·· 1

善与忧愁
——从《病榻梦痕录》看汪辉祖的精神世界 ··············· 3

晚清时期的宗法调适与宗族转型
——以冯桂芬为例的考察 ································ 31

由爱乡而爱国
——从王毓英看晚清民初的地方自治 ···················· 47

变道与变法
——严复政治思想的变与不变 ··························· 69

社会与文化 ·· 87

宗法与国法
——从高谊看民国族谱编纂的现代性 ···················· 89

重访中国近代革命的低音
——以湖南士绅聂云台为例 ····························· 108

善书与20世纪初的国民话语
　　——从橘朴《与周氏兄弟的谈话》说起 ·················· 127
《扬州十日记》与辛亥革命
　　——一个书籍史和阅读史的分析 ······················· 145

思想与学术 ·· 211
从"雅集吴门"到"由越而闽"
　　——南社与福建相关史事考述 ························· 213
"凡是和我有关的事情总使它和自己愿意研究的学问发生些脉络"
　　——从《古史辨自序》看顾颉刚的学术自觉 ·············· 236
以"避世"求"事业"
　　——论顾颉刚的"事业心"和"避世心" ················· 254
《山海经》、民俗学与旅行史
　　——重返江绍原《中国古代旅行之研究》的历史世界 ······ 273

附　录 ·· 291
闽北走廊与物的流动
　　——武夷山民俗研究的回顾与思考 ····················· 293

后　记 ·· 311

时代与心灵

善与忧愁

——从《病榻梦痕录》看汪辉祖的精神世界

1923年9月7日，胡适（1891—1962）在给孟森（1868—1938）的回信中，回答了后者"中国之士大夫，若谓不出于六经，试问古来更有何物为制造之具？"的问题。胡适说："鄙意以为制造士大夫之具，往往因时代而不同，而六经则非其主要之具。往年读汪辉祖《病榻梦痕录》，见他律己之法，每日早起焚香读《太上感应篇》一遍，其事最简陋，而其功效也可以使他佐幕则成好刑名，做官则是好官。"① 胡适以乾嘉时期著名师爷汪辉祖（1731—1807）为例，说明像《太上感应篇》等善书也是"制造士大夫之具"；同时胡适在回信中也提到"制造士大夫之具"

---

① 胡适：《论六经不够作领袖人才的来源——答孟心史先生》，见胡适：《胡适全集》第4卷，合肥：安徽教育出版社2003年版，第541—545页。此外，在一次题为《道德教育》的演讲中，胡适再次提到《太上感应篇》的重要性，认为"还有少数的人，想从书本子里得着一种道德教育。他们谈心，谈性，谈良知良能，谈正心诚意，谈主一主敬，谈修身，谈道德仁义。然而这种道德教育的效果可实在不多。有时候，他们用强制的方法，立功过格，写座右铭，至多也不过成一种束身自保的道学先生。有时候，这种功夫完全当不得一个粉面村姑娘的一盼，也禁不住一只大元宝的光焰。比较上，功效最大的还是一部《觉世真经》，和一部《太上感应篇》、一篇《阴骘文》。一部《正谊堂全书》（清张伯行编刻，为程朱一派理学书的最大结集。）那里比得上这一小本《太上感应篇》？这种书本子里的道德教育，充其量不过一班《感应篇》的信徒。"参见胡适著，谢泳、张弘编：《做最好的学问——胡适论趣味与治学》，北京：北京联合出版公司2014年版，第169页。

"往往因时代而不同",显然胡适在这里所说像《太上感应篇》等善书也是"制造士大夫之具"时,讨论的是明清时期的士大夫阶层。或受乃师影响之故,傅斯年(1896—1950)后来也说:"即如《贞观政要》,是一部帝王的教科书,远比《书经》有用,《太上感应篇》是一部乡绅的教科书,远比《札记》有用,《近思录》是一部道学的教科书,远比《论语》好懂。"① 比照胡适所论,傅斯年在此处将像《太上感应篇》这种善书视为"乡绅教科书",可知胡适所说明清士大夫阶层实指"乡绅"而言。

在明清历史文献中,"乡绅"(或"士绅")是极为高频的词汇,不论文献中用的是"士绅""乡绅""搢绅"或其他表达,总体上大同小异,指的是明清时期的基层官员及准官员②。由于明清士绅阶层在推行王朝教化、整顿民间秩序、实现基层自治等方面发挥了重要作用,甚至对明清以降历史走向产生了相当深远的影响,因此有关明清士绅为何及如何产生等问题就显得非常重要。以往学界在回答这一问题时,往往侧重从经济(如商业发展)、政治(如科举制度)等方面展开论述。比如,吴铮强在《科举理学化:均田制崩溃以来的君民整合》再版时,特地将书名改为《士绅阶层前传:两宋的游民与土豪、科举与理学》,认为宋代科举理学化造成宋明之际社会阶层的变化,南宋"地方化"的"精英"逐渐演变成为明清士绅③。这些讨论当然有其合理性。然而结合前引胡适及傅斯年的观点,暗示着必须从明清士绅自身的思想观念讨论明清士绅出现问题。从这个角度出发,余英时(1930—2021)提出的儒家精英从"得君行道"向"觉民行道"转变的研究思路无疑具有重

---

① 傅斯年:《论学校读经》,见傅斯年:《傅斯年集》,广州:花城出版社2010年版,第380页。
② 参见常建华:《士大夫与地方社会的结合——清代"乡绅"一词含义的考察》,载《南开史学》1989年第1期;徐茂明:《明清以来乡绅、绅士与士绅诸概念辨析》,载《苏州大学学报》(哲学社会科学版)2003年第1期。
③ 吴铮强:《士绅阶层前传:两宋的游民与土豪、科举与理学》,上海:中西书局2021年版。

要的启示①。不过，余英时"觉民行道"的结论是建立在原有"得君行道"之路几近断绝的前提下的，儒学思路由"自下而上"变为"自上而下"，带有很强烈的被动色彩，这毋宁说仍是一种外缘环境的分析，明清士绅自身的能动性被无意中忽略了。职是之故，本文拟回到胡适所述汪辉祖的案例，从《病榻梦痕录》中拈出"善"与"忧愁"，作为理解汪辉祖的精神世界的两个关键词，通过理解对于像汪辉祖这样的士绅阶层而言，如果"忧愁"无法避免，那么"忧愁"的本质是什么？"善"和"忧愁"有什么关系？"善"构成一种自足的意义世界吗？以期对理解明清士绅阶层有所助益。

一、"精神世界"：概念及意义

在历史研究中，对人类精神世界或精神史的研究长期不受重视。这种研究既不同于思想史和观念史对人的"思想"和"观念"的讨论，也不同于生命史和心灵史对个体生命历程和心路历程的关注，精神史关注的毋宁是一种更加抽象的难以把握的东西，即所谓"精神世界"。对此费孝通（1910—2005）曾经指出：

> "精神世界"作为一种人类特有的东西，在纷繁复杂的社会现象中具有某种决定性作用；忽视了精神世界这个重要的因素，我们就无法真正理解人、人的生活、人的思想、人的感受，也就无法真正理解社会的存在和运行……目前，社会学界如何面对这一问题，运用什么方法论和采取什么方法研究这些问题，还没有基本的规

---

① 余英时：《明代理学与政治文化发微》，见余英时：《宋明理学与政治文化》，桂林：广西师范大学出版社2006年版，第10—57页。

范，但这方面的研究，是十分有意义的。①

在这段表述中，费孝通接连用"人的生活""人的思想""人的感受"三个词来理解"精神世界"，似乎显示出费孝通对"精神世界"尚没有明确的定义。不过，与其说费孝通对"精神世界"尚没有明确的定义，本文更愿意将之理解为"精神世界"难以定义或无法定义。所以费孝通接着说：

> 人的精神世界，可以笼统地说成"人的一种意识能力"，但实际上，这是一个远远没有搞清楚的问题……社会学对于人的精神世界的研究，当然与哲学、神学、精神病学这些学科的研究视角是不同的，它应该是一种"社会学"的视角。②

在这段论述中，费孝通虽然认为"人的精神世界，可以笼统地说成'人的一种意识能力'"，但同时又承认"这是一个远远没有搞清楚的问题"。不过，费孝通毕竟是一位社会学家，所以他更多地强调从"社会学"的视角对人的"精神世界"展开研究。这当然是一种学科本位的方法论自觉。

与费孝通相比，本文强调对人的"精神世界"的研究应当诉诸一种历史学的研究理路。通常，人们更愿意关注具有"历史表现"的历史事象，这些历史事象因为看得见、摸得着，容易被把握，甚至人们会认为有"历史表现"的历史事象更有"历史意义"。反观历史研究中的"精神世界"，余英时曾强调的"自性"说或有更多的启发。余英时指出："所谓文化，是指人生的精神层面而言，它不但有别于衣、食、住、行

---

① 费孝通：《试谈扩展社会学的传统界限》，见费孝通：《文化的生与死》，上海：上海人民出版社2009年版，第240页。
② 费孝通：《试谈扩展社会学的传统界限》，见费孝通：《文化的生与死》，上海：上海人民出版社2009年版，第240页。

之类的物质层面，也不同于有形的制度和礼仪，这一精神层面和物质层面当然是互为影响而不可截然分离的，但它本身仍具有一相对独立的领域，用佛教的术语说，即仍有'自性'。"① 巧合的是，章太炎（1869—1936）很早就在《四惑论》中对"自性"做出过界定，说："凡云自性，惟不可分析，绝无变异之物有之。众相组合，即各各有其自性，非于此组合上别有自性。"② 借用佛教"自性"概念谈"人生的精神层面"，强调的就是人的精神世界具有相对独立性，本身构成一个自足的研究领域。

不仅如此，作为"自足"的"精神世界"在人文学科的研究中似应有更高的地位。唐君毅（1909—1978）甚至不免极端地指出："人的一切活动，都可说是精神活动。"③ "一切人类之活动，都是属于同一的精神实在，只是同一的精神实在表现其自身之体段，一切人类之活动，在本质上是相互贯通、相互促进、相互改变的。"④ "精神世界"（或"精神实在""精神活动"）作为一种形而上的活动，其重要性更容易为哲学家所察觉。近年来有关"精神世界"的研究，以陈少明《"精神世界"的逻辑》最具方法论意义⑤。陈少明在文中阐述了"精神世界"与"自然世界""社会世界"之间的不同，认为"精神世界建立在自然世界与社会世界的基础之上。自然世界是无边的，社会世界则受制于人控制自然世界的能力，它是有边界的，为地球物理条件所决定。而精神世界，其边界与力量将随着意识的创造性而扩展。三个世界形成的次序是自

---

① 余英时：《文化建设私议——人文学术的研究是当务之急》，见辛华、任菁编：《内在超越之路：余英时新儒学论著辑要》，北京：中国广播电视出版社1992年版，第76页。
② 章太炎：《四惑论》，见章太炎：《章太炎文钞》卷二，台北：文海出版社1969年版，第15页。
③ 唐君毅：《道德自我之建立：智慧与道德》，见唐君毅：《唐君毅全集》第4卷，北京：九州出版社2016年版，第118页。
④ 唐君毅：《道德自我之建立：智慧与道德》，见唐君毅：《唐君毅全集》第4卷，北京：九州出版社2016年版，第108、118页。
⑤ 陈少明：《"精神世界"的逻辑》，载《哲学动态》2020年第12期。

然、社会与精神,而理解世界的逻辑次序则是精神、社会与自然",进而指出"精神世界的建构,目的在于说明精神生活的实质及其意义","建构精神世界的资源来自两种途径:阅历与知识"①。这既对"精神世界"的重要性做了阐述,也为"精神世界"的研究指明了抓手——"阅历"与"知识"。

本文关注的是明清士绅精神世界的两个关键词:"善"与"忧愁"。从历史现象来看,无论是"善"还是"忧愁",在明清时期都是相当显著的现象。就"善"而言,"善"当然是儒家思想中的必备元素,儒学从本质上就是一种"君子之学",目标在教人如何过上一种道德的(善的)生活——"神道设教"的基本原理,也是通过王朝国家推行教化,把"愚夫愚妇"导向"善"。费孝通指出:"任何社会结构都有一套意识形态来界定正当的行为,以维持这个结构。"② 这种"善"之内涵在不同时代或有不同,但它所起的"维持"作用恒是如此。特别是从明代中期开始,以泰州学派为代表的阳明学说开始广为流布。随着阳明后学袁黄(了凡,1533—1606)《立命篇》的出现,出现于宋代的《太上感应篇》等善书以更快的速度、更广的范围流传。在《立命篇》中,袁黄以自己的亲身经历用"现身说法"的方式,证明通过道德功过的精确计算,可以掌控个体的(道德和物质)命运,所谓"命由我作,福自己求"③。因此以袁黄《立命篇》的出现为标志,表明善书本身形成了自足的解释系统,特别是能够弥补儒家文化未能在道德(善恶)与命运(祸福)之间建立直接对应关系的思想不足,深受社会诸阶层的欢迎,特别是"对正统儒者的启示与威胁非常大"④。汪辉祖所处的乾嘉时期,

---

① 陈少明:《"精神世界"的逻辑》,载《哲学动态》2020年第12期。
② 费孝通:《中国士绅》,北京:生活·读书·新知三联书店2021年版,第28页。
③ 袁黄:《了凡四训》,见袁啸波编:《民间劝善书》,上海:上海古籍出版社1995年版,第9—29页。
④ 王汎森:《晚明清初思想十论》,上海:复旦大学出版社2004年版,第121页。

恰恰是惠栋（1697—1758）《太上感应篇注》"风行宇内，士大夫家有其书"的时代①，则汪辉祖从理念到实践都不可能不受到这种善书文化的影响。

就"忧愁"而言，明清士绅阶层广有"忧愁"的书写。本文所说的"忧愁"并不是一般意义上的文学书写，或者像辛弃疾（1140—1207）所说的"为赋新词强说愁"的那种"忧愁"，而是一种裹挟着"忧生""忧世""忧万物"的精神压抑感（或压迫感），是一种混合着焦急、忧虑、愁思、谨饬、孤独、无助、悔恨、烦闷等负面情绪的复杂的思想表达。这种"忧愁"不能等同于某种文学书写，绝非出于排遣感情的需要，而是发自内心的心灵史的表达——在某种意义上也是一种思想的表达。余英时指出："中国文化比较具有内倾的性格，和西方式的外倾文化适成一对照"②。明清鼎革以后，像汪辉祖那样的士绅比明代士绅转进到更加内倾的境地，这种现象甚至使学者得出结论说，清代士绅跟明代士绅存在很大差异。比如，刘师培（1884—1919）在《清儒得失论》中指出：

> 清代之学，迥与明殊。明儒之学，用以应事；清儒之学，用以保身。明儒直而愚，清儒智而谲；明儒尊而乔，清儒弃而湿。盖士之朴者，惟知诵习帖括，以期弋获。才智之士，惮于文网，迫于饥寒，全身畏害之不暇，而用世之念汩于无形。加以廉耻道丧，清议荡然，流俗沉昏，无复崇儒重道，以爵位之尊卑，判己身之荣辱。由是儒之名目贱，而所治之学亦异。然亦幸其不求用世，而求是之学渐兴。夫求是与致用，其道固异，人生有涯，斯二者固不两立。

---

① 刘毓崧：《太上感应篇许注序（代阮文达公）》，见《通义堂文集》卷十二，《续修四库全书》集部第1546册，上海：上海古籍出版社2002年版，第548b页。
② 余英时著，傅杰编：《论士衡史》，上海：上海文艺出版社1999年版，第95页。

俗儒不察,辄以内圣外王之学求备于一人,斯不察古今之变矣。①

不论这种把清代士大夫文化转变归结于"政治高压"的说法是否准确,清代士大夫文化与明代在精神世界上迥然有别,则几乎已为学界公论。王汎森把这种现象称为清代知识人的"自我压抑"②。这种"自我压抑"当然首先来自政治高压(包括"文字狱"),但长期影响的结果是明清士绅的"自我体制化","自我压抑"从一种政治高压的被动行为,内化为自身的精神世界的组成部分,进而出现大量有关"忧愁"的叙述和描写。

在精神世界中,把"善"和"忧愁"两个结合在一起最为紧密的,似乎非汪辉祖莫属。按汪辉祖字焕曾,号龙庄,晚号归庐,浙江萧山人(时属绍兴),少孤家贫,前后凡九应乡试,四上公车,终于乾隆四十年(1775)中进士。在参加科考的过程中,汪辉祖佐理幕州县幕府长达34年,成为当时著名的绍兴师爷(幕友)。其后历任湖南宁远知县、道州知州,皆有政声③。《清史稿》称其"习法家言,佐州县幕,持正不阿,为时所称"④。汪辉祖著述丰富,包括《佐治药言》《学治臆说》等官箴书,《病榻梦痕录》《双节堂庸训》等年谱和家训,以及《龙庄遗书》等著作,凡计22种⑤。其中的《病榻梦痕录》屡为胡适称道,说:"二

---

① 章太炎、刘师培等撰:《中国近三百年学术史论》,罗志田导读,徐亮工编校,上海:上海古籍出版社2019年版,第171页。
② 王汎森:《权力的毛细管作用——清代文献中的"自我压抑"的现象》,见王汎森:《权力的毛细管作用:清代的思想、学术与心态》(修订版),台北:联经出版事业股份有限公司2014年版,第395—502页。
③ 参见鲍永军:《绍兴师爷汪辉祖研究》,北京:人民出版社2006年版,第89—218页。汪辉祖在《病榻梦痕录》中总结说:"自壬申佐幕至是三十四年,游江苏九年,浙江二十五年,择主而就凡十六人,俱有贤声。"参见汪辉祖、蒯德模撰:《病榻梦痕录·双节堂庸训·吴中判牍》,梁文生、李雅旺校,南昌:江西人民出版社2012年版,第40页。
④ 赵尔巽等撰:《清史稿》卷十四《循吏汪辉祖传》,长春:吉林出版社1998年版,第9925页。
⑤ 鲍永军:《汪辉祖研究》,浙江大学博士学位论文,2004年,第224—236页。

千多年的传记，可读者只有两部：一位汪龙庄的《病榻梦痕录》，一为王白田的《朱子年谱》。"① 对于此书的价值，胡适指出："我们读了以后，不但可以晓得司法制度在当时是怎样实行的，法律在当时是怎样用的，还可以从这部自传中，了解当时的宗教信仰和经济生活。"② 然而，或因胡适提出"这一部书最重要的是关于当时社会情形及经济状况的记载"，在后来的汪辉祖研究中，有关《病榻梦痕录》中的宗教信仰部分反而淹而不彰。

实际上，清代学者杨希闵（1808—1882）在《重刊汪龙庄先生〈病榻梦痕录〉序》中指出，《病榻梦痕录》一书"其体，年谱也；其归趣，学谱也，此乾嘉自来不多得之书"③。这种观察敏锐而准确。作为"年谱"和"学谱"，汪辉祖《病榻梦痕录》全书约10万字，于嘉庆元年（1796），由汪辉祖在病中口授，命儿辈诠次而成。嘉庆三年（1798）汪辉祖病愈，续写《梦痕余录》。因此，《病榻梦痕录》《梦痕余录》的撰写时间起自嘉庆元年（1796）至嘉庆十一年（1806），也呈现出前略后详（略古详今）的特征。完成两书后的次年，由其子继坊、继培等补录了汪辉祖最后13个月言行。汪辉祖在谱名中揭橥"病榻"一词，是因为当时口授年谱时自己"婴末疾，转更沈剧，自分必死，恐无以见先人地下"；而揭橥"梦痕"一词，则是因为"东坡诗云：事如春梦了无

---

① 胡适：《传记文学》，见胡适：《胡诗文集》第12卷，北京：北京大学出版社1998年版，第72页。
② 胡适：《传记文学》，见胡适：《胡诗文集》第12卷，北京：北京大学出版社1998年版，第72页。瞿兑之（1894—1973）在《汪辉祖传述序》中对《病榻梦痕录》的评价为："他的书不独自己描写自己的性情好尚，发抒自己的思想，纪录自己的遗传环境、一生经历，而且将时代背景的一切社会制度风俗，小至于衣服饮食器用，无一不很忠实地写出来，我们看这部书，不独可以了解他个人，并且可以了解他的时代，不但不当他一部汪辉祖传，而且可以当他一部乾隆六十年中社会经济小史。"参见鲍永军：《汪辉祖研究》，浙江大学博士学位论文，2004年，第188页。
③ 杨希闵：《重刊汪龙庄先生〈病榻梦痕录〉序》，转引自鲍永军：《汪辉祖研究》，浙江大学博士学位论文，2004年，第188页。

痕，余不敢视事如梦，故不免于痕，虽然梦虚也，痕实也"①。字里行间浸透的"忧愁"由此可见，这也成为我们理解汪辉祖精神世界的起点。

二、"忧愁"：善的可能性

汪辉祖《病榻梦痕录》从头至尾贯穿着一条情感线索，就是"忧愁"。虽然客观地讲，就连汪辉祖自己也承认，检略一生即使谈不上荣华富贵、名扬天下，也算小富即安、中规中矩，总体顺遂：

> 我汪氏始祖迁萧以来，传世二十，历六百余年，未有科第，余以肤学开先，衰龄入仕，获免大戾归田，数载课子读书、婚娶皆完，孙男林立，芋羹豆饭，夏葛冬裘，差免饥寒，不劳奔走。回念孤寒陈迹，过分多多，薄植粗材，所向如意，先人吉庆，钟于一身。去腊患风颇重，复得从容调治迄于今，兹可不谓重邀天幸欤？②

在乾隆五十八年（1793）的时候，汪辉祖于是年二月"授家事于五男"时，也总结了自己一生外在事业发展的成就：

> 余不幸少孤，先人遗田十数亩，典质至再，幸得归原。佐幕数十年，增田七十亩，以四十余亩为累世祭产。五男所受，数亩而已。四年为吏，禄羡无多，不足置产，酌分儿辈，听其治生。惟

---

① 汪辉祖、蒯德模撰：《病榻梦痕录·双节堂庸训·吴中判牍》，梁文生、李雅旺校，南昌：江西人民出版社2012年版，"自序"。
② 汪辉祖、蒯德模撰：《病榻梦痕录·双节堂庸训·吴中判牍》，梁文生、李雅旺校，南昌：江西人民出版社2012年版，第113页。

培、壕㺨弱业儒,不得赖余经理。多男多累,不能为向平五岳游矣。①

这段平实的话生动地展现了汪辉祖作为一个普通父亲的形象,其身上那种"儒家精英"(confucian elite)形象并不明显,而近乎是一种普通人的历史形象。这种"降一格"的视角表明,汪辉祖既有科举功名,又曾佐理州幕、出仕为基层官员,恰恰是胡适和傅斯年所述"乡绅"的典型,可为理解明清士绅基层提供一种理想类型(idea type)的考察。

翻开《病榻梦痕录》,处处可见汪辉祖的"忧愁"——当然如前所述,这种"忧愁"不是一种文学修辞或情绪表露,而是一种混合着焦急、忧虑、愁思、谨饬、孤独、无助、悔恨、烦闷等负面情绪的复杂的思想表达。比如,乾隆元年(1736),年仅7岁、曾"见酒辄喜饮"的汪辉祖就立下"本勺不能入口"的自律,原因是"一日署中宴客有火酒,盗饮醉死,浸发水中,越夕乃苏"②;乾隆十三年(1748),19岁的汪辉祖听闻母亲徐太宜人说:"今日戏场喧嚷,吾都无所恐,往时汝去,吾闻嘈杂声即单碎,虑汝挨挤也。"结果便"闻之悚然汗下,从此不敢入戏场"③,对待戒戏的态度与戒酒如出一辙。无怪乾隆九年(1744)刚刚学诗时,汪辉祖就写道:"肠似黄河回九折,一折一番愁。河流无尽头,愁到几时休。"里人将此长短句传导其外舅耳中,外舅点评说:"此子能处以忧患,虽辛苦终当有成。"④ 从此以后,这种"忧愁"一直笼罩着

---

① 汪辉祖、蒯德模撰:《病榻梦痕录·双节堂庸训·吴中判牍》,梁文生、李雅旺校,南昌:江西人民出版社2012年版,第96页。
② 汪辉祖、蒯德模撰:《病榻梦痕录·双节堂庸训·吴中判牍》,梁文生、李雅旺校,南昌:江西人民出版社2012年版,第5页。
③ 汪辉祖、蒯德模撰:《病榻梦痕录·双节堂庸训·吴中判牍》,梁文生、李雅旺校,南昌:江西人民出版社2012年版,第10页。
④ 汪辉祖、蒯德模撰:《病榻梦痕录·双节堂庸训·吴中判牍》,梁文生、李雅旺校,南昌:江西人民出版社2012年版,第8页。

汪辉祖，甚至改变了他对人生、价值和世界的看法。晚年生病时自制两副挽联，虽然其中一幅说"剩有余惭名过实，差无遗憾死如归"，但另一幅下联却说："为衣食计也求田也问舍，成区区基业他年颜面任儿孙"①。尽管年事已高能看透生死，但丝毫没有功成名就的快感——这种压抑的感觉伴随着汪辉祖的一生，哪怕是在自己或儿子科举中第时，也丝毫不曾放松；哪怕是回顾一生，感到自己"数载课子读书、婚娶皆完，孙男林立，芋羹豆饭，夏葛冬裘，差免饥寒，不劳奔走"，也只是觉得这是"先人积庆，钟于一身"，是"重徼天幸"，丝毫不觉得这是个体努力的结果。

那么，汪辉祖"忧愁"到底来自哪里呢？一种可能性是来自"疾病"（生死）——年谱揭橥"病榻"一词已暗示了这点。为此不妨先梳理汪辉祖及其家人疾病（生死）情况，列表如下（见表1）：

表1 《病榻梦痕录》所见汪辉祖及家人疾病情况

年份	年龄	人物	具体情形
1730年	1岁	先嫡母方太宜人	先嫡母方太宜人宿疾未疗。
1730年	1岁	先生母徐太宜人	先生母徐太宜人免身四日，即起治饔飧，因得脾泄，病至老不愈，为辉祖终身罔极之痛。
1734年	5岁	先嫡母方太宜人	就外传五月二十九日，先嫡母方太宜人卒。
1739年	10岁	弟荣祖	五月抵家，第荣祖生，七月殇。
1739年	10岁	先大父（即祖父）	十一月二十日，先大父卒。
1750年	21岁	汪辉祖	五月朔，向晦，发头眩病，仆跌后园池，步腰以下皆没水。黄昏馆僮觅获救起，尚未苏也。苏而病，遂归。
1754年	25岁	先大母（即祖母）	十月初二日，大母卒。时辉祖未归，衬身衬椁皆两母主之。
1756年	27岁	汪辉祖	胡公督运临清，余以病不能远行。

---

① 汪辉祖、蒯德模撰：《病榻梦痕录·双节堂庸训·吴中判牍》，梁文生、李雅旺校，南昌：江西人民出版社2012年版，第107。

(续表)

年份	年龄	人物	具体情形
1760年	31岁	汪辉祖	十二日二场，即病不能饮食，勉完三场，匆匆还里，遂病甚不能兴，转侧需人，日惟啖生栗数枚，垂绝者屡矣。
1763年	34岁	先生母徐太宜人	三月十七日，先生母徐太宜人卒……至是十四日，急足至馆，归家，吾母已病剧。十七日早，忽曰："万一不能至，九月则误汝试事。"乃指吾母望捷甚殷，向者特慈之至耳。
1771年	42岁	王宜人	四月十四日，家人至，知王宜人病亟。十五日到家，已帷堂两日矣。宜人于初八日得病，病作之前，为余制汗衫。
1775年	46岁	汪辉祖	初五日，疾作，势难入闱，春岩来诊视，曰："伤寒尚轻，不可不试。万一不进场见闱题，必悔。"病且加剧，陶午庄亦规劝甚力，邀余同寓。初八日，力疾入闱，三场，惟啖生梨，不能粥饭也。试毕渐愈。
1775年	46岁	王太宜人	十六日，得家书，王太宜人于三月二十六日弃养，遂呈报丁忧。
1784年	55岁	儿继壇	二月壇儿痘殇。
1786年	57岁	六女儿	十一月初三日，还家。第六女殇。
1791年	62岁	汪辉祖	二十日，以足伤未痊禀府委员代理，会得上茶府信知，奏调善化县……急于医疗敷药，受寒下痢，旬余偃卧难起，不得已二十九日通详，解任调理。
1791年	62岁	汪辉祖	余在长沙养疾……宁远士民至长沙，必到寓问病，固求相见，见余颓废有泪下者，或疑薏苡三四升相赠，谓可去湿治风也。意甚厚，受之恻然，甚歉。
1795年	66岁	陈氏妹	五月，继埔至京师。陈氏妹卒。余姊二、妹二，陈氏妹王太宜人出，幼同忧患者，遭变戚然，无能自已。
1795年	66岁	汪辉祖	序成，时已丙夜，归寝酣睡，逾时右手麻木，渐及右足，遂不能起立。越四五日，方省人事，自问必死，制挽联二。

(续表)

年份	年龄	人物	具体情形
1796年	67岁	汪辉祖	正月初一日,右体略能动移……初八、初九日,大风雨雪,奇寒,拥重绵不温者三日。
1799年	70岁	汪辉祖	(正月)二十五日率家人镐素,午后痰喘大作,夜不成寐,遂病卧至二月初八日,始扶杖强起。
1805年	76岁	孙芝生	三月初二日,孙芝生殇,诗以哭之。
1806年	77岁	孙(女)	十二月,孙氏妹卒。
1807年	78岁	汪辉祖	命家人燂汤洗足毕,就寝,自是遂不起。

资料来源:汪辉祖:《病榻梦痕录·梦痕余录》,见北京图书馆编:《北京图书馆藏珍本年谱丛刊》第107册,北京:北京图书馆出版社1999年版。

从表1所示来看,汪辉祖一生的确频繁经历生死疾病折磨。汪辉祖将自己的"年谱"(和"学谱")定名为"病榻梦痕录",也可见疾病(跟生死紧密相连)的确曾对汪辉祖造成了相当大的影响。具体来说,这种影响主要包括前后三次:第一次是刚出生遇到了严重的足疾。汪辉祖"少羸多病,生三岁始能行,年十五,行不二三百步,腹䎣下坠,足肿筋凸于肤,骨见于表"。其时两母"复护如烛当风,惴惴恐不育",后来虽然娶妻生子,但外舅仍断言"汪郎恐不及三十"[①]。因此从一出生就有极端的生命忧虑。第二次就是"年三十,病大剧,几无生理"。当时汪辉祖刚参加完科举考试,"匆匆还里,遂病甚不能兴,转侧需人,日惟啖生栗数枚,垂绝者屡矣",甚至"明器已具,医师莫名其病,自信不起"[②],仿佛应验了外舅"汪郎恐不及三十"的谶言。第三次则是到晚年口述"病榻梦痕录"时,此次生病从66岁一直延续到68岁,最开始"右手麻木,渐及右足,遂不能起立",汪辉祖自问必死,甚至自制

---

① 汪辉祖、蒯德模撰:《病榻梦痕录·双节堂庸训·吴中判牍》,梁文生、李雅旺校,南昌:江西人民出版社2012年版,第112页。

② 汪辉祖、蒯德模撰:《病榻梦痕录·双节堂庸训·吴中判牍》,梁文生、李雅旺校,南昌:江西人民出版社2012年版,第16页。

了两副挽联。后来发展到"辗侧眠起、饮食、溲溺、抑瘟，皆非人不可"。或因此前两年汪辉祖已"授家事于五男"，此时"培、壕两儿数月奉事甚谨"，于是感到"习而安焉"①。

然而，客观地说，汪辉祖一生所经历的疾病生死种种，在医学并不发达的传统时代甚为常见，汪辉祖自述"比游幕为养，岁必病，或二三次，四五次不等。年三十，病大剧，几无生理"②多少有些夸大的成分。因此，"病榻"记忆对汪辉祖的影响恐怕不宜高估——一个典型的现象是：年谱中所见情况往往是，即使谈到自己的儿女早殇时，汪辉祖也只是一句话记录事实而没有更多评述，更没有歇斯底里、痛不欲生的情感表达；遇见家人去世时，汪辉祖也往往能较为理性从容地处理吊丧、殡葬事宜。由此可见，疾病生死并不是导致汪辉祖"忧愁"的主要原因。除此以外，在儒家"修齐治平"的时代，是否因为"齐家""治生"而忧虑呢？或者因为科举不售，无法实现"治国""平天下"的理想呢？揆诸《病榻梦痕录》可知，这两者都不是汪辉祖"忧愁"产生的原因——或者说，都不是"忧愁"的本质。就"齐家""治生"而言，一方面汪辉祖曾佐幕34年、出仕为官4年，收入虽不算高，但至少"齐家""治生"不成问题，所以才有前述汪辉祖对"数载课子读书、婚娶皆完，孙男林立，芋羹豆饭，夏葛冬裘，差免饥寒，不劳奔走"略感满意，另一方面汪辉祖并不看重外部"治生"，说自己"薄宦未久，又不善治家人生业，惟望儿辈他日收稽古之益"，认为"古人以书为良田，获且无算，达可以经世济物，穷亦不失为学。人如其不材，即与以田宅，其能长裕乎?"③生涯为家增田70多亩，汪辉祖自不为生计所累。

---

① 汪辉祖、蒯德模撰：《病榻梦痕录·双节堂庸训·吴中判牍》，梁文生、李雅旺校，南昌：江西人民出版社2012年版，第109页。
② 汪辉祖、蒯德模撰：《病榻梦痕录·双节堂庸训·吴中判牍》，梁文生、李雅旺校，南昌：江西人民出版社2012年版，第112页。
③ 汪辉祖、蒯德模撰：《病榻梦痕录·双节堂庸训·吴中判牍》，梁文生、李雅旺校，南昌：江西人民出版社2012年版，第106—107页。

就"治国""平天下"而言,"治国平天下"的基础是科举及第跻身宦海,汪辉祖也的确经历了漫长的科考生涯才最终得中进士,但是汪辉祖在很小的时候就被灌输了一种"做官"不如"做人"的观念。汪辉祖在《病榻梦痕录》中三次提到幼童时受到的这种教育:第一次是在乾隆二年(1737),"有两陶器俱坠地,薄者毁焉",父亲(奉直公)以此为例跟汪辉祖说:"能厚如此,则均完矣","因言做人,须厚如缎,可耐几年,过即为纸,亦须为茧纸,尚可剥几层,若谓竹纸,则一触便破矣"①。第二次是在乾隆四年(1739),在同祖父看完戏剧《绣襦记》以后,祖父说:"郑元和赖得中状元,可以做人。"汪辉祖对答说:"虽中状元,毕竟不成人。"祖父不免感到惊讶且骄傲:"此儿竟识得做人。"② 第三次是在乾隆五年(1740),当父亲问说:"儿以读书何所求?"而汪辉祖回答:"求做官"时,父亲直接说:"儿误矣。此亦读书中一事,非可求者。求做官未必能做人,求做人即不做官,不失为好人",然后交代说:"逢运气当做官,必且做好官,必不受百姓诟骂,不贻毒子孙。儿识之。"③ 晚年年近古稀时,口授年谱犹能连续幼时家教,则汪辉祖有关"做人"和"做官"之间的紧张记忆深刻如此。

实际上,汪辉祖的"忧愁"恰恰来自"做人"和"做官"的紧张。这种紧张导致了汪辉祖终其一生都在思考一个问题:"善"如何可能?对于像汪辉祖这样的明清士绅而言,"善"的可能性包括两个主题,即"己之善"与"人之善"。在这两个主题之下,又可以区分为从里到外的

---

① 汪辉祖、蒯德模撰:《病榻梦痕录·双节堂庸训·吴中判牍》,梁文生、李雅旺校,南昌:江西人民出版社2012年版,第6页。此事同时参见汪辉祖:《双节堂庸训》,第123页。以下所引汪辉祖《病榻梦痕录》《双节堂庸训》均为此版本,脚注简写为汪辉祖《病榻梦痕录》、汪辉祖《双节堂庸训》。特此说明。
② 汪辉祖、蒯德模撰:《病榻梦痕录·双节堂庸训·吴中判牍》,梁文生、李雅旺校,南昌:江西人民出版社2012年版,第6页。此事同时参见汪辉祖:《双节堂庸训》,第122页。
③ 汪辉祖、蒯德模撰:《病榻梦痕录·双节堂庸训·吴中判牍》,梁文生、李雅旺校,南昌:江西人民出版社2012年版,第7页。此事同时参见汪辉祖:《双节堂庸训》,第122页。

三个层次：善念、善行和善果——当然，在强调"知行合一"的儒家传统中，通常将"善念"和"善行"合并表述。就"己之善"而言，汪辉祖一方面以可以"质神"为标准，一切不敢"质神"的行为都不敢为①；另一方面以"晨起虔诵《太上感应篇》"为实践，"纵深不敢放纵"，最终完成对"己之善"的追求②。就"人之善"而言，汪辉祖一方面以"不造孽"为佐幕标准，凡断案"援据比附，律穷者，通以经术，证以古事"③，另一方面又因佐慕见世道人心之恶，常"可为寒心"④。换句话说，在通往"善"的可能性上，明清士绅期望同时实现"己之善"与"人之善"，这已经相当困难。而更困难的地方在于，儒家思想在这方面提供的价值期许反而略显单薄，即并未形成对人性之善恶与命运之祸福关系的论述，善念、善行和善果之间往往并不对应。"善"的可能性蕴含着多层、多面的复杂组合，这就导致在对通往"善"的可能性进行理论和实践的过程中，"忧愁"的产生不可避免。

三、"善"："忧愁"的本质

如果说"做人"和"做官"的紧张带来了"忧愁"，那么是否可以说"忧愁"的本质就是"善"呢？从《病榻梦痕录》来看，汪辉祖虽然强调"做人"优先于"做官"，但是对于通往"做官"之路的科举制度仍抱有相当坚韧的态度。不可否认，对于传统中国士绅而言，科举构成最重要的社会生态。在传统时期，科举对于王朝国家而言是一种人才

---

① 汪辉祖、蒯德模撰：《病榻梦痕录·双节堂庸训·吴中判牍》，梁文生、李雅旺校，南昌：江西人民出版社2012年版，第58页。
② 汪辉祖、蒯德模撰：《病榻梦痕录·双节堂庸训·吴中判牍》，梁文生、李雅旺校，南昌：江西人民出版社2012年版，第9页。此事同时参见汪辉祖：《双节堂庸训》，第131页。
③ 赵尔巽等撰《清史稿》卷十四《循吏汪辉祖传》，长春：吉林出版社1998年版，第9925页。
④ 汪辉祖、蒯德模撰：《病榻梦痕录·双节堂庸训·吴中判牍》，梁文生、李雅旺校，南昌：江西人民出版社2012年版，第41页。

选拔制度，但对于置身其中的科举士子而言，科举几乎意味着一切。陈独秀就曾回忆说：

> 在那一时代的社会，科举不仅仅是一个虚荣，实已支配了全社会一般人的实际生活，有了功名才能做大官，做大官才能发大财，发了财才能买田置地，做地主，盖大屋，欺压乡农，荣宗耀祖；那时人家生了儿子，普遍的吉利话，一概是进学，中举，会进士，点状元。婆婆看待儿媳之厚薄，全以儿子有无功名和功名大小为标准，丈夫有功名的，公婆便捧在头上，没有功名的连用人的气都得受。……当时乡间有这样两句流行的谚语："去到考场放个屁，也替祖宗争口气。"①

因此并不奇怪，汪辉祖在接受母亲的教导以后，对科举功名产生深深的渴望，对母亲立下誓言："专治举业，逢场必到，死而后已。"② 后来的情况是，汪辉祖除在其生母徐氏去世的那一年未应试外，其他每场必到，九应乡试，直至乾隆三十三年（1768），39 岁的汪辉祖才以第三名得中举人。后又四应会试，于 40 岁时方中进士。同时也不可否认，科举功名不仅对于汪辉祖个人来说非常重要，对于整个汪氏家族来说也是意义重大，因为"我汪氏始祖迁萧以来，传世二十，历六百余年未有科第"③。不过，单纯用科举不售、壮志难酬来理解汪辉祖的"忧愁"，似乎总是难以自洽。两个事例能说明这点：一是汪辉祖坦言"余颇不欲以幕为业"，在 23 岁入幕以后除"掌书记外，读书如故"。二是汪辉祖

---

① 奚金芳、伍玲玲主编：《陈独秀南京狱中资料汇编》（下册），上海：上海人民出版社 2016 年版，第 699 页。
② 汪辉祖：《梦痕录余》，"嘉庆四年"条。
③ 汪辉祖、蒯德模撰：《病榻梦痕录·双节堂庸训·吴中判牍》，梁文生、李雅旺校，南昌：江西人民出版社 2012 年版，第 113 页。

很小的时候就被祖父汪之瀚教育说，幕僚这个职业"虽多财不足羡也。辣则忍，忍则刻，恐造孽不少，其能久乎？"① 意思是幕僚这个职业虽收入尚可，但很容易"造孽"，不宜久做。

追溯起来，后来汪辉祖之所以积极参加科考，甚至佐理州幕长达34年，实际上有自身的观念基础，此即汪辉祖《学治说赘》所记"福孽之辨"：

> 州县一官，作孽易，造福亦易。天下治权，督抚而下，莫重于牧令。虽藩臬道府，皆弗若也。何者？其权专也。专则一，一则事事身亲，身亲则见之真、知之确，而势之缓急，情之重轻，皆思虑可以必周，力行可以不惑。求治之上官，非惟不挠以权，抑且重予以权。牧令之所是，上官不能意为非；牧令之所非，上官不能意为是。果尽心奉职，昭昭然造福于民，即冥冥中受福于天，反是则下民可虐，自作之孽矣。余自二十三岁入幕，至五十七岁谒选人，三十余年所见所闻牧令多矣。其干阳谴阴祸，亲于其身，累及嗣子者，率皆获上胺民之能吏；而守拙安分，不能造福亦不肯作孽者，间亦偭格迁官；勤政爱民，异于常吏之为者，皆亲见其子之为太史、为侍御、为司道。天之报施，捷于响应。是以窃禄数年，凛凛奉为殷鉴，每一念及，辄为汗下。是以山行伤足，奉身求退，然且遽婴末疾，天不畀以康宁，盖吏之不易为如此。吾愿居是职者，慎

---

① 汪辉祖、蒯德模撰：《病榻梦痕录·双节堂庸训·吴中判牍》，梁文生、李雅旺校，南昌：江西人民出版社2012年版，第113页。汪辉祖后来回忆说："余佐幕数十年，得免粗疏之咎，皆公之教也。"参见汪辉祖、蒯德模撰：《病榻梦痕录·双节堂庸训·吴中判牍》，梁文生、李雅旺校，南昌：江西人民出版社2012年版，第12页。稍晚一些的郑观应（1842—1921）也曾借吕祖之言说："天下之最便于行善者，莫如官吏，而官吏之最重者，莫如幕宾。凡官吏生杀威福利害之权，无非幕宾掌握之。千词万状，积于幕案，无不由幕宾判其曲直，司其予夺，区其祸福，定其死生。"可见时人对幕僚/师爷这个职业的认识。参见郑观应：《劝公门修行》，见郑观应著，夏东元编：《郑观应集》（上册），上海：上海人民出版社1982年版，第45—46页。

毋忘福孽之见也。①

从引文中可以看出,"福孽之辨"的核心内容是"天之报施,捷于响应"——在汪辉祖看来,为官者若不造福于民,必然会遭到上天的惩罚。而从最后用自身的例子加以说明来看,"是以山行伤足,奉身求退,然且遽婴末疾,天不畀以康宁,盖吏之不易为如此",这段"福孽之辨"预示其说是送给做官者的箴言,不如说是汪辉祖的夫子自道。换而言之,连出仕为官这种外部行为("做官"),汪辉祖都是以善恶报应作为基础来考量的("做人")——正因如此,问题又回到了前述汪辉祖从小就种下的"做人"与"做官"的紧张中。

其实,这里存在一个微妙的转换:当"做人"相对"做官"具有无可置疑的优先性时,"善"就被提到了至高无上的位置。在《病榻梦痕录》(及《梦痕录余》《双庸堂节训》)等著作中,可见"善"几乎已成为汪辉祖内心的一种执念。汪辉祖回忆,自己 16 岁时,在先人留下的木箱子中偶得《太上感应篇》,遂"自此晨起必虔诵一过,终身不敢放纵,实得力如此"②。后来佐幕以后,"日晓起盥洗讫,庄诵《感应篇》一过,方读他书。有一不善念起,辄用以自儆。比在幕中,率以为常,日治官文书,惟恐造孽,不敢不尽心竭力"③。按《太上感应篇》出现于两宋交替之际,历来被视为"善书之首"。在明中叶以降广为流传,被誉为"天下第一好书""人生必读书""元宰必读书"。自明中叶袁黄《立命篇》以后,明清社会上出现了大量各种类型的善书,"世传善书,汗牛充栋,要皆畅言《感应》诸篇之旨"④。这种承载着"善有善报,

---

① 汪辉祖:《学治说赘》,上海:商务印书馆 1939 年版,第 4—5 页。
② 汪辉祖、蒯德模撰:《病榻梦痕录·双节堂庸训·吴中判牍》,梁文生、李雅旺校,南昌:江西人民出版社 2012 年版,第 9 页。此事同时参见汪辉祖:《双节堂庸训》,第 131 页。
③ 汪辉祖:《双节堂庸训》,第 131 页。
④ 阎湘蕙编辑,张椿龄增订:《国朝鼎甲征信录》,见周骏富辑:《清代传记丛刊·学林类》第 19 册,台北:明文书局 1985 年版,第 32 页。

恶有恶报"因果观念的善书对汪辉祖精神世界产生了根深蒂固的影响。后来汪辉祖回忆一生，有"从宦亦然，历五十年，幸不为大人君子所弃，盖得力于经义者犹鲜，而得力于《感应篇》者居多"①，此允为确论。以这本"善书之首"的阅读和奉持为基础，汪辉祖形成了相当系统的善恶果报观念。先是极言"因果之说不可废"：

> 因果虽二氏之言，然《易》六十四卦皆言吉凶祸福；《书》四十八篇皆言灾祥成败；《诗》之《雅》《颂》，推本福禄寿考之故。"无所为而为善，无所畏而不为不善"，惟贤者能之，降而中才不能无藉于惩劝。②

这种以道德修为改变个体命运的做法，很容易引起人们的道德功利主义，即为求"善报"而"行善"。为此汪辉祖强调说："不可责报于目前"，"'惠迪吉，从逆凶。'理之一一定，然亦有不可尽凭者。《阴骘文》所云：'近报在自己，远报在儿孙'也。为善必报，君子道其常而已。不当以他人恶有未报，中道游移，以致为善不终。"③ 后来更进一步地说"善恶不在大"：

> 有利于人，皆谓之善；有损于人，皆谓之恶。不必显征于事也。一念之起，鬼神如见，尚不愧于屋漏，君子所以慎诸幽独。凡人发年，大都专求利己，故恶多于善。久之习惯，尽流于恶所。当于童稚时，即导以善端。童稚无善可为，但节其嗜好，正其爱恶，使之习大驯顺，不敢分毫恣纵，自然自幼至长，渐渐恶念少而善念

---

① 汪辉祖：《双节堂庸训》，第131页。
② 汪辉祖：《双节堂庸训》，第131页。
③ 汪辉祖：《双节堂庸训》，第131页。

多，可为树德之基。①

佐理州幕时很易见人性之善恶，汪辉祖一一将其归结为"报应"，"二十年来，余所见以不义之财煊赫一时，不数年而或老死，或夭死，或嗣子殒绝，或家室仳离者，回首孽缘，电光泡影，天网不漏，可为寒心"②。有关"报应"的观念如此深刻地种在汪辉祖的心中，以至于汪辉祖凡所行事皆以敢否"质神"为标准③。

正因有了善书承载的果报观念为基础，汪辉祖深感一切皆为命定，一切皆有定数。《双节堂庸训》中不忘训诫子孙"不可妄与命争"：

> 贫富贵贱，降才已定。但天不与人以前知，听人之自尽所为。人能居心仁恕，作事勤合，久之必邀天鉴。机械变诈之人，剥人求富，倾人求贵，幸得富贵，辄谓人力胜天，可与命争，不知营谋而得亦有命所当然。心术徒坏，天谴随之。向使循分而行，固未尝不得也。④

终其一生，这种命定的观念都深深笼罩着汪辉祖。乾隆二十四年（1759），汪辉祖在大病一场而痊愈后，"自此康强，不复再病"，认为这是"两母节孝之苦，足以荫庇后人。所谓'该当留'垃圾'者，实邀先灵之呵护矣"⑤。不仅疾病生死如此，参加科考更是相信神明"阴骘"、

---

① 汪辉祖：《双节堂庸训》，第184页。
② 汪辉祖、蒯德模撰：《病榻梦痕录·双节堂庸训·吴中判牍》，梁文生、李雅旺校，南昌：江西人民出版社2012年版，第41页。
③ 汪辉祖、蒯德模撰：《病榻梦痕录·双节堂庸训·吴中判牍》，梁文生、李雅旺校，南昌：江西人民出版社2012年版，第58页。
④ 汪辉祖：《双节堂庸训》，第132页。
⑤ 汪辉祖、蒯德模撰：《病榻梦痕录·双节堂庸训·吴中判牍》，梁文生、李雅旺校，南昌：江西人民出版社2012年版，第16页。这里所说的"垃圾"，指的是汪辉祖幼时祖父为他取的贱名。《病榻梦痕录》"乾隆元年"记载："先大夫至淇署，命余曰：'辉祖，辉祖之生也，先大父年已五十有九，甫抱孙甚喜，咳名曰垃圾，取其贱且多而有资于农也。五岁就傅，更名曰鳌至，是见余能解字义可读书，为定今名。"参见汪辉祖、蒯德模撰：《病榻梦痕录·双节堂庸训·吴中判牍》，梁文生、李雅旺校，南昌：江西人民出版社2012年版，第5页。

祖先"庇荫",说"余自丁卯省试,至今九度,适在太宜人祷神之后,天高听卑,不信然乎?"① 反过来,这种命定观念并一再应验的人生阅历及知识取向,反过来强化了汪辉祖对"神明"(或"鬼神""天道")的敬畏,成为形塑其个体行为的重要力量:

> 惟敬鬼神三字,服膺勿失。向幕游时,每到馆次日,斋诚诣城隍庙,诉不得不幕之故,默誓神前,念稍苟且,神夺其魄。是以兢兢自怀,凡不可入庙之事,俱不敢为。后吏宁远亦然,水旱祈祷,无不立应。疑狱二事,灵佑昭然,此余治心之实学也。自读姚端恪公"常觉胸中生意满,须知世上苦人多"之句,偶生怨尤,立时悔悟。佐幕时自撰"苦心未必天终负,辣手须防人不堪"一联,书以自警,尤举念可质鬼神。病废十一年,犹得徼天之幸,及见子孙辈读书成立,未必不由于此。②

然而,即使受《太上感应篇》等善书影响甚大,即使内心坚定不移认定"善恶报应"屡屡不爽,汪辉祖仍然与绝大多数明清士绅一样,并不承认自己是受到释道二教的影响,说自己"一生谨慎,不敢造孽,未必仗二氏解脱;即有罪恶,亦非二氏之法所能忏悔"③。原因是在汪辉祖看来,儒家的那套知识和价值系统已足以为这种观念提供自洽的解释:

> 老释二氏之学,固儒者弗道。然庸夫、愚妇,不畏物议,而畏

---

① 汪辉祖、蒯德模撰:《病榻梦痕录·双节堂庸训·吴中判牍》,梁文生、李雅旺校,南昌:江西人民出版社2012年版,第28页。有关"太宜人祷神",汪辉祖《病榻梦痕录》"乾隆三十三年"记载:"四月,为两母建双节坊于大义里聚奎桥北岸。……太宜人曰:'我与若母薄命孀居,分也。儿积诚请旌,又竭力建坊,吾愿足矣。今日拜神,将汝行及所以事吾二人者,告诉神鉴,使汝一第,则吾死瞑目。'辉祖泣,太宜人亦泣,累数时始罢。"参见汪辉祖、蒯德模撰:《病榻梦痕录·双节堂庸训·吴中判牍》,梁文生、李雅旺校,南昌:江西人民出版社2012年版,第27页。
② 袁树珊:《袁氏命谱》卷六,北京:华龄出版社2019年版,第287页。
③ 汪辉祖:《梦痕录余》,第90页。

报应，不惧官长，而惧鬼神。存其说，未始不足阴辅。皇治何必以隶籍儒门力与危难？且今之道士、比邱，诚不尽守庄子、如来。法律即我辈谈性命、为文章，亦岂人圣工夫？无昌黎、考亭之精实学诣，而摭拾辟二氏陈言，虚张吾帜，不及躬自薄，而厚责于人乎？余生平于二氏之徒，一无还往，而未尝放言攻击。自愧业儒浮浅，无以折其心而关其口也。故佞奉二氏妄求福佑虽断断不可，要不妨听其自为生灭，至诸不论不议之条。①

由此可见，汪辉祖对待儒家与释道二教在果报方面的争论，最基本的态度：一是不"厚责于人"转向"躬自薄"，二是"听其自为生灭，至诸不论不议之条"。虽然汪辉祖自谦说"业儒浮浅"，但是有理由相信这种态度并非修辞。在《双节堂庸训》中，汪辉祖在"卷一，述先"完以后，于"卷二，律己"条开篇就谈到"尽心"问题，这可以视为汪辉祖"善恶报应"的儒学基础：

心宰万事，人之成人，全恃此心。为此一事，即当尽心。于此一事所谓尽者，就此一事筹其始，以虑其终而已。人非圣贤，乌能念念皆善？全在发念时，将是非分解辨得清楚，把握得定，求其可以见天，可以见人，自然去不善以归于善。不特名教纲常大节所系，断断差不得年头，即细至日用应酬，略一放心，便有不妥帖处。亡友孙迟舟（辰东）尝语余曰："朱子言：'人同此心，心同此理。'今竟有事出理外者，心有不同乎？"余应之曰："同此理方是心，同此心方位人。若在理外，昔人谓之全无心肝，即孟子所云'禽兽'也。"我辈总当于同处求之，故惟事事合于人心，始能自尽其心。②

---

① 汪辉祖：《双节堂庸训》，第166页。
② 汪辉祖：《双节堂庸训》，第127页。

指出汪辉祖接受"善恶报应"背后的儒学基础，是想要说明汪辉祖对待似释道二教的态度不应视为一种修辞——这点与"忧愁"本身一样不宜视为一种文学修辞。换句话说，汪辉祖对"神明"（或"鬼神""天道"）的敬畏，对"善有善报，恶有恶报"的信仰，不是一种对"释道二教"意义上的"宗教信仰"，而是基于儒家学说本身产生的一种对人性"善"的"人文信仰"。于是，汪辉祖的"忧愁"根本上不来自疾病生死、齐家治生或科举功名等外在刺激，而恰恰来自"做官""做人"之间发生紧张后，将"善"置于毋庸置疑的优先性观念。由此可见，对于像汪辉祖这样的明清士绅来说，"忧愁"的本质就是"善"（"善"即是"忧愁"）。一方面，因为有了对"善"的"人文信仰"，所以在个体行为上往往表现为一种道德严格主义。这种道德严格主义使得像汪辉祖这样的士绅阶层必须抛弃晚明的奔放、纵欲、逸乐等生活方式，代之以一种清教徒般的禁欲生活——这种生活因为处处需要敬畏天命，时时需要质对鬼神，"忧愁"也就不可避免地进入汪辉祖的精神世界而成为主流样态。另一方面，出于现实"齐家""治生"的要求，并在王朝教化系统中充当民间能动性的一环，汪辉祖佐理州幕34年、出仕为基层官员4年，不论是佐理州幕还是基层治理，首先需要面对日常讼事，恰恰最能体悟人性善恶之隐微，从而在实现善恶果报的循环和自洽论证。最终在推己及人、善与人同的过程中，忧虑人心浇漓、世道败坏，反过来形成对"善"的信仰者形成反蚀，实现了从"忧愁"到"善"的再次回转①。

---

① 当然，在把"善"作为一种"人文信仰"时，还可能因为另外两个原因导致"忧愁"的发生：一是在坚信"善"必有"善报"的情况下，个体努力的意义感丧失问题。如果觉得一切都是上天主宰、先灵庇佑、鬼神赏善的结果，那么背后的个体努力就会被最大限度地忽略。这种意义感的丧失稍微处理不当，就很容易陷入"忧愁"。二是在坚信"善"必有"善报"的情况下，如果在佐理州幕的过程中，出现了果报失灵，也就是"善"并没有"善报"，甚至"善"获得"恶报"，或者"恶"获得"善报"等情况，那么应该如何解释这种报应的机制呢？虽然汪辉祖在《病榻梦痕录》中一再解释，说自己"阅事五十年，所见牧令及幕客，善不善报应无纤毫爽者"（参见汪辉祖《病榻梦痕录·梦痕录余》，第467页），但这很显然是一种选择性记忆。

四、余论

对于"善"如何导致了"忧愁",而"忧愁"的本质是"善"的论述,似乎还有待做进一步的引申。因为在传统儒家思想中,本有"君子坦荡荡,小人长戚戚"(《论语·述而》)的说法,显然与这里所说的"善"导致了"忧愁"是相矛盾的:君子作为一种"善"的理想人格,理应"坦荡荡",怎么可能产生"忧愁"呢?实际上,恰恰是在这里蕴含着儒家思想的张力:君子作为一种"善"的理想人格,"坦荡荡"和"忧愁"两种情绪可以同时并存。范仲淹(989—1052)《岳阳楼记》"先天下之忧而忧,后天下之乐而乐"之所以广为流传,其背后那种"进亦忧,退亦忧"的情绪显然得到诸多士绅阶层的共鸣。其实,当我们说"忧愁"的本质是"善"的时候,也同时表明"善"本身构成一个自足的意义世界,对儒家士绅而言尤其如此。孔子(前551—前479)在《论语》中"罕言利与命与仁"(《论语·子罕》),并不在人性之善恶与命运之祸福之间建立德福一致性关系,即表达了这种观点①。这种观念其实一直持续到现代,唐君毅就指出:

我们必需相信人性是善,然后人之不断发展其善才可能。

我们必需相信人性是善,然后了解人类之崇高与尊严,而后对人类有虔敬之情。

---

① 吴震:《德福一致——关于儒学宗教性问题的一项考察》,载《船山学刊》2012年第4期。

> 我们必需相信人性是善，然后我们对于人类之前途之光明有信心。
>
> 我们必须相信人性是善，然后相信人能不断的实践其性中所具之善，而使现实宇宙改善，使现实宇宙日趋于万门可贵。①

唐君毅甚至还指出，对人性"善"的信念是人类一切实践的出发点。因为只有建立在对人性"善"的信念基础上，"我们才可以最伟大的动机与理想，去作最平凡的日常生活的事"②。所以唐君毅在这里明确给出了答案：单纯的"善"不仅构成一个自足的意义世界，甚至构成人们所有日用伦常实践（"去作最平凡的日常生活的事"）的基础。联系前引唐君毅对"精神世界"的论述，可知正是"精神世界"的"自性"决定了"善"构成一个自足的意义世界。

这样一来，实际上就回到了对明清士绅观念的讨论中。毫无疑问，从汪辉祖出发可以看到，明清士绅的思想底色仍是儒家观念。虽然明清时期儒学与佛教、道教之间构成某种"宗教市场"的竞合关系，但是不论在话语层面还是在实践层面，明清士绅都强调自己对"善"的信仰（背后当然是对善恶果报的信奉）并不来自"释道二教"。从更长的视角来看，在儒家思想中，坚信人性"善"的观念从来占据着主流——不论是"性三品说"还是"性二元论"③，都建立在人性中"恶"的成分可以转化或导向于"善"。恰恰是儒家思想在对人性"善"的坚守中，使得在中国文化传统中不可能出现尼采（Friedrich Wilhelm Nietzsche）意

---

① 唐君毅：《道德自我之建立：智慧与道德》，见唐君毅：《唐君毅全集》第4卷，北京：九州出版社2016年版，第119页。
② 唐君毅：《道德自我之建立：智慧与道德》，见唐君毅：《唐君毅全集》第4卷，北京：九州出版社2016年版，第118页。
③ 李晓春：《天命之性与气质之性——宋代性二元论研究》，华东师范大学博士学位论文，2001年。

义上的"超人"(Superman)①。因为在这种对人性"善"的坚守过程中,那种"举头三尺有神明"的信仰,使得"人"(人道)对"天"(天道)永远充满敬畏之心,"人"(人道)永远居于"天"(天道)之下,那么"人定胜天"的观念就永远不可能产生。在这种情况下,不论是自省自警(修身)还是善与人同(教化),"忧愁"的发生都不可避免。"善"与"忧愁"因此可以视为一种"理想类型",在理解明清士绅发生史中具有某种方法论意义。

---

① 叶秀山指出,尼采所说的超人"既不做道德律的奴隶,也不做自然律的奴隶;既不是受'天条'束缚的唯唯诺诺努力修善乞怜于神恩的庸人,也不是为竭力摆脱奴隶地位成为主人而对一切采取报复的复仇者,而是不用他者认可的纯粹主动者"。参见叶秀山:《何谓"超人"?——尼采哲学探讨之二》,载《浙江学刊》2001 年第 5 期。此外,牟宗三(1909—1995)在《圆善论》中对康德有关"德福一致"(最高善概念)的批评中,也可见中西之间的这种分歧。参见牟宗三:《圆善论》,吉林:吉林出版集团有限责任公司 2010 年版。

晚清时期的宗法调适与宗族转型
——以冯桂芬为例的考察*

综观中国宗族发展史,宗族的发展受时代之影响甚大,秦汉是一变,唐宋是一变,晚清又是一变①。秦朝之变,从宗法宗族向世家大族转变;唐宋之变,从世家大族向士庶宗族转变;晚清之变,则是从传统宗族向现代宗族转变。尽管经历了三次转变,但从宋代以降,始终贯穿着一条主线,即处在时代变局中的儒家知识分子总是习惯于反观三代,试图通过重新理解和诠释三代经文中的宗法理念,对宗族发展做出适当的时代调适②。宋代以降迄于晚清时期的宗族形态已经有较多学者讨论,唯晚清时期的宗族研究受到的关注较少③,冯尔康:《18世纪以来中国家族的现代转向》④几乎是唯一的系统研究成果。学者据此指出:"考察晚清社会宗族的实态,是深刻认识晚清社会的关键性问题之一。"⑤ 实际

---

* 本文原载《中国社会历史评论》第26卷,天津:天津古籍出版社2021年版。
① 徐扬杰:《宋明家族制度史论》,北京:中华书局1995年版,第2—12页。
② 陈其南:《传统中国的国家形态、家族意理与民间社会》,台北"中央研究院"近代史研究所编:《认同与国家:近代中西历史的比较》,台北:"中央研究院"近代史研究所,1994年,第185—200页。
③ 常建华:《二十世纪的中国宗族研究》,载《历史研究》1999年第5期;常建华:《近十年晚清民国以来宗族研究综述》,载《安徽史学》2009年第3期。
④ 冯尔康:《18世纪以来中国家族的现代转向》,上海:上海人民出版社2014年版。
⑤ 徐永志:《略论晚清的宗族》,载《历史教学》1999年第11期。

上，在晚清这个"数千年未有之大变局"的社会转型时期，宗族的社会角色反而越发凸显。冯尔康即指出：近现代家族的政治功能极大地衰退，其社会功能则充分显示出来①。由此可见，宗族不仅是晚清社会史研究的题中之义，而且也应成为晚清思想史研究的重要课题。本文拟把"口岸知识分子"视为马克斯·韦伯（Max Weber）所说的"理想类型"（ideal typle），尝试以早期维新派思想家冯桂芬为例，对晚清时期的宗法调适和宗族转型略作考察。

一、作为理想类型的"口岸知识分子"

在考察晚清儒家知识分子和宗族有关问题时，冯桂芬（1809—1874）几乎是无法绕过的研究对象。不仅因为冯桂芬是那个时代的维新思想家，其"言"和"行"代表了那个时代大多知识分子的人生路径和思想取向，更重要的，冯桂芬是美国学者柯文（Paul A. Cohen）所说的典型的"口岸知识分子"（intellectuaLs in treatyport cities），即一方面受到良好的传统教育，另一方面主要活动在开放的通商口岸，对西方文化有较为深入的接触②。时至今日，"口岸知识分子"在中国近代史研究领域，已经成为一种具有方法论和工具性意义的分析概念③。正是从这个

---

① 转自常建华：《近十年晚清民国以来宗族研究综述》，载《安徽史学》2009年第3期。
② 保罗·柯文：《在传统与现代性之间：王韬与晚清革命》，雷颐、罗检秋译，南京：江苏人民出版社1998年版。
③ 主要研究参见王立群：《近代上海口岸知识分子的兴起——以墨海书馆的中国文人为例》，载《清史研究》2003年第3期；何晓明：《略论晚清"条约口岸知识分子"》，载《郑州大学学报（哲学社会科学版）》2008年第1期；王立群：《中国早期口岸知识分子形成的文化特征》，北京：北京大学出版社2009年版；张瑞嵘：《晚清"条约口岸知识分子"的文化困境》，载《湖北社会科学》2017年第10期；申治稷：《19世纪中叶中国口岸知识分子研究》，中共中央党校硕士学位论文，2017年。

角度来讲,"口岸知识分子"应当视为马克斯·韦伯所说"理想类型"①来看待,对那个时代的儒家知识分子进行了相当准确的抽象和概括。毋庸置疑,对冯桂芬的分析也应采用这种研究方法。

出身苏州地域的冯桂芬(首先)作为传统的中国知识分子,于道光二十年(1840)参加科举考试高中榜眼,其后曾担任广西乡试正考官等职。咸丰三年(1853),太平天国定都南京(天京)期间,冯桂芬奉命回乡兴办团练,为清王朝收复了松江府诸城。咸丰十年(1860),在太平军占领苏州期间,冯桂芬也一再在上海协同江浙官绅一并攻打太平军,后来参加了李鸿章(1923—1901)幕府。②冯桂芬学识渊博,《清史稿·冯桂芬传》称冯桂芬"于书无所不窥,尤留意天文、地舆、兵刑、盐铁、河漕诸政"③,甚至连自视甚高的俞樾(1821—1907)也赞扬他"于学无所不通,而其意则在务为当世有用之学"④。而冯桂芬这种渊博的学问很显然并不局限在"中学"一面,正是在避居上海期间,冯桂芬全方位地接触到了西学⑤。自此以后,冯桂芬深刻认识到了晚清时代的巨大变化,认为"古今异时亦异势"⑥,并提出"法苟不善,虽古先吾斥之;法苟善,虽蛮貊吾师之"的西学主张⑦。熊月之认为冯桂芬既具有清醒的变局意识,赋予新意的列国观念和敢于坦承中国的落后,还鲜

---

① 马克斯·韦伯:《学术与政治》,北京:生活·读书·新知三联书店1998年版。
② 冯桂芬传记资料可参见《清史稿·冯桂芬传》,卷第486,列传第273,北京:中华书局1976年版;当代学者所做传记主要有李少君:《魏源与冯桂芬》,武汉:湖北教育出版社2000年版;周菊坤:《冯桂芬传》,哈尔滨:哈尔滨出版社2001年版;熊月之:《冯桂芬评传》,南京:南京大学出版社2004年版。
③ 《清史稿·冯桂芬传》,卷第486,列传第273,北京:中华书局1976年版,第13438页。
④ 冯桂芬:《显志堂稿》"俞序",见《续修四库全书》集部第1535册,上海:上海古籍出版社2002年版,第445页。
⑤ 熊月之认为"到咸丰十年写《校邠庐抗议》时,冯桂芬已经有相当丰富的西学知识,形成了较为完整的对时代、世界和西学的看法"。参见熊月之:《冯桂芬评传》,南京:南京大学出版社2004年版,第124页。
⑥ 冯桂芬:《校邠庐抗议》,上海:上海书店出版社2002年版,第2页。
⑦ 冯桂芬:《校邠庐抗议》,上海:上海书店出版社2002年版,第75页。

明地提出了向西方学习的主张①。正因如此,冯桂芬被认为是早期维新派代表人物之一。

冯桂芬的重要性毋庸置疑,然而或因其身上带着"早期维新派"的标签,学界对冯桂芬的研究主要集中在其维新思想的分析上,主题涉及教育、外交诸方面,对其宗族方面的探讨尚未见到②。事实上,《清史稿·冯桂芬传》就明确提到"桂芬性恬澹,服官仅十年,然家居遇事奋发,不避劳怨。凡濬河、建学、积榖诸举条议,皆出其手"③。江苏巡抚吴元炳(1824—1886)《崇祀录》更清楚地说,冯桂芬"生有至性,事父母孝,丁忧哀毁终身。遇讳日谢宾客,不御酒肉。有甥早孤,抚如子。尝辑族谱,经划宗祠、义庄,承先志也"④,那么作为维新思想家的冯桂芬对宗族事务饱含热情由此可见。更为重要的是,冯桂芬还对宗族建设提出了独到的设计。在《复宗法议》中,冯桂芬开篇就宣称"三代之法,井田、封建,一废不可复,后人颇有议复之者。窃以为复井田、封建,不如复宗法"⑤,在此基础上,冯桂芬最终提出"以保甲为经,以宗法为纬"的变法主张,寄希望于国家保甲制度和民间宗族共同维护基层秩序⑥。随后在《宗法论》和许多族谱序言、义庄、义田记中,冯桂芬更是对宗法做了非常充分的阐述。因此,恰恰是透过冯桂芬的案例,我们可以看到在晚清西方观念大量涌入的社会环境下,儒家精英

---

① 熊月之:《冯桂芬评传》,南京:南京大学出版社2004年版,第124—136页。
② 主要研究除前述传记以外,代表性的研究尚有:雷克啸:《冯桂芬教育思想述评》,载《河南大学学报(哲学社会科学版)》1986年第3期;刘正伟:《论冯桂芬的教育思想》,载《杭州大学学报》1998年第1期;李传斌:《试论冯桂芬的外交思想》,载《江南社会学院学报》2000年第3期;寇玉如:《冯桂芬(1809—1874)的经世思想及其社会实践》,台北"国立"成功大学历史系硕士论文,2002年。
③ 《清史稿·冯桂芬传》,卷486,列传第273,北京:中华书局1976年版,第13438页。
④ 冯桂芬:《显志堂稿》,见《续修四库全书》集部第1535册,上海:上海古籍出版社2002年版,第460页。
⑤ 冯桂芬:《校邠庐抗议》,上海:上海书店出版社2002年版,第83页。
⑥ 冯桂芬:《校邠庐抗议》,上海:上海书店出版社2002年版,第74页。

如何对待传统宗族,即他们在多大程度上、以什么姿态对宗族做了时代调适。

二、反观三代与宗法调适

宗法即处理宗族内部的血统、嫡庶等伦理关系的一整套法则或规则,是宗族建立和发展的基础。但是,在长期的历史发展过程中,宗法并非是坚定不移的,在宗族发展、地方实践,特别是时代转型时,宗法往往随之发生变化。冯桂芬宗族理念的最大特色就是在宗法论述上。不仅在《复宗法议》和《宗法论》中直接倡导宗法建设,在应他族而写的许多族谱序言和义庄、义田记中,也无不与宗法挂钩,如《宗法论》《无锡吴氏族谱序》与《荣氏族谱序》《汪氏耕荫义庄记》《武进盛氏义庄记》《吴氏祭田记》等。那么,冯桂芬为什么要重提宗法?其宗法理论与三代经文的记载和之前的经学者的论述有什么差异?经过重新阐释和解读的宗法伦理又是如何被运用到宗族建设中的?回答这些问题,不失为一种了解晚清宗族形态,特别是晚清知识分子与宗族相关议题的有效手段。

熊月之认为,冯桂芬之所以重视宗法,是因为"冯桂芬是看出了中国基层社会组织不发达,治安混乱的问题"[①]。在传统中国最低行政单元只到达县一级别的行政体制中,县以下基层社会的管理成为历代统治者不能不关心的问题。而在晚清冯桂芬时期,西方列强入侵造成基层社会的巨大震荡,特别是在太平天国起义以后,受到战争波及的地区无不陷入社会混乱的漩涡之中。冯桂芬所在的苏州地区更是如此。太平天国占领苏州以后,苏州一直"是太平天国整个东南战场的指挥中心,又是太

---

① 熊月之:《冯桂芬评传》,南京:南京大学出版社2004年版,第252页。

平军南下浙江、东进上海的基地,并以其强大的财力、物力,支持了太平天国后期的革命斗争。皖北沦丧后,苏州更成为天京赖以依托的后方和物资供应基地"①。寄云山人《江南铁泪图》则记载整个江苏的情况,"被难情形较他省尤甚,凡不忍见不忍闻之事,怵心刿目,罄竹难书,所谓铁人见之,亦当堕泪也"②。因此,社会的稳定和秩序重建成为苏州地域的紧急问题。

在冯桂芬看来,传统宗法制度正是解决这一问题的极好办法:

> 宗法者,佐国家养民、教民之原本也。天下之乱民,非生而为乱民也,不养不教有以致之。牧令有养教之责。所谓养,不能解衣推食;所谓教,不能家到户至。尊而不亲,广而不切,父兄亲矣、切矣,或无父兄,或父兄不才,民于是乎失所依。惟立为宗子以养之、教之,则牧令所不能治者,宗子能治之,牧令远而宗子近也;父兄不能教者,宗子能教之,父兄多从宽而宗子可从严也,宗法实能弥乎牧令、父兄之隙者也。③

在他看来,宗法"简直是医治封建制度的膏肓之疾的灵丹妙药"④,宗法制度的恢复与重构可以对以下四个方面的治理起到积极的作用:盗贼、邪教、械斗、保甲与社仓以及团练⑤。综观冯桂芬《校邠庐抗议》一书,我们似乎可以看到,尽管作者没有将《复宗法议》一文置于篇首,但《复宗法议》却可以看作是整本论著的纲领性文章。在《收贫民议》《稽户口议》等文章中,都可以看到他对宗法的补充或兼带论述⑥。

---

① 茅家琦主编:《太平天国通史》(下册),长沙:湖南大学出版社1991年版,第315页。
② 寄云山人:《江南铁泪图》,台北:学生书局1969年版,第3页。
③ 冯桂芬:《校邠庐抗议》,上海:上海书店出版社2002年版,第83页。
④ 徐扬杰:《宋明家族制度史论》,北京:中华书局1995年版,第510页。
⑤ 冯桂芬:《校邠庐抗议》,上海:上海书店出版社2002年版,第84页。
⑥ 冯桂芬:《校邠庐抗议》,上海:上海书店出版社2002年版,第75—76、80页。

由此也就不难理解其"以保甲为经,以宗法为纬"的主张了。

不过恢复宗法的首要意义并非针对国家,而是直接针对家族。换而言之,冯桂芬将宗法作为基层社会秩序重建的一个重要手段,是他重视宗法伦理的一个次要方面,因为尽管宗法伦理和宗族建设的最终目的还是为社会秩序重建,亦即国家建设问题,但是宗法伦理对家族建设无疑具有首要意义①。因为宗法问题首先关涉的是血缘宗族的内部建设问题。何谓宗法?清人程瑶田(1725—1814)《宗法小记》中说:"宗法载《大传》及《丧服小记》,列其节目,明其指归。有大宗、小宗之名,有迁与不迁之别,又为之通宗道之穷,究立宗之始,此所谓宗法也。"② 徐扬杰的理解是"(宗法是)人们在长期的实践过程中总结出来的一套反映和维护宗族制度即宗法式家族制度的规范、办法"③。由此可见,大宗和小宗的关系问题,实际上构成宗法制度的核心或灵魂。徐扬杰所说的"规范""办法",主要就是指怎样用大宗小宗组织宗族的办法。宗法创制自三代,但随着中国宗族发展经历了三次大变化,宗法内容也经过历代学者的皴染。秦汉以降乞于唐,在世家大族制宗族时代,宗法较少被学者提起。唐宋变革以后,特别是自南宋以降,宗法开始受到儒家精英的普遍关注,大体上经历了三个时期:宋明时期、乾嘉时期、晚清时期。乾嘉时代的经学家(比如万斯大、程瑶田等),主要是从文本角度出发,为考据而考据,并不太关注复兴宗法的现实意义。至乾嘉以降的晚清时期,儒家学者的关注焦点才开始脱离乾嘉考据学派的藩篱,重新走到宋代理学家的道路上,对宗法做出时代调适,为经世致用的目的服务④。冯桂

---

① 刘广明研究先秦宗法制时指出,"自然的血缘关系仍然是宗法伦理的出发点",也从一个侧面可以看出宗法首先是基于血缘宗族建设的需要。参见刘广明:《宗法中国》,上海:三联书店1993年版,第169页。
② 参见程瑶田:《宗法小记》,《续修四库全书》经部第108册,上海:上海古籍出版社1996年版,第632页。
③ 徐扬杰:《宋明家族制度史论》,北京:中华书局1995年版,第3页。
④ 徐扬杰:《宋明家族制度史论》,北京:中华书局1995年版,第460—511页。

芬的宗法理论，也应置于这一思想脉络中考察。

关于大宗小宗的关系问题，现有的研究指出：西周实行的宗法制度其实是大宗法制①，表现为分封制和宗法制相结合，大宗给小宗土地、人民及管理权。秦汉以后，宗法失去经济基础，君统和宗统合一的局面不再存在。为此，冯尔康将秦汉以降的社会称为"变异型宗法社会"，认为"中国上古宗法社会的制度及其观念，在秦汉以降的社会既有保留，又有变化，令宗族不再是上古的典型宗族，社会不再是典型宗法社会"。② 这种宗法变异至宋代，特别是明中叶以后，表现尤为明显，就是所谓的宗族"下移"的过程，民间庶民开始建祠堂、行祭礼，宋代开始的宗族转变开始走向实质③。郑振满将这个过程称为"宗法伦理的庶民化"。④ 自此以后，原来的大宗法制如何适用于已经庶民化的家族制度就成为摆在儒家精英面前的问题。反观三代并根据时代需要做出适当的调适，几乎成为历代儒家精英的普遍做法。冯尔康就指出："清朝人们面对已经有三千年历史的宗法观念和宋明的祭礼规制及习俗，思考他们的祀礼和家族建设。他们既要不违背三代的经典和宋明礼学家对宗法理论的诠释，又要照顾到现时代的俗礼。"⑤ 这种观察相当准确，而在冯桂芬身上表现尤为典型。

实际上恰恰是在宋明以降，在宗族下移到民间以后，大宗小宗的对立愈发明显，如何协调二者的矛盾是学者关注的普遍问题。万斯大（1633—1683）、程瑶田等基本认为，只有士、大夫有宗法，庶人没有宗法⑥，而原

---

① 冯尔康：《顾真斋文丛》，北京：中华书局2003年版，第317页。
② 冯尔康：《秦汉以降古代中国"变异型宗法社会"试说——以两汉、两宋宗族建设为例》，载《天津社会科学》2008年第1期。
③ 冯尔康：《顾真斋文丛》，北京：中华书局2003年版，第269页。
④ 郑振满：《明清福建家族组织与社会变迁》，北京：中国人民大学出版社2009年版。
⑤ 冯尔康：《顾真斋文丛》，北京：中华书局2003年版，第317页。
⑥ 万斯大：《宗法论》；程瑶田：《宗法小记》，见《续修四库全书》经部第108册，上海：上海古籍出版社1996年版。

有宗法制度既然是以兄统弟的大宗法制①，则很显然在时代转型时期，原有宗法制度不能照搬过来作为现成的思想资源。正是有感于这种变化，冯桂芬提出了和万斯大、程瑶田等很不同的看法。在《宗法论》中，冯桂芬指出："唯士庶立宗法与否，经无明文。近人纪氏大奎释经文，以为亦当有同姓大同之始祖说，自可从《诗·大雅》'君之宗之'，君与宗并言，可见人莫不有君，亦莫不有宗，亦是一证"，在此基础上，冯桂芬进而提出"人人有宗，即人人有大小宗，自尊祖敬宗，驯至庶民"②。因此，冯桂芬接着直接反驳了万斯大，指出："脱如万说。为大夫者少，为士者多。小宗之子孙，其相系属者亦不过如后世有服之亲耳。百余年后，各宗其宗，国之人大半有四宗，无五宗，渐且涣散渐且途人。"③ 这样一来，冯桂芬对宗法理论做出了自己的时代调适，强调无论是大夫、士还是庶民都有宗法，都应该遵守宗法伦理，而目的很明确，就是为了敬宗收族，防止族人的涣散。

三、义庄重构与宗族转型

冯桂芬不仅是一位思想家，还是一位积极的实践者。宗法理论的重新阐释，为冯桂芬的宗族实践奠定了基础。在宗族建设方面，冯桂芬最典型的特征，是积极主张建立义庄。在冯桂芬看来，一方面，因为义庄是一件"创自晚近不必为三代之法而转足以维三代之法"的大事④。另一方面，因为义庄"颇得宗法遗意"，所以可以"因势利导，为推广义

---

① 冯尔康：《顾真斋文丛》，北京：中华书局2003年版，第280页。
② 冯桂芬：《显志堂稿》，见《续修四库全书》集部第1535册，上海：上海古籍出版社2002年版，第468页。
③ 冯桂芬：《显志堂稿》，见《续修四库全书》集部第1535册，上海：上海古籍出版社2002年版，第468页。
④ 冯桂芬：《显志堂稿》，见《续修四库全书》集部第1535册，上海：上海古籍出版社2002年版，第541页。

庄之令"①。他甚至十分理想地认为,"一族有义庄即一族无穷民,千百族有义庄即千百族无穷民,奸淫邪恶自而作,三代郅治不外此"②。所以在冯桂芬看来,义庄建设首先正是恢复宗法的最佳举措。

只要简单考察义庄发展史就可以看出,义庄在刚出现时并不具有宗法色彩,《范氏义庄规矩》并没有提到宗法事宜③。比如,刑铁指出,义庄主要是"由一些科举入仕的士大夫用其秩禄买田置办","多以租佃方式出租",而且"义田收入主要用作赈济族人生活"。④ 或因这种封建租佃制,学者认为像范式义庄组织"与其包括在族田范畴之中,不如归入荒政系统更为确切一些"。⑤ 这就不难理解,为什么尽管义庄最早出现在苏州,但是清代以前苏州的义庄系统并不发达,呈现出跟发达的宗族系统并不匹配的历史现象⑥。所以冯桂芬之所以将义庄与宗法相结合,应是基于更为深刻的时代认识。把义庄和宗法结合起来论述,目前所见较早的是清初常熟学者陈祖范(1676—1754)。他在《陶氏义庄记》中称:"宗法行,司其任于大小宗子;宗法废,而抢推族长。族长非若宗子之前定不移也,故不足以收族。虽高门华胄有未□五服已途人,而秦越相视者矣。"⑦ 由此可以看出,义庄只有与宗法结合,才能真正为宗族建设、实现敬宗收族的目的服务。

更何况面对当时的时代局势,一方面苏州地域乃至整个江南的宗族发展早已呈现式微势头⑧,另一方面苏州地域受到太平天国的巨大冲击,

---

① 冯桂芬:《校邠庐抗议》,上海:上海书店出版社2002年版,第83页。
② 冯桂芬:《显志堂稿》,见《续修四库全书》集部第1535册,上海:上海古籍出版社2002年版,第542页。
③ 李勇先、王蓉贵点校:《范仲淹全集》,成都:四川大学出版社2002年版,第797—198页。
④ 邢铁:《宋代的义庄》,载《历史教学》1987年第5期。
⑤ 邢铁:《宋代的义庄》,载《历史教学》1987年第5期。
⑥ 范金民:《清代苏州宗族义庄的发展》,载《中国史研究》1995年第3期。
⑦ 陈祖范:《司业文集》,见《四库全书存目丛书》集部第274册,第2卷,济南:齐鲁出版社1997年版,第160页。亦可参见冯桂芬等纂修:《苏州府志》,第24卷,公署四,台北:成文出版社1970年版,第589页。
⑧ 冯尔康:《顾真斋文丛》,北京:中华书局2003年版,第295—296页

宗族受到很大破坏，社会极为混乱①。冯桂芬等地方士绅面对时代局势，不能不做出自己的应对。而且以义庄重构宗族，在苏州有悠久的历史传统。如前所述，义庄最早出现在宋代，创立义庄的正是冯桂芬的苏州老乡范仲淹（1049—1054）。范氏义庄开创了建立义庄的先例，加上范仲淹在苏州地域的崇高形象，后来不少江南世家大族都效仿范仲淹的做法。范金民的研究显示，宋代苏州共设置了4个义庄，明代设置了8个义庄②。虽然数量并不算多，但是相较江南其他地区，范氏义庄的影响力已相当显著。苏州义庄"真正获得发展，则是在清代"，特别是在鸦片战争以降的晚清时期（1840—1911），苏州的义庄数量呈几何倍数的增长，共设立了128个之多③。以冯桂芬活跃的咸同时期为例，苏州地区设立义庄是非常普遍的现象（见表1）：

表1　《苏州府志》所见晚清苏州义庄概况

县名	义庄名称	所属家族	创建时间	创建人	义庄简况 族产类型	义庄简况 族产数量（单位：亩）
吴县	范文正公义庄	范氏	宋皇佑年间（初建）	范仲淹	义田	5300
			同治五年（重建）	范学炳		
	申文定公义庄	申氏	明万历年间（初建）	申时行	义田	1394.9
			同治年间（重建）	申睿	祭田	383.046
	萧江义庄	江氏	乾隆五十四年	江淞	祭田	660
	吴氏义庄	吴氏	嘉庆十六年（初建）	吴振燨	义田	939
			咸丰十年	吴邦勤	祭田	92
	资敬义庄	程氏	道光二十五年（初建）	程桢	义田	2400
			同治十年（重建）	汪为仁		
	耕荫义庄	汪氏	道光二十九年	翁大业	义田	1000
	翁氏义庄	翁氏	乾隆二十七年		义田	520

---

① 章开沅、马敏、朱英主编：《中国近代史上的官绅商学》，武汉：湖北人民出版社2000年版，第455—469页。
② 范金民：《清代苏州宗族义庄的发展》，载《中国史研究》1995年第3期。
③ 范金民：《清代苏州宗族义庄的发展》，载《中国史研究》1995年第3期。

(续表)

县名	义庄名称	所属家族	创建时间	创建人	义庄简况 族产类型	义庄简况 族产数量（单位：亩）
长洲县	浔阳义庄	陶氏	雍正九年	陶□	义田	1150
	汪氏义庄	汪氏	道光七年	汪氏钟	义田	1068.802
	陈氏义庄	陈氏	道光三十年	陈骏	义田	1053
					祭田	145
	翁氏义庄	翁氏	同治十年	翁荣义	义田	502
	王氏义庄	王氏	同治十一年	王师晋 王伟□	义田	1450
	袁氏义庄	袁氏	乾隆五年	蒋氏	义田	700
	唐氏义庄	唐氏	乾隆二十四年	唐文栋	义田	600
	周氏义庄	周氏	乾隆四十四年	周淳 周怀仁	义田	2200
	朱氏义庄	朱氏	同治9年	朱恩熙	义田	524
	张氏义庄	张氏	同治十二年	张荫楷	义田	1001.8
	沈氏义庄	沈氏	同治十二年	沈凤威	义田	1002
	周氏义庄	周氏	同治十三年	周元怀	义田	532.307
元和县	潘氏义庄	潘氏	嘉庆九年	潘文起	义田	1243.824
	张氏义庄	张氏	道光五年	张□祖	义田	1001.474
	徐氏义庄	徐氏	道光十年	徐长庆	义田	980
	松鳞义庄	潘氏	道光十五年	潘遵祁	义田	2003.750
					祭田	16.387
					读书田	396.389
	王氏义庄	王氏	道光七十七年	王有庆	义田	1092.99
	丁氏义庄	丁氏	道光十九年	丁锦涛 丁士良	义田	若干
					读书田	301.58
	诵芬义庄	汪氏	道光二十二年	汪景纯 汪廷枏	义田	1008.553
	蒋氏义庄	蒋氏		蒋兆烈	义田	1029.845
	余庆义庄	陆氏	同治十三年	陆道晋	义田	1003.43
	王氏义庄	王氏	同治十一年	王朝庆	邑田	604
	严氏义庄	严氏		陆氏	义田	538
	沈氏义庄	沈氏	同治十二年	沈国琛	邑田	754
	殷氏义庄	殷氏	同治十二年	殷柄初	邑田	558
	朱氏义庄	朱氏	道光十年	朱大松	义田	1000
	许氏义庄	许氏	道光九年	许春藻	义田	364.888
	张氏义庄	张氏	道光九年	张廷俊	地产	506

(续表)

县名	义庄名称	所属家族	创建时间	创建人	义庄简况 族产类型	义庄简况 族产数量（单位：亩）
新阳县	徐氏义庄	徐氏	道光十年	徐文奎	义田	500
新阳县	顾氏义庄	顾氏	乾隆年间	顾登建	义田	500
常熟县	杨氏义庄	杨氏	乾隆五十七年	杨继祖	义田	1200
常熟县	屈氏义庄	屈氏	嘉庆十六年	屈成霖	义田	1000
常熟县	赵氏义庄	赵氏	道光三年	赵同汇	义田	1000
常熟县	俞氏义庄	俞氏	道光十四年	俞挺芳	义田	1403.472
常熟县	庞氏义庄	庞氏	道光二十一年	庞德辉	义田	509.653
常熟县	庞氏义庄	庞氏	道光二十五年	庞榕	义田	728.747
昭文县	蔡氏义庄	蔡氏	咸丰六年	蔡景春	义田	512.478
昭文县	瞿氏义庄	瞿氏	咸丰十一年	瞿绍基	义田	500
吴江县	周氏义庄	周氏	道光年间	周光纬 周芝沅	义田	1285.95

资料来源：李铭皖等修，冯桂芬等纂：《苏州府志》第24卷《公署四》，影印本，台北：成文出版社1973年版，第586—594页。

从表1的统计可以看出，苏州义庄不仅富有传统，且在道咸同时期设立的义庄占绝大多数，占到近70%。其时苏州府下辖吴县、长洲、元和、昆山、新阳、常熟、昭文、吴江、震泽等9个县，《吴县县志》等诸县志中的义庄记载亦与此类似①。所以从数字上看，苏州义庄在晚清时期已经相当发达，但考虑到广大的整个苏州地域，再加上当时太平天国起义造成的社会动荡，义庄对于当时来说很显然并不够。冯桂芬就表示："今浙江等省颇有善堂、义学、义庄之设，而未遍制，亦未尽善，

---

① 曹允源等：《吴县县志》第31卷，台北：成文出版社1970年版，第478—485页；汪堃等：《昆新两县续修合志》第10卷，台北：成文出版社1970年版，第186页。其中吴县、长洲、元和（合见《吴县县志》）三县晚清所建义庄比例为74%（45/61），昆山、新阳（合见《昆新两县续修合志》）两县晚清所建义庄比例为80%（8/10）。

他省或并无之"①，甚至对当时士林有所不满，认为"近士大夫身都贵富，具钟鼎之食，而庙貌不设，祭田不备者有之"②。在这种情况下，冯桂芬提出了义庄建设的具体设想：

> 有一姓立一庄，为荐飨、合食、治事之地。庄制分立养老室、恤□室、育婴室，凡族之寡孤独入焉；读书室，无力从师者入焉；养疴室，笃疾者入焉；又立严教室，不肖子弟入焉。立一宗子，复古礼，宗子死，族人为之服齐衰三月，其母其死亦然，以重其事。名之曰族正，副之以族约。先进士，次举贡生监。贵同则长长，长同则序齿，无贵者，或长长，或贤贤。族约以贤贤为主，皆由合族公举。如今义庄奉法无力建庄者，假庙寺为之，嫁娶丧葬以告，入塾习业以告，应试以告，游学经商以告，分居徙居、置产斥产以告，有孝悌节烈或败行以告，一切有事于官府以告，无力者岁事资之，一庄以千人为限，逾千人这分一支庄，增一族约。单门若稀姓、若流寓，有力者亦许立庄，无力者择所附。……立庄之后，敦劝集资，令经费充赡，另议永停捐例，惟存民爵，正可为奖励立庄之用。③

从引文中可以看出，冯桂芬设想的义庄并非仅仅为宗族建设提供物质基础，还具有教育、提供福利等性质。唐力行和徐茂明认为，从苏州宗族义庄的规条来看，其宗旨不出"养"与"教"④。冯桂芬的义庄设想当然不离这两端，希望通过重构义庄达到"鳏寡孤独废疾有养，嫁娶

---

① 冯桂芬：《校邠庐抗议》，上海：上海书店出版社2002年版，第73页。
② 冯桂芬：《显志堂稿》，见《续修四库全书》集部第1535册，上海：上海古籍出版社2002年版，第543页。
③ 冯桂芬：《校邠庐抗议》，上海：上海书店出版社2002年版，第84页。
④ 唐力行、徐茂明：《明清以来徽州与苏州社会保障的比较研究》，见王卫平主编：《明清时期江南社会史研究》，北京：群言出版社2006年版，第249—272页。

凶丧有助"的目的①。显而易见,冯桂芬是将义庄作为宗法的载体,并试图推行到全国,所谓"义庄日有食、岁有衣、嫁娶凶丧有赡,非所谓不足资之乎?文正倡之忠,宣清宪少参忠贞累世处益之,非所谓有余归之乎?诚能推而行之,自一人一家而郡县而直省"②。所以冯桂芬倡导义庄建设的最终目的,还是落脚到社会和国家秩序的重建上。

遗憾的是,冯桂芬设立义庄的具体情形已不可考。其幕主李鸿章(1823—1901)称其"晚岁于宗祠义庄渐次经划,规模粗就,未竟厥志而殁"③。尽管如此,冯桂芬借义庄重建宗族、恢复宗法的建议还是得到了江南乃至全国许多士绅和政府的支持。冯尔康认为,宗法具有稳定社会秩序的作用,因而能够得到政府与族权之间良好的互动协调,"政权自上而下地支持族权,宗祠又自下而上地维护政权"④。虽然后来的历史也证明,宗族无法摆脱在近代以后衰落乃至崩溃的命运,但在晚清时期,通过冯桂芬等儒家精英的倡导,宗族建设毕竟取得了一定成效,为稳定地方秩序提供了一定支持。

四、结论

晚清时期的宗族转型,诚如论者所言:"就地域范围而言,它是先沿海而后内地,先城镇而后农村;就社会阶层而言,先是知识阶层而后其他;就具体变迁的内容而言,则是先家庭意识与观念,而后上一家庭

---

① 冯桂芬:《显志堂稿》,见《续修四库全书》集部第1535册,上海:上海古籍出版社2002年版,第541页。
② 冯桂芬:《显志堂稿》,见《续修四库全书》集部第1535册,上海:上海古籍出版社2002年版,第542页。
③ 冯桂芬:《显志堂稿》,见《续修四库全书》集部第1535册,上海:上海古籍出版社2002年版,第458页。
④ 冯尔康:《顾真斋文丛》,北京:中华书局2003年版,第300页。

规模、家庭关系、家庭功能的变动。"① 冯桂芬的宗法调适和宗族重构正是这种特点的体现。作为"口岸知识分子",冯桂芬的思想进路是"由复古之路而继新"②,由此可见宗法调适和宗族重构并不外在于冯桂芬的"以中国之伦常名教为原本,辅以诸国富强之本"的总体主张③。冯桂芬的基本逻辑是:时代变化导致宗族形态发生变化,宗族的建设需要通过宗法来加强,而义庄又是宗法的最好载体,于是通过义庄建设宗族就成为必由路径。只不过在重构宗族之前,需要重新阐释宗法,使宗法符合时代和宗族的实际需要。放宽视野来看,晚清时期重视宗法伦理与宗族建设的知识分子远不止冯桂芬一个。同为早期维新思想家的陈炽(1855—1900)、郑观应(1842—1921)与后来被视为激进思想家的谭嗣同(1865—1898)就是典型的例子④。因此,对冯桂芬的个案考察并不是要强调其特殊性,而恰恰是要放回到晚清时代的普遍脉络中来,以期更好地理解传统中国的现代转型。

---

① 徐永志:《略论晚清家庭的变动》,载《历史教学》1998 年第 1 期。
② 王树槐:《江苏民性与近代政治革新运动》,见《中央研究院近代史研究所集刊》第 7 期,1979 年,第 51—94 页,引言见第 64 页。
③ 冯桂芬:《校邠庐抗议》,上海:上海书店出版社 2002 年版,第 57 页。
④ 陈炽著,赵树贵、曾丽雅编:《陈炽集》,北京:中华书局 1997 年版;谭嗣同曾编纂《浏阳谭氏族谱》,现藏湖南浏阳档案馆,惜未得见,其《〈浏阳谭氏谱〉叙例》收入蔡尚思、方行编:《谭嗣同全集》,北京:中华书局 1981 年版;尽管郑观应没有直接的有关家族的文献记载,但他曾经表达过"兄昔年欲仿范文正公设义庄……不料所谋未遂,事与愿违"的话,表明其对家族义庄也绝非不关注,参见郑观应著,夏东元编:《郑观应集》,上海:上海人民出版社 1988 年版,第 1182 页。

由爱乡而爱国
——从王毓英看晚清民初的地方自治*

一、引言：从化乡到地方自治

晚清民初全国各地普遍出现地方自治的潮流，学界对此已多有研究①。然而这些研究大多集中在民初的军阀和地方实力派方面，将地方自治看成是政治变革和社会变动影响下的新事物。而事实上许纪霖的研究指出，晚清民初的知识分子具有相当强烈的"少数人的责任"的传统士大夫意识②。王汎森更是强调，现代中国的传统因素与非传统因素交织缩结，共同形塑和推动着那个时代的历史③。更为重要的是，正如岸本绪美所说，我们要追问是什么样的状况驱使那时代的士绅走向地方自

---

* 本文原载《唐都学刊》2013年第2期。
① 池桢：《国家、地方与乡村建设——1930—1940年河南宛西自治研究》，载《史林》2010年第5期。
② 许纪霖：《"少数人的责任"——近代中国知识分子的士大夫意识》，载《近代史研究》2010年第3期。
③ 王汎森：《从传统到反传统——两个思想脉络的分析》，见《中国近代思想与学术的系谱》，石家庄：河北教育出版社2002年版，第91—116页。

治,也就是要关注具体士绅的意识形态或思维①。以此为视角可以看到,晚清民初的地方自治实与明清以来士绅的"化乡"观念和实践有关②。本文以晚清温州士绅王毓英的学与行为例,通过考察其时代意识和世界知识、乡绅意识与化乡实践以及地方自治与国家认同三者之间的交织互动,可以看到晚清民初地方自治背后的传统因素。亦即王毓英通过修水利、移风俗、兴教育和办实业等四方面的自治理念与实践,展现了这种地方自治背后"由爱乡而爱国"的文化逻辑。

王毓英(1852—1924),字学训,号隽颀,别署大罗山人、罗东愤俗子等,浙江省永嘉县永强镇人。生于咸丰二年(1852),卒于民国十三年(1924),是晚清民初温州地区涌现的重要士绅代表。王毓英为同治十年(1871)廪贡生,其自述参加晚清科考的经历"中间历战棘闱者十有二次,三被荐鹗不售"③,友人吕渭英(1855—1927)也记述说:"年弱冠入邑庠,负厄二十馀年,方食饩,擢明经,十试棘闱,屡荐不售。"④ 经过十二次参加乡试未果以后,王毓英转而参加杭州诂经精舍,"凡关于世道人心之语,及地方利弊之谈,罔不虚心私淑,取为尊闻行知之助"⑤,因此转而将目光转向了地方,吕渭英在《继述堂文钞叙》中说"惜屡荐不得售,卒以讲学授徒终于乡。遇地方公益事,无巨细难易,俱以热心实力造成之"⑥,门人项承权(生卒年不详)也说:"(王

---

① 岸本绪美:《场、常识与秩序》,罗冬阳译,见黄东兰主编:《身体·心性·权力》,杭州:浙江人民出版社2005年版,第315—330页。
② 井上彻:《中国的宗族与国家礼制》,钱杭译,上海:上海书店出版社2008年版,第17页。
③ 王毓英:《继述堂传家实录》,见卢礼阳辑校:《王毓英集》,北京:中国文史出版社2011年版,第21页。
④ 吕渭英:《吕文起先生赠作寿藏志》,见卢礼阳辑校:《王毓英集》,北京:中国文史出版社2011年版,第9页。
⑤ 王毓英:《社会附谈录》,见卢礼阳辑校:《王毓英集》,北京:中国文史出版社2011年版,第267页。
⑥ 吕渭英:《继述堂文钞叙》,见卢礼阳辑校:《王毓英集》,北京:中国文史出版社2011年版,第3页。

毓英）虽不得志于时，犹思兼善于一乡。"① 对于这点，王毓英自己也曾反复提及。可见因科举失败"兼济天下"的梦想破灭以后，王毓英转而将自己的目光转向地方自治和家乡管理，正是晚清民初社会转型时期的代表人物。

晚年的王毓英对自己的生平概要曾有简要地勾勒，据其《社会附谈录》中的自述，大致可知王毓英于光绪三十一年（1905）协助孙诒让（1848—1908）办理温州学务和温州师范学堂，光绪三十三年（1907）担任两广方言学堂监学，宣统三年（1911）担任永强县自治会董，次年（1912）担任永嘉县教育会会长和永嘉县第一平民习艺所所长，至民国八年（1919）温属公立图书馆开办，被公举为馆长之职②。因此从王毓英的生平事迹来看，吕渭英称其为"豪杰之士"兼"文章之士"，虽不免有所夸大，但亦属实情③。王毓英生平著述丰富，有《继述堂文钞》八卷、《继述堂诗钞》二卷等著作共计十四卷。近些年由卢礼阳将王毓英的诗文收集并编校成《王毓英集》出版，该书几乎收集了王毓英的所有著作。更为重要的是，王毓英不仅注重学，而且注重行，"人第知教人读书识字为学问，而不知书籍外之学问，皆由事实之经验而来，故事实者，活动之学问，而以世界为学校者也"④。吕渭英也强调王毓英的著作"无非本躬行经验之实，发为长言嗟叹之声，固非同世之不羁者之不重乎文，不实者之徒炫乎文也"⑤。因此下文主要依据《王毓英集》为

---

① 项承权：《继述堂文钞叙》，见卢礼阳辑校：《王毓英集》，北京：中国文史出版社2011年版，第5页。
② 王毓英：《社会附谈录》，见卢礼阳辑校：《王毓英集》，北京：中国文史出版社2011年版，第267页。
③ 吕渭英：《继述堂文钞叙》，见卢礼阳辑校：《王毓英集》，北京：中国文史出版社2011年版，第3页。
④ 王毓英：《教授之随事指点》，见卢礼阳辑校：《王毓英集》，北京：中国文史出版社2011年版，第41页。
⑤ 吕渭英：《继述堂文钞叙》，见卢礼阳辑校：《王毓英集》，北京：中国文史出版社2011年版，第3—4页。

史料,试重构其生平理念与实践活动。

二、时代意识与世界知识

晚清民初处在"三千年未有之变局"的社会转型时期①,传统士绅对这种转变颇为敏感。与同时代的士绅相比,王毓英生平历经晚清六十年(1852—1912)和民国十三年(1912—1924),期间经历的历史事件包括太平天国运动、中法战争、甲午战争、戊戌维新、义和团运动和辛亥革命等,因此卢礼阳曾经提及"值得注意的是继述堂主人强烈的时代意识",因为书中屡屡提及"时值二十世纪之交"等表述,达二十三次之多,"这一点在同时代作者中间是不多见的"②。其实在表达这种强烈的"世纪之交"的时代意识的过程中,也可以充分看到王毓英的世界知识。为此不妨先列表将这二十三次"世纪之交"的表达列表如下(见表1):

表1 《王毓英集》所见"世纪之交"一览

序号	原文	出处
01	时值二十世纪之交,新学萌芽,民智初开,尚属幼稚时代……	第28页
02	际此二十世纪之交,时变既极,圣道益衰,世之诞妄者流	第49页
03	民国之贫弱,至二十世纪之交,现象所昭,已臻于环球之极点矣……	第76页
04	茫茫大球,际二十周世纪之交,物竞争存,丁兹为烈……	第80页
05	今既生我于二十世纪之交,民穷财尽,革命迭起,百戏纷陈……	第93页
06	况际此二十世纪之交,海禁大开,民智日进亦日杂……	第105页
07	况际二十世纪之交,竞争天演,平等自由,误会者众……	第113页
08	特身生二十世纪之交,日闻夫平等有言,自由有言,废孔背经……	第128页

---

① 蔡尚思:《论清末民初中国社会》,上海:复旦大学出版社1983年版,第198页。
② 卢礼阳:《〈王毓英集〉编校说明》,见卢礼阳辑校:《王毓英集》,北京:中国文史出版社2011年版,第2页。

(续表)

序号	原文	出处
09	时际二十世纪之交，名为共和，实甚专制，国体伪也……	第129页
10	况际此二十世纪之交，竞争烈于世界，兵祸遍于全球……	第135页
11	时际二十世纪之交，大道芜，世变极，人心幻……	第136页
12	时值二十世纪之交，西学东渐，孔教渐伏……	第141页
13	际此二十世纪之交，使人人皆效其气于列强竞争之间……	第147页
14	时值二十世纪之交，人心大坏，学说益奇，废孔背经，生今反古……	第153页
15	时值二十世纪之交，废孔背经，孔道之穷，较前尤极……	第170页
16	况今二十世纪之交，天地不泰，日月无光，世道晦盲……	第172页
17	况时交二十世纪，风俗侈靡，日甚一日，女校衣着，竞尚新奇……	第181页
18	况时丁二十世纪，自治潮流弥漫全国，士君子纵不能奋迹致用……	第188页
19	生二十世纪之交，偶触欧学之输入，而厌故喜新……	第211页
20	时值二十世纪之交，地球大开，文明输入，普通之学识遍愚民……	第222页
21	生二十世纪之交，地球大通，文明竞进，弱肉强食，天演难逃……	第225页
22	时值二十世纪之交，人情鬼蜮，教育力穷，网漏吞舟，租借遘蔽……	第230页
23	时值二十世纪之交，生齿日繁，民业日促，微特我国无货以输入……	第258页

资料来源：王毓英：《王毓英集》，卢礼阳编校，北京：中国文史出版社，2011年。

从表1可以看出，王毓英这种"世纪之交"的时代意识，主要基于三个方面的认识：其一，从天下到国家的世界局势变动；其二，国家转型和社会变动的国内局势变动；其三，社会风俗和国民方式的时代变化。这三者分别对应作者的世界知识、国家观念和社会意识，其实也构成了王毓英后来一系列社会活动的基本前提。

晚清民初的中国，本身是一个交织着中西新旧的过渡时代，如若按照梁启超（1873—1929）从器物到制度，从制度到观念的"三阶段论"①，那么在王毓英所生活的年代，无疑已经进入第三个阶段。在这个

---

① 梁启超：《五十年中国进化概论》，见易鑫鼎编：《梁启超选集》，北京：中国文联出版社2006年版，第471—480页。

过渡时代,王毓英有相当开放的观念,"学无新旧之分,人无中西之别,惟各求其是而已"①,甚至不断劝当时是士绅"删订群书教万世,学无新旧间遗编"②,这种观念虽分学、人二者表述,但在一种互文的结构中,不免让我们想起王国维(1877—1927)著名的"学无中西、学无新旧、学无有用无用"的呼声③。正是这样的一种开放观念,使得王毓英的世界知识相当丰富,且实与前清的许多士绅有所不同。约而言之,王毓英的世界知识表现在三方面:其一,对世界各国政治的认识;其二,对世界各国经济的认识;其三,对世界各国教育和学术的认识。下面先论述王毓英对世界各国政治经济的认识。

纵观王毓英的论述,可见其对世界各国的政治(法律)和经济局势已有较为明确的认识,且大抵是实事而论。如"观于英、葡以商立国,美利坚以农立国,俄罗斯兼农工立国,比、法、葡皆以工业立国,即在希腊古邦,尝以工艺为文明之菁华,其各能争雄于五大洲者,皆职此之由"④。通过《王毓英集》,我们可以看到王毓英所了解的世界各国,已经包括英国、美国、葡萄牙、俄罗斯、法国、奥地利、比利时、荷兰、瑞士、瑞典等西洋国家,印度、菲律宾、日本、韩国等东洋国家。对这些国家的历史、政治、社会和经济状况,王毓英也都有一定的了解。如对西方国家的国体,王毓英曾经指出"同一共和之宪法,而法与美异;同一君主之宪法,而英与德异,各有美恶,互有短长"⑤,已见其世界知

---

① 王毓英:《家训》,见卢礼阳辑校:《王毓英集》,北京:中国文史出版社2011年版,第18页。
② 王毓英:《劝诫二十绝·劝士》,见卢礼阳辑校:《王毓英集》,北京:中国文史出版社2011年版,第397页。
③ 王国维:《国学丛刊序》,见王国维:《观堂别集》(第4集),上海:上海古籍出版社1983年版,第6页。
④ 王毓英:《贫民习艺所徒毕业所长训词》,见卢礼阳辑校:《王毓英集》,北京:中国文史出版社2011年版,第77页。
⑤ 王毓英:《追论废孔废经之失》,见卢礼阳辑校:《王毓英集》,北京:中国文史出版社2011年版,第106页。

识较为丰富而切实。又如对西方国家的森林管理，指出德国、瑞士和日本等国家的管理优良，其信息不仅确切而且趋新①。相对而言，王毓英对西方的教育文化和思想学术了解稍有不及。

这种丰富的世界知识，带给王毓英强烈的进化观念和竞争意识。自从光绪二十二年（1896）严复（1854—1921）开始翻译《天演论》以来，至民国初年王毓英的时代，"物竞天择，适者生存"的进化观念已经渗入至少士人阶层的生活中，由此进化所产生的中西对比——西方趋新、中国守旧，以及在此基础上产生的竞争意识，成为那个时代知识分子的典型特征。这种特征尤为明显地体现在19世纪80年代以前出生的晚清士绅身上。如晚清孙宝瑄（1874—1924）在其《忘山庐日记》中，即详细地展现了自己阅读《天演论》的过程和心得②。在某种程度上，王毓英与孙宝瑄非常相似——二者都属于"亦官亦绅、亦学亦文"的转型时期的人物，特别是在进化观念和竞争意识上，都表达得相当强烈。

在不断地中西对比中，王毓英深感中国之落后，西方之发达，"中国开化在万国之先，而进化独在全球之后"的比较意识，深深地刺激了内心的竞争观念③。这种进化观念和竞争意识，在《继述堂中西教育合纂》中表达得淋漓尽致，"若限以故步，将不进则退，一事虽新，易一事焉，辄不能新；一时虽新，逾一时焉，辄不能新"④，这种表述，堪与余英时对近代激进与保守思潮之评估若合符节，即近代没有真正保守的

---

① 王毓英：《社会之改良凡五类》，见卢礼阳辑校：《王毓英集》，北京：中国文史出版社2011年版，第261页。
② 李侃：《清末士大夫思想演变的缩影——读〈忘山庐日记〉》，载《历史研究》1984年第2期，第72—82页。
③ 王毓英：《社会有与时并进之速效》，见卢礼阳辑校：《王毓英集》，北京：中国文史出版社2011年版，第255页。
④ 王毓英：《继述堂中西教育合纂》，见卢礼阳辑校：《王毓英集》，北京：中国文史出版社2011年版，第211页。

思潮，只有激进与更激进的观念①。总体上说，王毓英的进化观念可以从三方面来说，即包括学问的进化、社会的进化和国家（民族）的进化。在学问和社会的进化方面，王毓英深感中国传统儒学有知识没有技术的不便，特别是在政治学、教育学和社会学方面，中国全方位落后于西方，因此他说："学问之道不进则退，社会之事不进亦退，微特其真退也，即未至于颠蹶而却步不前，乃观于彼之社会则日进，而此之社会即在日退之列。"② 在国家（民族）的进化方面，王毓英在修族谱时指出，"概自民族进化之说发源于泰西，浸淫于中国。吾国民为其所惑者，今中华以民立国，则国势之强弱盛衰，须以种族广狭为断，与古昔之限于家族，域于乡族者大相径庭，则有起而灭绝，谱学转泛"③。将古代的"民族"等同于"家族"和"乡族"的观念括而大之，来理解从天下到万国时代的民族概念，并主张族谱的修纂因此要扩大范围。

综上所述可知，作为转型时期的代表士绅，王毓英有着相当敏感的时代意识，这种时代意识体现在世界知识上，也由此引发了相当强烈的进化观念和竞争意识。在其他不同的场合，王毓英也一再陈述那时的时代感受，如"今何时乎？其国体之岌岌乎！易君主而民主、而独立、而复辟，江河日流日下，沧桑愈变愈奇"④，面对这种"江河日流日下"的状况，王毓英又有着非常强的乡绅意识、地方认同和国家情怀，将"兼善一乡"付诸实践。

---

① 余英时：《中国近代思想史上的激进与保守》，见余英时：《现代儒学的回顾与展望》，北京：生活·读书·新知三联书店2004年版，第8—42页。
② 王毓英：《社会有与时并进之速效》，见卢礼阳辑校：《王毓英集》，北京：中国文史出版社2011年版，第254页。
③ 王毓英：《环川王氏第七次初议修谱序》，见卢礼阳辑校：《王毓英集》，北京：中国文史出版社2011年版，第193页。
④ 王毓英：《祭亲翁介石陈户部文》，见卢礼阳辑校：《王毓英集》，北京：中国文史出版社2011年版，第146页。

三、乡绅意识与化乡实践

坚持"学无新旧"的王毓英,其知识体系中兼具传统儒家学问和近代经世学问,殆无疑问。不过无论是新学还是旧学,王毓英都谈不上顶尖。一方面王毓英相当反对新学,因为"今之谈新学者,往往与圣学作反对,甚至诋孔,且动议废孔者"①,另一方面虽然"迩来民国政界,俱系新学,热诚救世者多,与前清政府甘自腐败者异"②,但是王毓英更为倾心于旧学,且对新学(西学)的把握还相当有限,认为"中学为体,西学为用"③。作为从传统社会衍生出来的知识分子,王毓英对宋明理学别有看重,他认为"学圣贤者从何入手?宋儒语录详而且备,要其道不外致知穷理,省私克己,以及尊德性、重实践而已"④。后来在《议救民国赘言》中,更是认为复兴王(阳明)学是其中的重要途径⑤。在民国初年激烈的反传统运动下,王毓英对孔孟之教仍饱含热情,强烈反对"废孔背经"的做法,认为"自古异教各有偏,独我圣贤之正教无偏"⑥。

相比于对传统知识,王毓英的新学知识似乎略有欠缺。虽然林鹍翔

---

① 王毓英:《教育之本身作则》,见卢礼阳辑校:《王毓英集》,北京:中国文史出版社2011年版,第31页。
② 王毓英:《论中国烟海始末情形》,见卢礼阳辑校:《王毓英集》,北京:中国文史出版社2011年版,第109页。
③ 王毓英:《追论废孔废经之失》,见卢礼阳辑校:《王毓英集》,北京:中国文史出版社2011年版,第104页。
④ 王毓英:《寄弟冰忱说尽心忍性书》,见卢礼阳辑校:《王毓英集》,北京:中国文史出版社2011年版,第66页。
⑤ 王毓英:《议救民国赘言》,见卢礼阳辑校:《王毓英集》,北京:中国文史出版社2011年版,第174页。
⑥ 王毓英:《追论废孔废经之失》,见卢礼阳辑校:《王毓英集》,北京:中国文史出版社2011年版,第103页。

（1871—1940）在《继述堂中西教育合纂序》中说，"温属图书馆长王隽卿明经，忧国粹之沦亡，慨世变之日亟，乃本其平生研究所得，著成《中西教育合纂》一书，大抵以宋明诸儒学说为经，欧美诸哲学说为纬，而折中于孔孟"①，可见王毓英虽然在理念和实践上，都以融中西新旧之学为一炉为目的，但终极关怀仍在"孔孟之学"。在《王毓英集》中，有两篇堪称是名篇的论作，代表了王毓英旧学的功底。就是《儒释道三教异同论》和《辨惑》二文，前者是明清以来三教合流的近代表述，后者是在晚清民初（唯）科学主义思潮影响下，对神鬼妖等"迷信"进行辩论的文章。尽管很难说对传统儒学，或旧学的专注，与王毓英"士大夫情怀"之间存在因果联系，但是王毓英的士绅自觉的确超过同时代的其他知识分子。

在《王毓英集》中，可以非常常见类似"乡族""乡绅""士绅""乡先生"和"乡大夫"等一类有关身份认同的表达词汇。尤为重要的是，王毓英的乡绅观念，是建立在对当时士绅风气的批判基础上的。在《论乡先生为社会风化所关》中，王毓英指出当时的乡先生与以前的士绅之间的区别，"其始仕在国，或盗民，或剥民，以大掠而归，为穷奢之用；及老而致事，欲壑未厌，为人说情，致书故吏，贿赂潜通。为甚者，或耽身烟毒，或家纵赌博，或侵蚀公款，伤风败俗，不一而足，不死为贼，莫此为最"②。后来又在《宗族修谱小序》"士绅叙"中，王毓英指出"彼为之士绅者，或傲然自诩聪明，或嚣然自矜得志，容有藐视同族之想，而昧乎恂恂乡党之礼仪者，非特不为地方谋利益，去时弊，甚且挟其势力鱼肉善良"③，这大概算是那时代的"劣绅"一类。在修

---

① 林鹍翔：《继述堂中西教育合纂序》，见卢礼阳辑校：《王毓英集》，北京：中国文史出版社2011年版，第208页。
② 王毓英：《论乡先生为社会风化所关》，见卢礼阳辑校：《王毓英集》，北京：中国文史出版社2011年版，第113页。
③ 王毓英：《宗族修谱小序·士绅叙》，见卢礼阳辑校：《王毓英集》，北京：中国文史出版社2011年版，第201页。

族谱时发出这种感慨，无疑是要以此劝诫族人承担士绅的责任，因为"一族之中贵者少，贤者少，贵而且贤尤少"①。这里所谓的"官者"与"贤者"，当指居官与居乡、有位与无位的士绅而言。在王毓英看来，"既为乡之士绅，则乡族中之事，即士绅家事也，必然安危与共，休戚相关"②。这种"安危与共，休戚相关"的乡绅意识深刻地烙印在王毓英的心里，成为其"化乡"实践的思想动力。

另外一种动力显然来自王毓英的温州地方社会认同。王毓英自号大罗山人，已足见这种地方认同的强烈。大罗山是温州东南地区，横跨永强镇的著名山脉，据说因唐代末年士人罗隐（833—909）在此隐居而得名。③ 在《王毓英集》中，王毓英反复以大罗山为中心，提及温州的历代先贤，包括由王开祖、"六君子""九先生"等宋代理学名儒，到明代王应辰（1504—1566）、王瓒（1462—1524）、张璁（1475—1539）、项乔（1493—1552）等明代理学名臣一脉相承下来，带给温州"小邹鲁"的名号④。在王毓英看来，这些温州的先贤名儒，无一例外地具有共同的特征，就是"著书务以励风俗为己任，虽生于乡，仕于朝，而密迩瓯城，风声克树，影响攸关，实为人心世道之资"⑤。作为这些温州先贤名儒的继承者，就是要继续担任乡绅之职，贡献于温州地方公共事务。

王毓英"化乡"观念或乡绅意识的首要层面，是指出乡绅与社会风俗之间的关系。由于"盖以乡者，国之本，治之基也"的认识，王毓英

---

① 王毓英：《宗族修谱小序·士绅叙》，见卢礼阳辑校：《王毓英集》，北京：中国文史出版社2011年版，第201页。
② 王毓英：《宗族修谱小序·士绅叙》，见卢礼阳辑校：《王毓英集》，北京：中国文史出版社2011年版，第201页。
③ 张棡：《继述堂文钞叙》，见卢礼阳辑校：《王毓英集》，北京：中国文史出版社2011年版，第7页。
④ 王毓英：《瓯城风俗叙》，见卢礼阳辑校：《王毓英集》，北京：中国文史出版社2011年版，第101页。
⑤ 王毓英：《瓯城风俗叙》，见卢礼阳辑校：《王毓英集》，北京：中国文史出版社2011年版，第101页。

特别希望那时的乡绅能站出来，成为时代的表率——不是成为居官退休后"不死为贼，莫此为最"的官绅，也不是成为"或傲然自诩聪明，或嚣然自矜得志"的士绅，而是成为"以道自重"的"老师宿儒"，使得"乡民望之颜色之端庄，瞻其衣冠之古朴，闻其言语之雍肃，感其情性之敦严"①。特别是在那个"竞争天演，平等自由，误会者众"的时代，王毓英强调乡绅不仅要维护"旧道德"，而且要阐发"新智识"，因此"虽大夫谢事，与师儒居家，杳无权力，而果能以一乡之权力为权力，则由一乡推之千万乡，是乡为国之本，即为治之基，当一治而无不治者矣，岂直社会风化之所关已乎"②。这可以看作王毓英"虽不得志于时，犹思兼善于一乡"的写照。正是这种乡绅意识和化乡观念，王毓英反复提及他的前辈张振夔（介轩，1798—1866），将张振夔视为"乡之老成人"的典型，正是因其无位而能为乡民举事的品质。

温州地方社会的风俗习惯，自明清时期以来就以崇尚奢侈和迷信鬼神为特征③。自晚清民初以降，"异方混处，民居益杂，民俗益偷，变而加厉，愈趋愈下，上无教，下无学，敝化奢"，由此"酿成人民不道德之习惯，有碍于社会生存之基础"④。为此王毓英移风易俗的化乡实践从两方面着手。其一，毁淫祀。温州地方社会的好鬼迷信习俗，王毓英曾多次提及，"瓯俗好鬼迷信，杳渺之风，趋之若鹜"⑤，又说"吾瓯自驺

---

① 王毓英：《论乡先生为社会风化所关》，见卢礼阳辑校：《王毓英集》，北京：中国文史出版社2011年版，第112页。
② 王毓英：《论乡先生为社会风化所关》，见卢礼阳辑校：《王毓英集》，北京：中国文史出版社2011年版，第113页。
③ 王瓒等：《弘治温州府志》，卷1《风俗》，胡珠生校注，上海：上海社会科学院出版社2006年版，第12—13页；王叔果等：《嘉靖永嘉县志》，卷1《风俗》，潘猛补点校，北京：中国文史出版社2010年版，第28页。
④ 王毓英：《瓯城风俗叙》，见卢礼阳辑校：《王毓英集》，北京：中国文史出版社2011年版，第101页。
⑤ 王毓英：《前清贡生陈老亲翁秋士先生六十寿序》，见卢礼阳辑校：《王毓英集》，北京：中国文史出版社2011年版，第57页。

王开疆,俗传信巫好鬼,迨至两晋隋唐以降,浮华习尚,复积渐而中乎人心"①。在这方面,王毓英最得意的事情,是焚毁了大罗山北麓溪水旁的猫狸硐。地方文献有关猫狸硐的记载甚少,就王毓英自身的陈述,猫狸硐为淫祀无疑,因其"无姓无名,无封无敕,作诸神之反对,播祟患于乡方"。其性质大致属于以迷信为医药,骗取愚夫愚妇钱财一类。正因其祸害甚大,光绪三十四年(1908),王毓英"为地方开迷除惑之见","洁备二牲香帛之仪",焚毁了猫狸硐。其二,禁龙舟。温州地方端午划龙舟的习俗由来已久,由划龙舟而带来的崇尚奢侈的社会风俗,也其来有自,甚至由此造成的地方械斗现象也非常普遍,至晚清民初,由于"夫而来官府,既乏宗观察湘文搜舟之早,禁划之严,势不得不赖地方之自治",因此在民国三年(1914),王毓英再次提出永禁永嘉场划龙舟的建议。提出"嗣后不许兴划龙舟,并不许假太平龙舟名目,败约开禁;或各地亲戚,有以花红果酒相招待者,亦一律送官究治"的主张②。

对于自身以乡绅身份毁淫祀、禁龙舟二事,王毓英后来津津乐道,甚为自得。不仅将毁淫祀一事载入《家训》,而且在《社会谈附录》言及平生行实时,反复论及此二事的效果。对禁龙舟一事更是多有自夸,"其最堪告慰者,莫如永禁本镇龙舟械斗酿命,以除五百年之恶习,至今十有六年,而地方不复萌故态矣"③。因此从上述论述可知,王毓英强烈的地方认同与乡绅意识,共同形塑了他的"化乡"理念,又由其重视实行的行事作风,积极将这种理念推行到实践中,并以毁淫祀和禁龙舟两事为代表,取得了令他相当满意的化乡效果。

---

① 王毓英:《瓯城风俗叙》,见卢礼阳辑校:《王毓英集》,北京:中国文史出版社2011年版,第101页。
② 王毓英:《永禁永嘉场龙舟记》,见卢礼阳辑校:《王毓英集》,北京:中国文史出版社2011年版,第57页。
③ 王毓英:《社会附谈录》,见卢礼阳辑校:《王毓英集》,北京:中国文史出版社2011年版,第267页。

四、地方自治与国家认同

如果说以毁淫祀和禁龙舟为代表的移风易俗,还只是传统意义上的"化乡"理念和实践的话,那么修水利、倡实业和办教育,就已经进入晚清民初地方自治的时代脉络中。这同样构成了王毓英学行的重要环节。但是从王毓英自治"当补官治耳目所不及"①"以补官治耳目所不周"②"所以辅官治之不足"③反复论述中,亦可见二者之承接关系。可以看作是晚清民初士绅仍然秉持传统儒家修齐治平理念的表现。虽然修齐治平连续体(内圣外王连续体)逐渐受挫,但是在修身、齐家、化乡之间,仍构成重要的价值连续体④。

透过《王毓英集》可以看到,王毓英的自治意识相当强烈。而转向地方自治,同样是因为仕途受挫的缘故,"年五十知命途偃蹇,不能得志行道,因绝意于闻达之途,而作地方自治之想"⑤。同时这种地方自治的观念也与其进化观念有关,"处竞争之世,须以抵力为贵。若吾无抵力,弱肉无不强食,此天演公例,于人乎何尤?在负有身家邦国责者,当力求自强,乃所以为自存之道"⑥。在王毓英看来,处在竞争之世,国

---

① 王毓英:《继述堂传家实录》,见卢礼阳辑校:《王毓英集》,北京:中国文史出版社2011年版,第21页。
② 王毓英:《记瓯郡水灾》,见卢礼阳辑校:《王毓英集》,北京:中国文史出版社2011年版,第53页。
③ 王毓英:《社会与地方自治之关系》,见卢礼阳辑校:《王毓英集》,北京:中国文史出版社2011年版,第250页。
④ 余英时:《宋明理学与政治文化》,桂林:广西师范大学出版社2006年版,第299—319页。
⑤ 吕渭英:《吕文起先生赠作寿藏志》,见卢礼阳辑校:《王毓英集》,北京:中国文史出版社2011年版,第9页。
⑥ 王毓英:《读前人〈保守坤舆图〉书后》,见卢礼阳辑校:《王毓英集》,北京:中国文史出版社2011年版,第71页。

家要自强，唯一的办法就是实行地方自治，"夫国于何存？国自存也。国于何强？国自强也。自存自强，此物竞天择，优胜劣败之公例也"①。原因是"盖以乡者，国之本，治之基也"②，"乡为国之本，即为治之基"③，因此"王道始于乡"④。既然要实行地方自治，那么地方自治的主体或主导力量，就是以王毓英自身为代表的乡绅。从这种乡绅地方自治的意识来看，王毓英拥有典型的传统士大夫情怀——以修齐治平、经世济民、内圣外王等为主导价值，认为"王道始于乡，儒生穷时须先修行于乡，或兴利除弊，或排难解纷，当补官治耳目所不及，一得志则推放皆准矣"⑤，甚至认为"自治者，地方人人共有之责也"，因而"吾辈既不能防于前，要不得不绝之于后"⑥。

不过同时应当指出，王毓英理解的地方自治与当时的很多士绅并不相同，毋宁说是一种宽泛意义上的自治概念。如王毓英指出，"其（自治）范围甚广，事业甚繁，一切兴利除弊因革权宜，莫不出之地方之自治"⑦，又说"天下无事不本于自治之精神。自治者，自主、自助、自造之谓也，非他人所得扶持我，阻遏我"⑧。这种"根本于自由之思想"

---

① 王毓英：《论英日联盟保护中韩》，见卢礼阳辑校：《王毓英集》，北京：中国文史出版社2011年版，第79页。
② 王毓英：《论乡先生为社会风化所关》，见卢礼阳辑校：《王毓英集》，北京：中国文史出版社2011年版，第112页。
③ 王毓英：《论乡先生为社会风化所关》，见卢礼阳辑校：《王毓英集》，北京：中国文史出版社2011年版，第113页。
④ 王毓英：《训徒十六则》，见卢礼阳辑校：《王毓英集》，北京：中国文史出版社2011年版，第24页。
⑤ 王毓英：《训徒十六则》，见卢礼阳辑校：《王毓英集》，北京：中国文史出版社2011年版，第24页。
⑥ 王毓英：《永禁永嘉场龙舟记》，卢礼阳辑校：《王毓英集》，北京：中国文史出版社2011年版，第57页。
⑦ 王毓英：《社会与地方自治的关系》，见卢礼阳辑校：《王毓英集》，北京：中国文史出版社2011年版，第250页。
⑧ 王毓英：《教授自治之必要》，见卢礼阳辑校：《王毓英集》，北京：中国文史出版社2011年版，第40页。

的自治,大致包含三个层面:其一,个体自治。其二,家族自治。其三,地方自治。前两者是后者的基础,因为"盖天下之治在国,国之治在家,家之治在身"①,"况天下之治在国,国之治在家,家之治在身,是身直为治之本也"②。因此在王毓英的地方自治观念中,出发点当然是在身、在家、在乡,但终极目标仍然还是国家、天下,对于这点王毓英曾经有过非常明确的表述,"士之抱有志力,身不安于乡族者,无不争欲出而治国家治天下矣"③。尤为值得注意的是,在民国九年(1920)由胞弟王侃(生卒年不详)主持的环川王氏修谱过程中,其谱命名为《环川王氏自治谱略》,这种情况本身并不多见。王毓英认为以此命名的原因在于,"《宗族自治谱略》者,固治身治家之明效,将以推之治国治天下者也"④。

在有关地方自治中身、家、乡、国和天下的关系论述中,可以看到王毓英的民族意识并不强烈,对国家和社会的理解也相当朴素。遍检《王毓英集》,其有关民族的论述只有两处,可见那时民族观念在中西对举的大框架下,并不被凸显,被凸显的是国家和社会⑤。其原因大致可以从两个方面来说:其一是从天下到民族—国家的世界观的冲击,其二是传统中国社会概念的模糊在晚清的中西对比中被凸显。如王毓英所理解的国家(学),"是国家学即由社会各种重大学联合推广而成,由地方

---

① 王毓英:《环川王氏自治谱序(一)》,见卢礼阳辑校:《王毓英集》,北京:中国文史出版社2011年版,第187页。
② 王毓英:《环川王氏自治谱序(三)》,见卢礼阳辑校:《王毓英集》,北京:中国文史出版社2011年版,第190页。
③ 王毓英:《环川王氏自治谱序(三)》,见卢礼阳辑校:《王毓英集》,北京:中国文史出版社2011年版,第190页。
④ 王毓英:《环川王氏自治谱序(一)》,见卢礼阳辑校:《王毓英集》,北京:中国文史出版社2011年版,第187页。
⑤ 王毓英:《环川王氏自治谱序(二)》,见卢礼阳辑校:《王毓英集》,北京:中国文史出版社2011年版,第189页;王毓英:《环川王氏第七次初议修谱序》,见卢礼阳辑校:《王毓英集》,北京:中国文史出版社2011年版,第193页。

之小社会进而至于治平之大社会,修身齐家治国平天下,自始至终一以贯之矣"①,又说"乃知合群之观念,即国家团体之观念也"②,而其理解的社会则是"要其社会之基础,莫不本之于家庭之教育,由多数子家庭相观而摩,相善而效,相聚而成之者为社会"③。因此在王毓英的地方自治的理念框架中,存在两对相对举的概念,就是地方—国家、社会—国家。前者相对于地域空间而论,后者相对于社会空间而论。

在地方—国家的框架下,王毓英认为"其(地方自治)范围甚广,事业甚繁,一切兴利除弊因革权宜,莫不出之地方之自治。而地方之自治,实与地方社会有密切之关系"④,又说"至乡间利害兴革之权,虽操之官府,而提倡之责,实由于地方之自治"⑤。在这种认识基础上,王毓英从两方面着手,将地方自治与地方社会结合起来。其一,修水利。温州永强处在瓯江下游近海平原,河流易淤,因此水利工程对当地居民意义重大,特别是对王毓英所处的三甲而言,"三甲乡大事,浚河浚浦二者而已。河为民田灌溉所资,浦为荡园泄水之渎"⑥。令王毓英一生感到满意而自豪的,是修筑蒲州埭,因为"若永嘉乡区之水利,其最关重者,莫若膺符镇蒲州一埭"⑦。蒲州埭昔有九湫六闸,初建时三次坏于明

---

① 王毓英:《社会与国家政治之关系》,见卢礼阳辑校:《王毓英集》,北京:中国文史出版社2011年版,第252页。

② 王毓英:《教育须令其合群择友》,见卢礼阳辑校:《王毓英集》,北京:中国文史出版社2011年版,第39页。

③ 王毓英:《继述堂社会谈约编弁言》,见卢礼阳辑校:《王毓英集》,北京:中国文史出版社2011年版,第247页。

④ 王毓英:《社会与地方自治之关系》,见卢礼阳辑校:《王毓英集》,北京:中国文史出版社2011年版,第250页。

⑤ 王毓英:《继述堂传家实录》,见卢礼阳辑校:《王毓英集》,北京:中国文史出版社2011年版,第21页。

⑥ 王毓英:《一都三甲浚大浦记》,见卢礼阳辑校:《王毓英集》,北京:中国文史出版社2011年版,第51页。

⑦ 王毓英:《社会之改良凡五类》,见卢礼阳辑校:《王毓英集》,北京:中国文史出版社2011年版,第263页。

代（1521、1555、1574）①，后由太守卫承芳修复后，"历三百年而埭无坏"，至晚清则"湫废五十年而四坏"②，因此王毓英集合乡绅之力，重新疏浚了九湫，重建了蒲州埭，灌溉农田计五百亩。其二，兴教育。早在光绪三十一年（1905），王毓英就协助孙诒让兴办温州师范学堂，后来又参与一系列中小学和女子学堂的建设，因此王毓英对教育的认识超过同时代的很多乡绅。在王毓英看来，"学校者，家庭社会之枢纽也"，"是学校者，实家庭之后劲，社会之先河也"③。基于这种认识，王毓英在教育观念和实践中尤其强调三方面的教育：一是家庭教育，二是师范教育，三是传统教育。强调"家者国之本也"，必要强调"教育自家庭始"。而王毓英对师范的重视，乃是因为"师范学校者，即各县村镇蒙小学堂之母也。继往开来，承上启下，皆于师范是赖"④。至于重视传统教育，则与其孔孟观念有关，此处不详述。

在社会—国家的框架下，王毓英主张兴办实业以实现地方自治进而国家自强的途径。王毓英认为"夫救贫之策不一，有广义、有狭义。广则救全国之贫，狭则救社会之贫"⑤，前者无疑指国家自强而言，后者无疑指（地方）社会自治而言。由于认识到晚清民初国家的弱小，出于已危未亡的幼稚时代，王毓英特别强调实业对国家自强的重要性，指出"提倡实业，为天下先"⑥，"今民国贫弱极矣，非实

---

① 王毓英：《修筑蒲洲埭上李太守思澄理由书》，见卢礼阳辑校：《王毓英集》，北京：中国文史出版社2011年版，第63页。
② 王毓英：《修筑蒲州牌上水湫碑记》，见卢礼阳辑校：《王毓英集》，北京：中国文史出版社2011年版，第142页。
③ 王毓英：《教育与社会相关》，见卢礼阳辑校：《王毓英集》，北京：中国文史出版社2011年版，第45页。
④ 王毓英：《教育先整顿师范》，见卢礼阳辑校：《王毓英集》，北京：中国文史出版社2011年版，第34页。
⑤ 王毓英：《贫民习艺所艺徒毕业所长训词》，见卢礼阳辑校：《王毓英集》，北京：中国文史出版社2011年版，第77页。
⑥ 王毓英：《贫民习艺所艺徒毕业所长训词》，见卢礼阳辑校：《王毓英集》，北京：中国文史出版社2011年版，第77页。

业无以救之"①,"救贫之具奈何?农商外,工艺而已"②。甚至认为"实业者,医国之良方也"③。特别是在认识到中西之间的差距在于实业不兴之后,王毓英积极主张兴办实业。在《实业浅说》中,王毓英通过古今中西之间的比较,充分发现了实业对于当时中国的意义。"东西洋各国,当未富强之先,皆先从实业入手,实业渐兴,有款可筹,然后学堂可渐设,大兴可大设,而后乃进于今日之文明",因此实业是基础中之基础。甚至与西方的实业相比,教育学堂等具体的地方公共事务都变成了虚业。为至于发展实业的具体规划,王毓英提出栽植业、渔牧业、制造业和矿物业四项。与此同时,王毓英也一再主张不用外国货的实业主张④。

其实在晚清民初的时代,教育和实业是两大主题。前者始于清末新政,后者发展于民国初年。王毓英的主张,不仅契合那时代的主题,也是受那时代影响的缘故。不过王毓英认识到,自治并非容易达致,因为"盖有自治能力而无自治知识,则自治不行;有自治知识而无自治经验,则自治仍不行"⑤。也就是说,要自治能力、自治知识和自治经验,甚至自治组织四者合一,方能真正实现地方自治。早在宣统三年(1911),王毓英就被当选为永强镇自治会董,因此其参与地方自治积累了很丰富的经验。至民国十一年(1922),已年届七十的王毓英撰写社会谈约编,提出"社会之改良"的五大措施中,即有设立地方自治公会的设想,认为"惟有城乡官立自治,务须择人而任,外各地另外行公立自治会,以

---

① 王毓英:《致中学堂毕业生某弟书》,见卢礼阳辑校:《王毓英集》,北京:中国文史出版社2011年版,第161页。
② 王毓英:《贫民习艺所艺徒毕业所长训词》,见卢礼阳辑校:《王毓英集》,北京:中国文史出版社2011年版,第76页。
③ 王毓英:《致中学堂毕业生某弟书》,见卢礼阳辑校:《王毓英集》,北京:中国文史出版社2011年版,第161页。
④ 王毓英:《实业浅说》,见卢礼阳辑校:《王毓英集》,北京:中国文史出版社2011年版,第115—117页。
⑤ 王毓英:《社会与地方自治之关系》,见卢礼阳辑校:《王毓英集》,北京:中国文史出版社2011年版,第251页。

督而正之，务令弊者革，浇者惩，一切伤风败俗者悉屏而去之，庶反朴还淳，民德归厚"①。足见经过十几年的自治实践，已经具备了王毓英所说的自治能力、自治知识和自治经验、自治组织了。

然而倘若单纯地实现地方自治则较易，若要实现"以一乡之权力为权力，则由一乡推之千万乡"则较难②，王毓英对这点也非常清楚，"究之自古及今，士之得志而行道者，千不获一，万不获十，其不得志而老于乡者，比比皆是"③。不过王毓英之地方自治的设想，的确是一位没有权位的士绅，以国家天下为终极目的，可以说是传统士绅修齐治平理想的近代形态，更是明清士绅"化乡实践"的近代传承。

五、结语：由爱乡而爱国

晚年的王毓英回顾生平，有"徒以一介书生，悲天悯人，纵深恤纬，而人心不古，天意难回，立地方之上，切社会之忧"的论调④，颇有提前为自己作盖棺论定的意味。其实处在晚清民初的过渡时代，无论是对前清，还是对民国，王毓英都没有什么好感，对此他曾概括性地批判当时的时势，认为"专制无制，共和不和，学堂无学，此关于有治法无治人，哀哉！"⑤ 对民国尤其如此，"民国迄今十有一年，愈变愈奇，

---

① 王毓英：《社会之改良凡五类》，见卢礼阳辑校：《王毓英集》，北京：中国文史出版社2011年版，第265页。
② 王毓英：《论乡先生为社会风化所关》，见卢礼阳辑校：《王毓英集》，北京：中国文史出版社2011年版，第113页。
③ 王毓英：《环川王氏自治谱略》，见卢礼阳辑校：《王毓英集》，北京：中国文史出版社2011年版，第190页。
④ 王毓英：《社会谈附录》，见卢礼阳辑校：《王毓英集》，北京：中国文史出版社2011年版，第268页。
⑤ 王毓英：《家训》，见卢礼阳辑校：《王毓英集》，北京：中国文史出版社2011年版，第18页。

愈新愈坏，愈治愈乱"①，因此总有一种处于民国不知是幸还是不幸的感慨，"虽生民国之世，莫幸于死，莫不幸于不死"②。然而就是在这种时代环境下，王毓英仍积极参与地方公共事务，在理念和行动上推动地方自治，原有修齐治平的理想被一种可称之为"由爱乡而爱国"的模式所取代。

　　这里所说的"由爱乡而爱国"，本是程美宝在研究近代广东乡土教材的国家话语时所作的经典研究③。放到本文的研究来说，是想从新的角度来理解晚清民初的地方自治潮流。从学术理路上说，在研究中关注以下三个面向：其一，关注晚清民初的地方自治与明清士绅化乡观念和实践之间的承继关系。其二，关注晚清民初士绅自身的意识形态或思维，与地方自治实践之间的关系。其三，关注地方自治与地方社会的关系，不同的地方社会面临着不同的地方—国家关系，由此也产生了不同的地方自治主题。作为从传统社会衍生出来的士绅，王毓英对时代的敏感性有超乎常人之处。从天下到万国，从王朝到国家的转型，使得原有修齐治平的理想被冲断，"迨戊戌政变，拟撤科举，中年哀乐，予志就衰"④，"撤科举，立学堂，则身倦而年亦几老矣"⑤。但是能"自忘其身"，却无法"忘其世"，因此除了修水利、毁淫祀、兴教育和办实业以外，王毓英还关注森林事业、艺学事业等地方公共事务，还会关注中国

---

① 王毓英：《论救民国赘言》，见卢礼阳辑校：《王毓英集》，北京：中国文史出版社2011年版，第174页。
② 王毓英：《祭亲翁介石陈户部文》，见卢礼阳辑校：《王毓英集》，北京：中国文史出版社2011年版，第148页。
③ 程美宝：《由爱乡而爱国——清末广东乡土教材的国家话语》，载《历史研究》2003年第4期，第68—84页。
④ 王毓英：《继述堂诗钞叙》，见卢礼阳辑校：《王毓英集》，北京：中国文史出版社2011年版，第302页。
⑤ 王毓英：《继述堂传家实录》，见卢礼阳辑校：《王毓英集》，北京：中国文史出版社2011年版，第21页。

疆域形势、日韩同盟等国家事务①。通过过渡时代士绅的这种传统与非传统之间的交织、模糊和复杂性，或可以更好地理解王毓英"由爱乡而爱国"的文化逻辑。

---

① 王毓英：《一生无别事》，见卢礼阳辑校：《王毓英集》，北京：中国文史出版社2011年版，第410页。

变道与变法

——严复政治思想的变与不变*

思想史研究的难题之一，是如何理解一位思想家"思想"的"变"与"不变"。特别是在近代中国复杂多变的思想环境中，"变"通常被认为是许多不同思想家的共同标签。以严复（1854—1921）为例，作为洋务运动时期成长起来的思想家，生平凡历甲午战争、戊戌变法和辛亥革命等重大事件，属于梁启超（1873—1929）所谓"过渡时代"的知识分子①。再加上严复虽然通常被视为政治思想家，但是他"也许从来不曾计划撰写一部论述其政治思想的理论专著"②，因此在并不系统的政治思想言说背后，早期改革和晚期保守之间存在断裂已几为学界定谳③。然

---

* 本文原载《福建论坛》（人文社会科学版）2019年第7期，被《学术界》2019年第9期观点摘编。

① 梁启超：《过渡时代论》，见张枬、王忍之编：《辛亥革命前十年间时论选集》，第一卷上册，北京：生活·读书·新知三联书店1960年版，第3—7页。张灏则称之为"转型时代"，意指1895—1925年前后的30多年间，中国受到传统与西力的双重冲击，产生了"民族救亡的危机意识"的同时，也出现了"基本价值取向的动摇"。参见张灏：《中国近代思想史的转型时代》，见张灏：《幽暗意识与时代探索》，广州：广东人民出版社2016年版，第131—153页。

② 萧功秦：《"严复悖论"与近代新保守主义变革观》，见萧功秦：《萧功秦集》，哈尔滨：黑龙江教育出版社1995年版，第18—41页。

③ 比较有影响的观点出自周振甫和李泽厚，前者参见周振甫：《严复思想评述》，上海：中华书局1940年版；后者参见李泽厚：《中国近代思想史论》，天津：天津社会科学院出版社1999年版。

而若从"变"与"不变"的角度来讲,严复与"流质易变"的梁启超仍有不同,虽然两者都在甲午以后登上思想舞台,但是严复彼时已年过不惑(时41岁),梁启超则刚历弱冠未远(时22岁)。这样一位成熟思想家的"思想"即使有所变化,也绝不是简单的望风转舵,甚至必然存在"一以贯之"之"道"。史华兹(Benjamin I. Schwartz)的研究指出,严复的思想即使到了晚年仍"有一持续性的执著与实质上内在的一致性"①。但是这种一致性到底是什么?怎样理解这种一致性?其具体意涵和历史意义是什么?本文拟通过梳理严复对晚清洋务派、维新和革命派的反思性批评(retrospection),在去标签化的基础上仔细检视其思想演进的内在理路,从其"变"的表层和明流中,发覆其"不变"的深层和潜流。

一、以"社会有机"反思"中体西用"

出生于福州的严复,同王韬(1828—1897)、郑观应(1842—1921)等思想家一样,同属于"口岸型知识分子",成长于被视为"同治中兴"的洋务运动时代。特别是本着地利之便,严复在放弃科举仕途的过程中,得以进入福州船政学堂学习并奔赴英国留学。在船政学堂毕业后,严复曾"从军舰联系,周历南洋、黄海";从英国伦敦格林威治的皇家海军学院(Royal Naval College)毕业后,"北洋大臣李鸿章方大治海军,以复总学堂"②。虽然严复此后长期不受重用,自身也往往多有牢骚抱怨③,

---

① 本杰明·史华兹:《寻求富强:严复与西方》,叶凤美译,南京:江苏人民出版社1996年版。
② 赵尔巽等撰:《清史稿》卷四八六《严复传》,长春:吉林人民出版社1998年版,第10208—10210页。
③ 黄克武:《惟适之安:严复与近代中国的文化转型》,北京:社会科学文献出版社2012年版,第56—92页。

但是已可见严复不仅成长于洋务运动时代,而且曾亲身参与过洋务运动。只是这种成长经历并不代表严复完全赞同洋务派的"中体西用"理念,由于"先生之名著,起自甲午战后,因中国割地丧师,大受刺激,是以专致力于翻译著述,冀借他山之力,唤醒国魂"①,因此到了甲午战争战败、洋务运动式微以后,严复"觉一时胸中有物,格格欲吐,于是有《原强》《救亡决论》诸作,直布《直报》"②,并在这些著作中对洋务派及其领导的洋务运动提出了批评。

严复思想的成熟是在甲午战争以后,其对晚清政治的参与体现在戊戌变法上。也恰恰是在戊戌变法期间,严复借着向光绪皇帝上书之机,从内外、新旧的角度对洋务派及洋务运动提出了反思性批评。在《拟上皇帝书》中,严复认为,虽然"中国之积弱,至于今为已极矣",但是"此其所以然之故,由于内治者十之七,由于外患者仅十之三耳"③。正因为当时中国积弱的主要原因在内治,所以洋务派单纯强调洋务/外务就显得未能对症下药。随后严复又提出:"臣居平尝论中国今日之法,虽已大敝,然所以成其如是者,率皆经数千载自然之势。流衍而来,对待相生,牢不可破。今者审势相时,而思有所改革,则一行变甲、当先变乙,及思变乙、又宜变丙,由是以往,胶葛纷纶。设但支节为之,则不特徒劳无功,且所变不能久立,又况兴作多端,动糜财力,使其为而寡效,则积久必至不支,此亦事之至为可虑者也。迩岁以来,朝野之间,其言变法以图自强者,亦不少矣。或云固圉为急矣,则请练陆营而更立海军;或云理财最要矣,则请造铁路、开各矿、设官银号;又以事事雇用洋人之不便也,则议广开学馆,以培植人才。大抵皆务增其新,

---

① 苏中立、涂光久主编:《百年严复:严复研究资料精选》,福州:福建人民出版社2011年版,第50页。
② 孙应祥:《严复年谱》,福州:福建人民出版社2014年版,第82页。
③ 严复:《论世变之亟:严复集》,胡伟希选注,沈阳:辽宁人民出版社1994年版,第74—95页。

而未尝一言变旧。夫国家岁入之度支有限，而新政之日增无穷，新旧并存，理自竭蹶。"① 由于严复认为"为政之道，除旧布新，相因为用者也"，因此洋务派"大抵皆务增其新，而未尝一言变旧"的做法显然只能治标而不能治本。严复还形象地把晚清与"病痞之夫"相比，提出病痞之夫"欲求强健，良医临症用药，必将补泻兼施，夫而后积邪去，而元气苏，徐收滋补之效。使其执不可攻泻、恐伤病人之说，而专补不泻，日进参蓍，则虽所费多金，以求良药，恐痞疾终不可愈，积邪日以益坚，而大命之倾，将无日矣！"② 洋务派的做法毋宁是"专补不泻"，其结果必然是"痞疾终不可愈，积邪日以益坚"。

如果说在戊戌变法期间发表的诸多言论中，严复对洋务派的批评还较为委婉的话，那么进入20世纪以降在清末新政期间的言论，则更为直接地针对洋务派"中体西用"思想提出了反思。在《与〈外交报〉主人书》（1903）中，严复切中肯綮地指出："夫中国之开议学堂久矣，虽所论人殊，而总其大经，则不外中学为体，西学为用也；西政为本，而西艺为末也。主于中学，以西学辅其不足也；最后而有大报学在普通，不在语言之说。之数说者，其持之皆有故，而其言之也，则未必皆成理。际此新机方倪，人心昧昧，彼闻二钜子之论，以为至当，循而用之，其害于吾国长进之机，少者十年，多者数纪。天下方如火屋漏舟，一再误之，殆无幸已。此走所以不避婴逆而有言也。善夫！金匮裘可桴孝廉之言曰：'体用者，即一物而言之也。有牛之体，则有负重之用；有马之体，则有致远之用。未闻以牛为体，以马为用者也。'中西学之为异也，如其种人之面目然，不可强谓似也。故中学有中学之体用，西学有西学之体用，分之则并立，合之则两亡。议者必欲合之而以为一

---

① 严复：《论世变之亟：严复集》，胡伟希选注，沈阳：辽宁人民出版社1994年版，第74—95页。
② 严复：《论世变之亟：严复集》，胡伟希选注，沈阳：辽宁人民出版社1994年版，第74—95页。

物。且一体而一用之,斯其文义违舛,固已名之不可言矣,乌望言之而可行乎?"① 与《拟上皇帝书》中的类比相似,严复在这篇书信中把晚清比成是牛和马等动物身体,因为"体用者,即一物而言之也。有牛之体,则有负重之用;有马之体,则有致远之用",所以"中体西用"实际上是"以牛为体,以马为用",中学与西学之间的关系,也就可以看作"分之则并立,合之则两亡"。后来严复又指出:"取骥之四蹄,以附牛之项领,从而责千里马,固不可得,而田陇之功又以废也。"②

事实上,早在《论世变之亟》中,严复就指出:"中国道理与西法自由最相似者,曰恕,曰絜矩。然谓之相似则可,谓之真同则大不可也。"③ 虽然与晚清其他的留学生一样,严复是带着对西方富强秘密的好奇心进入英伦的,甚至当时尚未翻译斯宾塞(Herbert Spencer)《群学肄言》,但是中学西学均属第一流的严复,首先反思的是中学与西学的差异,而不是不加反思地直接引进中国。他认为中国自身的问题,自然要从中国自身(即所谓"中学")出发去解决。以后来对近代"东亚病夫"论调的追溯来看,普遍将其追溯到严复的《原强》,实质上已可以看到严复对于救亡图存的基本态度。他在《原强》中说:"今夫人之身,惰则窳,劳则强,固常理也。而使病夫焉日从事于超距赢越之间,则有速其死而已。中国者,固病夫也。"④ 在分析当时中国的问题时,从"人

---

① 严复:《与〈外交报〉主人书》,见王栻主编:《严复集》第三册,北京:中华书局1986年版,第558—559页。
② 严复:《与〈外交报〉主人书》,见王栻主编:《严复集》第三册,北京:中华书局1986年版,第558—559页。
③ 严复:《论世变之亟:严复集》,胡伟希选注,沈阳:辽宁人民出版社1994年版,第1—7页。
④ 严复:《论世变之亟:严复集》,胡伟希选注,沈阳:辽宁人民出版社1994年版,第8页。《原强修订稿》的表述是:"盖一国之事,同于人身。今夫人身,逸则弱,劳则强者,固常理也。然使病夫焉,日从事于超距赢越之间,以是求强,则有速其死而已矣。今之中国,非犹是病夫也耶?"参见严复:《论世变之亟:严复集》,胡伟希选注,沈阳:辽宁人民出版社1994年版,第35页。

之身"开始谈起,将晚清中国比成是"病夫",在思维逻辑上与将晚清中国比成是牛、马等动物并无二致。这事实上是受到斯宾塞"社会有机体论"影响的结果。严复还在下文中引用完苏轼的话后,引用了斯宾塞的话:"富强不可为也,特可以致之者何?相其宜,动其机,培其本根,卫其成长,使其效不期而自至。"① 则尤可为明证。

有关严复思想的来源而言,蔡元培曾指出:"严氏所最佩服的,是斯宾塞尔的群学。"甚至进一步认为,"盖严氏译这部书,重在纠当时政客的不学"②。史华兹也认为"严复思想的绝大部分要素来自斯宾塞",甚至认为斯宾塞的思想支配了严复整个思想的发展③,这种观点不能不引起重视。斯宾塞通常被称为"社会达尔文主义者",在将达尔文有关生物界的进化论挪用到社会领域时,提出了著名的社会有机论,把人类社会等同于动物有机体,严复在《原强》中已大致概述其基本原理:"所谓群者,固积人而成者也。不精于其分,则末由见其全。"④ 严复留学英伦时,已经接触到达尔文和赫胥黎的生物进化论,但是很可能是在接触到斯宾塞的《社会学原理》(即《群学肄言》)时,才受到斯宾塞"社会达尔文主义"的影响,其社会进化论的观念才与严复自身产生反应,并在认识和理解当时的中国时,不断地反向将中国比成是马、牛或人等生物体,甚至直接性地提出了"中国者,固病夫也"的观点⑤。在

---

① 严复:《论世变之亟:严复集》,胡伟希选注,沈阳:辽宁人民出版社1994年版,第8页。
② 蔡元培:《五十年来之中国哲学》,见高平叔编:《蔡元培全集》第四卷,北京:中华书局1984年版。严复曾提出:"中国今日之事,正坐平日学问之非,与士大夫心术之坏,由今之道,无变今之俗,虽管、葛复生,亦无能为力也。"参见孙应祥:《严复年谱》,福州:福建人民出版社2014年版,第73页。
③ 本杰明·史华兹:《寻求富强:严复与西方》,叶凤美译,南京:江苏人民出版社1996年版,第72、29页。
④ 严复:《论世变之亟:严复集》,胡伟希选注,沈阳:辽宁人民出版社1994年版,第8—21页。
⑤ 严复:《论世变之亟:严复集》,胡伟希选注,沈阳:辽宁人民出版社1994年版,第8—21页。

《原强修订稿》中，严复将两者进行了直接性的比附，"夫一国犹之一身也，脉络贯通，官体相救，故击其头则四支皆应，刺其腹则举体知亡"①。因此严复对洋务派的批判实际上是建立在"社会有机论"基础上，对洋务派只重洋务而不重内治的舍本逐末感到不满而产生的②。

二、因"体用不二"批评"速化之术"

在晚清政治史上，严复通常与康有为（1858—1927）、梁启超和谭嗣同（1865—1898）等人一道，被认为是戊戌维新派的核心人物。若单纯从其维新变法的总体主张及其所参与的有限政治行动来看，其说自大致不差。严复在甲午战后即撰写了《论世变之亟》《原强》《辟韩》《救亡决论》等文章，提出维新变法的主张。其后捐助《时务报》，创办《国闻报》和《国闻汇编》，戊戌政变以后又作下长诗悼念同乡林旭（1875—1898），甚至在庚子年与汪康年（1860—1911）、唐才常（1867—1900）等组织"中国议会"，其维新派的身份并不可疑。不过这种过于笼统的身份认定掩盖了彼此之间的差异性，因为仔细检视严复的变法主张，可以看出他与康有为、梁启超等人还是有所不同，甚至在隐约中提出了对维新派的批评。对此，史华兹认为"甚至对康有为及其同

---

① 严复：《论世变之亟·严复集》，胡伟希选注，沈阳：辽宁人民出版社1994年版，第26页。其后文又云："且一群一国之成立也，其间体用功能，实无异生物之一体。小大虽异，而官治相准。"

② 这种批判与梁启超的批判非常相似。梁启超在《李鸿章传》中指出："（李鸿章）知有兵事而不知有民政，知有外交而不知有内治，知有朝廷而不知有国民，知有洋务而不知有国务。因为吾中国之政教风俗，无一不优于他国，所不及者惟枪耳，炮耳，船耳，机器耳。吾但学此，而洋务之能事毕矣。"参见梁启超：《李鸿章》，北京：红旗出版社2015年版，第44页。

伙来说，严复在许多方面也与他们不合"①，李进修也指出："（严复）在如何实现维新变法的问题上，他们之间在思想上还保持相当的距离。"②

但是很显然，这种距离并不是体现在两者之间的具体变法主张上，而是体现在支撑维新变法的思想基础上。大致上说，严复对拯救时局的总体看法集中体现在《拟上皇帝书》中。在《拟上皇帝书》中，严复提出了"有万世不变之道，而无百年不变之法"的差别。严复与康、梁、谭等维新派的不同，就体现在"变道"和"变法"上。换而言之，严复对维新派的批评主要集中在其"骤变""速变"上，从而主张"渐变"，特别是从教育领域改革当时中国风俗开始。在《原强》中，严复指出中国风俗"沿习至深，害效最著者，莫若吸食鸦片、女子缠足二事，此中国朝野诸公所谓至难变者也"，又说"鸦片、缠足二事不早为之所，则变法者，皆空言而已矣"③。因此在面对晚清中国积贫积弱状况时，严复从一开始就主张改革，但是必须从教育风俗层面渐进而行（包括改革科举）。其原因在前引《拟上皇帝书》中，严复就一针见血地指出："今者审势相时，而思有所改革，则一行变甲、当先变乙，及思变乙、又宜变丙，由是以往，胶葛纷纶。"后来与梁启超通信，梁启超也对这种观点大加赞赏，"变法之难，先生所谓一思变甲，即须变乙，至欲变乙，又须变丙，数语尽之。启超于此义，亦颇深知"④。此论断可以孙宝瑄（1874—1924）参与维新的历程为明证。在《忘山庐日记》中，孙宝瑄

---

① 本杰明·史华兹：《寻求富强：严复与西方》，叶凤美译，南京：江苏人民出版社1996年版，第74页。
② 李进修：《近代中国启蒙思想先驱》，见黄瑞霖主编：《中国近代启蒙思想家严复诞辰一百五十周年纪念论文集》，北京：方志出版社2003年版，第14页。
③ 严复：《论世变之亟：严复集》，胡伟希选注，沈阳：辽宁人民出版社1994年版，第37—38页。
④ 梁启超：《与严幼陵先生书》，见梁启超：《饮冰室合集》，《文集》第1册，北京：中华书局1989年版，第107页。

自述道:"余当甲午、乙未之交,始谈变法,今越四五年矣,论议盖凡数变。初则注意于学堂报馆,继则主张民权,以为非先设议院,许公举,则一切法不可变,变之徒滋扰;卒又知偏于民权之不能无弊也,遂主持立宪政体,纳君权民权于法之中,而君民共治,为数年立论之归束。"①

严格地来说,虽然受到甲午战败的刺激(严复自谓"尝中夜起而大哭,嗟乎!谁其知之"②),严复确实提出过较为激进的政治意见,但是他从来不主张进行毕其功于一役的激进变革,更不会因此主张全盘西化。在最初的《原强》中,针对"曷不使我为治?使我为治,则可以立致富强而厚风俗。然则其道何由?"的疑问,严复就提出:"中国之所不振者,非法不善也,患在奉行不力而已。祖宗之成宪有在,吾将遵而用之而加实力焉。于是督责之政行,而刺举之事兴。如是而期之十年,吾知中国之贫与弱犹自若也。何则?天下之势,犹水之趋下,夫已浩浩然成江河矣,乃障而反之使之在山,此人力之所不胜也。"③ 可见严复并非"不识时务",只是认为全盘引入西学并不能起到预期的效果,"今者物穷则变,言时务者,人人皆言变通学校,设学堂,讲西学矣。虽然,谓十年以往,中国必收其益,则又未必然之事也"④。在同一年撰写的《原强续篇》中,严复更是饶有深意地引述了埃及人的例了,"埃及人甲养神鹅,一日,鹅生卵,坠地化黄金,甲大喜,以为是腹中皆此物也,到而求之,无所得而鹅死"⑤。这则类似中国"揠苗助长"的寓言,实际

---

① 孙宝瑄:《忘山庐日记》,转引自苏中立、涂光久主编:《百年严复:严复研究资料精选》,福州:福建人民出版社2011年版,第257页。
② 孙应祥:《严复年谱》,福州:福建人民出版社2014年版,第88页。
③ 严复:《论世变之亟:严复集》,胡伟希选注,沈阳:辽宁人民出版社1994年版,第17页。
④ 严复:《论世变之亟:严复集》,胡伟希选注,沈阳:辽宁人民出版社1994年版,第40页。
⑤ 严复:《论世变之亟:严复集》,胡伟希选注,沈阳:辽宁人民出版社1994年版,第52页。

上就是要说明晚清改革不必操之过急,否则将适得其反。

针对当时"以维新之议日盛,而若干官僚窃维新之名,而行破换维新之实"的状况,严复特地撰写《论中国分党》予以讥讽①。在这篇文章中,严复区分了"维新之貌"和"维新之心",对当时看似维新派实则不知维新真意的那些人予以了严厉的批评:"其一以谈新法为一极时髦之妆,与扁眼镜,纸眼卷,窄袖之衣,纲丝之车等。以此随声附和,不出于心,此为一类。其一见西人之船坚炮利,纵横恣睢,莫可奈何,以为此其所以强也,不若从而效之,此为一类。其一则极守旧之人,夙负盛名,为天下所归往,及见西法,不欲有一事为彼所不知不能也,乃举声光化电之粗迹,兵商工艺之末流,毛举糠枇,附会经训,张唇植髭,不自愧汗,天下之人翕然宗之,郑声乱雅,乡愿乱德,维新之种将为所绝,此又为一类。之斯三者,有维新之貌而无维新之心者。"②严复对于新学/西学总是充满怀疑,"果为国粹,固将长存,西学不兴,其为存也隐,西学大兴,其为存也章,盖中学之真之发现,与西学之新之输入,有比例为消长者焉,不佞斯言,所以俟百世而不惑者也"③。严复对维新时期及以降对"新法"的崇拜深感不满,指出"大抵吾人通病,在睹旧法之敝,以为一从夫新,如西人所为,即可以得无敌之法"④。此论虽出自辛亥革命以后(1913),然未始不可视为对维新派的批评。

显然,由于严复服膺斯宾塞的社会有机论,认为"体用不二",不可分割,以致断言"中体""西用"之间存在紧张关系,因此对任何以

---

① 冯志钧:《戊戌变法人物传稿》卷三,台北:文海出版社1976年版,第65—73页。
② 严复:《严复选集》,周振甫选注,北京:人民文学出版社2004年版,第124—130页。
③ 严复:《论世变之亟:严复集》,胡伟希选注,沈阳:辽宁人民出版社1994年版,第48页。事实上,严复虽然译介了大量西学进入中国,但是"他的翻译并不是简单复述,而是配合译注与大量个人的作品,以一种源于本土的批判意识,对西学加以取舍、发挥",这种翻译方式本身就体现着严复的西学态度。参见黄克武:《惟适之安:严复与近代中国的文化转型》,北京:社会科学文献出版社2012年版,第4页。
④ 严复:《读经当积极提倡》,见王栻主编:《严复集》第二册,北京:中华书局1986年版,第329—333页。

输入西学、迅速变革从而走向富强的做法都表示异议。在《救亡决论》中，严复就指出了这点："且客谓西学为迂涂，则所谓速化之术者，又安在耶？得毋非练军实之谓耶？裕财赋之谓耶？制船炮开矿产之谓耶？讲通商务树畜之谓耶？开民智正人心之谓耶？而之数事者，一涉其流，则又非西学格致皆不可。"① 并在随后以练兵为例，重点说明西学之用不可接榫中学之体。在这种社会有机体论基础上产生的政治改革，不可能像康有为那样，"治今文公羊之学，附会孔子改制以言变法"②，更不可能像激进的谭嗣同那样，提出"冲决网罗"，特别是包括"冲决俗学若考据、若词章之网罗""冲决君主之网罗"和"冲决伦常之网罗"③。甚至在具体的变法主张上，严复也以"治标"措施为指向，所谓"事亟，则不能不先事其标"，并提出"联各国之欢""结百姓之心""破把持之局"三项举措④，与康、梁等人提出的更具操作性的政治措施颇为不同，以至于严复在维新期间毋宁"是站在政治行动之外的"⑤。因此严复对维新派的批评根本上来自"体用不二"的主张，因为西学不能简单对接中体，因此赞成"渐变"，而反对"骤变""速变"。

---

① 严复：《论世变之亟：严复集》，胡伟希选注，沈阳：辽宁人民出版社1994年版，第64页。
② 陈寅恪：《读吴其昌撰〈梁启超传〉书后》，见陈寅恪：《寒柳堂集》，上海：上海古籍出版社1981年版，第167页。
③ 谭嗣同：《仁学》，吴海兰评注，北京：华夏出版社2002年版，"自叙"第2页。
④ 严复：《论世变之亟：严复集》，胡伟希选注，沈阳：辽宁人民出版社1994年版，第74—95页。王栻将两者之间的差异归结于教育背景的差异，"总起来说，严复这时候的思想，虽然与康有为、梁启超、谭嗣同们的基本相同，但却有一个不同点，应该引起我们注意：康梁们少年时代所受的教育，全部是封建教育，他们不曾到过欧美资本主义国家，没有亲眼看到这些国家的文物制度；又不懂这些国家的语言，不能直接阅读资本主义文化思想的理论著作。他们只能凭西洋传教士如李提摩太之流的宣传文字，及江南制造局、北京同文馆等所翻译的有关科技及国际法等方面的通俗书籍，再加上他们在上海等处所看到的市政管理，这些便构成他们的认识资本。"参见王栻：《严复与严译名著》，见商务印书馆编辑部编：《论严复与严译名著》，北京：商务印书馆1982年版，第1—21页。
⑤ 本杰明·史华兹：《寻求富强：严复与西方》，叶凤美译，南京：江苏人民出版社1996年版，第73页。

三、用"保存国性"反对"共和革命"

鲁迅曾称赞严复"是一个十九世纪末年中国感觉锐敏的人"①,这种敏锐不仅体现在对中国"国性"命运的认识上,而且也体现在与时俱进地对诸种社会思潮和政治运动的反思性批评上。严复既主张"渐变",则自与清季兴起的革命思潮相左。而揆诸严复生平,其最为人所诟病者,在晚年参与筹安会,提倡尊孔读经,甚至"支持"袁世凯(1859—1916)实行君主专制制度一事。这也是后来学者普遍将早年严复与晚年严复割裂开来的最直接性因素。其中关于严复参加筹安会一事,诸多史料已述之甚详,如林耀华(1910—2000)在《严复生平事略》中记载:"(复辟)肇议之始,使杨度探先生意见,挽为筹安会发起人,先生拒之。翌日,先生名已列诸报端。案此事人不知其真相,往往以为先生病。袁氏败后,有谈及当时黑幕者,始知先生芳名之被盗也。即当时之《顺天时报》亦刊有筹安会借重侯官记事一则谓:'侯官为良知所督责,始终缄默,无一言为筹安推波助澜云'。"②因此不足为严复晚年趋于保守的证据。

至于尊孔读经方面,学界论述甚多,然大多就事论事,未能深究尊孔读经主张在严复整个思想生涯中的缘起和脉络。事实上,严复晚年对待(辛亥)革命的态度,与真正的保守主义仍有不同,反而应当视为严复坚持早年"渐变"主张的必然结果。这从一个侧面可以得到证实:与一般仇视辛亥革命的保守派不同,严复认为辛亥革命的起源同时与两个

---

① 鲁迅:《随感录》,见鲁迅:《鲁迅全集(编年版)》第1卷,北京:人民文学出版社2014年版,第585页。
② 苏中立、涂光久主编:《百年严复:严复研究资料精选》,福州:福建人民出版社2011年版,第49页。

政治团体有关——一个是孙中山等领导的革命党，一个是康有为等领导的保皇党，"这两个团体有完全不同的纲领。摆脱满人的枷锁，消灭这个最可恶的种族，是第一个团体所作的宣传；他们曾在横滨出版过叫做《民报》（意即人民的言论）的报纸作为他们的喉舌。后一个团体的纲领要温和得多，而且确实理智得多。他们坚持中国的统一；要求彻底改革中国的政治；对满族没有深仇大恨；把光绪皇帝捧上天，把先太后骂入地狱。他们大多数人是1898年间的逃亡者"①。虽然在戊戌政变以后对康党有所同情，但是在辛亥革命爆发后的认识上，严复仍将保皇党与革命党视为同一力量并同被批判。在武昌起义爆发南北交战激烈之时，严复又表示："时局至此，当日维新之徒，大抵无所逃责。"② 显然严复在对待革命及革命派的态度上，表现出一以贯之的态度。

武昌爆发的辛亥首义，严复第一时间知晓并表达了关注，在当天日记中简单记下"武昌失守"四个字③，态度并不明朗。然而严复还是能够较为客观、全面地分析辛亥革命爆发的原因，"我国目前这场起义的远因和近因可归纳如下：（一）摄政王及其大臣们的极端无能；（二）心怀不满的新闻记者们给中国老百姓头脑带来的偏见和误解的影响；（三）秘密会党和在日本的反叛学生酝酿已久；（四）近几年来长江流域饥荒频仍，以及商业危机引起的恐慌和各个口岸的信贷紧缩。这些就是共同导致目前灾难的因素"④。这种态度也使得严复对建立民主共和制度深感不满，而更倾向于君主立宪，并连同此前的新旧批判一起论述，指出："大抵吾人通病，在睹旧法之敝，以为一从夫新，如西人所为，即

---

① 严复：《与莫理循书》，见孙应祥、皮后锋编：《〈严复集〉补编》，福州：福建人民出版社2004年版，第289—304页。
② 王栻主编：《严复集》第三册，北京：中华书局1986年版，第678—679页。
③ 谷林：《严复〈辛亥日记〉》，见牛仰山，孙鸿霓编：《严复研究资料》，福州：海峡文艺出版社1990年版，第150页。
④ 严复：《与莫理循书》，见孙应祥、皮后锋编：《〈严复集〉补编》，福州：福建人民出版社2004年版，第299页。

可以得无弊之法,而孰意不然,专制末流,固为可痛,则以为共和当佳,而孰知其害乃过于专制。"① 对民主共和制的反对直接来自南北议和时的观察,严复注意到"党人以共和民主为主旨,告以国民程度不合,则极口不承;问其总统何人为各省党人所同意者,则以项城对,盖彼宁以共和而立项城为伯理玺得,以民主宪纲箝制之,不愿以君主而用项城为内阁,后将坐大,而至于必不可制"②。而更深层次的原因,与严复以社会有机论为基础,视中国为体用合一的有机整体,从而解决中国的问题,保持中国的"国性"只能从自身内部出发,实行渐进式改良有关。

表面上看,严复提出"国性"的概念是在《读经当积极提倡》(1913)中,"大凡一国之立,必以期国性为之基。国性国各不同,而皆成于特别之教化,往往经数千年之渐摩浸渍,而后大著。但使国性长存,则虽被他种之制服,其国其天下尚非真亡","夫读经固非为人之事,其于孔子,更无加损,乃因吾人教育国民不如是,将无人格,转而他求,则无国性。无人格谓之非人,无国性谓之非中国人,故曰经书不可不读也"③。但是与"国性"概念相似的表达在严复早期的著作中就已出现,且往往在中西对举和比照中得以彰显,成为理解严复思想的潜流。比如在前引《拟上皇帝书》中,严复所提出的"变道"与"变法"区别,"臣闻天下有万世不变之道,而无百年不变之法。盖道者,有国有民所莫能外。自皇古以至今日,由中国以迄五洲,但使有群,则莫不有其相为生养、相为保持之事。既有其相生养、相保持之事矣。则仁义、忠信、公平、廉耻之实,必行于其间。否则其群立散,种亦寝灭。

---

① 王栻主编:《严复集》第三册,北京:中华书局1986年版,第680页。
② 严复:《与陈宝琛书》,王栻主编:《严复集》第三册,北京:中华书局1986年版,第502—503页。
③ 严复:《读经当积极提倡》,王栻主编:《严复集》第三册,北京:中华书局1986年版,第330页。

至于法则不然。盖古之圣贤人，相一时之宜，本不变之道，制为可变之法，以利其群之相生养、相保持而已"①。显然此处所谓"有国有民所莫能外"的"万世不变之道"（以仁义、忠信、公平、廉耻为内容）实与后来的"国性"概念相通。可见有留学背景的严复从一开始就在不断的中西对比中，以认识和保存中国的"国性"为其整个思想的出发点。

在这种情况下，严复对革命的理解远不如革命派激进，因为"一政府之改立，皆革命也"，因此反而视英国（光荣）革命为楷模，提出"虽然谓英国无革命可，谓英国时时革命亦可"。严复推崇的是英国式的"渐进式革命"，而不是辛亥革命党人推崇的"专制之革命"，两者的区别是：前者"轻而易举，不过在议院占数之从违"，而后者"必诛杀万人，流血万里，大乱数十年十余年而后定"②。民国初年的国家状况不幸使严复一言成谶，这既让严复感到失望，又似乎进一步佐证了严复的渐进变革主张，"北京时局极为胶葛。南北和战几乎两无可言，而军人拥兵自卫，反覆无常；中央财力已成弩末，而索饷、索械，纷至沓来，于殃民则有余，于图治则不足"③。再加上适时爆发的欧战（第一次世界大战），让"西国文明""扫地遂尽"④，所以另一方面，民主共和的制度更迭也使得严复深惧中国"国性"的沦丧，认为"治制虽变，纲纪则同，今之中国，已成所谓共和，然而隆古教化，所谓君仁臣忠，父慈子孝，兄友弟敬，夫义妇贞，国人以信诸成训，岂遂可以违反，而有他道之从？假其反之，则试问今之司徒，更将何以教我？"⑤ 革命潮流不可逆转，制度改革无法回向，严复强调"制无美恶，期于适时。变无迟速，

---

① 严复：《论世变之亟：严复集》，胡伟希选注，沈阳：辽宁人民出版社1994年版，第74—95页。
② 王栻主编：《严复集》第五册，北京：中华书局1986年版，第1314页。
③ 王栻主编：《严复集》第三册，北京：中华书局1986年版，第828页。
④ 王栻主编：《严复集》第三册，北京：中华书局1986年版，第690页。
⑤ 王栻主编《严复集》第一册，北京：中华书局，1986年，第332页。

要在当可"①，转而提倡尊孔读经，希望以此保存"国性"。即使到了临终之际，严复仍将"须知中国不灭，旧法可损益，心不可叛"作为遗嘱的首条②。因此从表面上看，晚年的严复确实变成了不折不扣的保守主义者，但是这种保守与康有为冀升孔教为国教的极端做法完全不同，正如史华兹所说"严复的相对保守和谨慎……也是以最严格的逻辑出自他所信奉的西方特有的思想，而不只是出自中国的'信而好古'"③。可见虽然严复在具体的政治行动策略上有所变化，但是其背后的支撑性思想——从社会有机论到保存国性论毋宁相当一致。

四、结语

罗志田曾经指出，晚清变局中的"中体西用"思想，经历了"从西学不能为用"到"中学不能为体"的转变④。其所论权势转移正与严复时代相合，其时甲午战败已对"中体西用"产生了怀疑，"西学不能为用"成为普遍的观念氛围。从严复以"社会有机"反思"中体西用"，因"体用不二"批评"速化之术"，用"保存国性"反对"共和革命"可以看出，作为政治思想家的严复虽被誉为"中国西学第一者"⑤，但是并不主张简单移植西学。原因就在于受斯宾塞的影响，严复以社会有机论为思想基础，把中国和西方视为与生物体一样的有机体，因各有自己

---

① 王栻主编：《严复集》第二册，北京：中华书局1986年版，第240页。
② 林耀华：《严复生平事略》，见苏中立、涂光久主编：《百年严复：严复研究资料精选》，福州：福建人民出版社2011年版，第53页。
③ 本杰明·史华兹：《寻求富强：严复与西方》，叶凤美译，南京：江苏人民出版社1996年版，第76页。
④ 罗志田：《道出于二：过渡时代的新旧之争》，北京：北京师范大学出版社2014年版，第3—10页。
⑤ 康有为：《与张之洞书》，转引自苏中立、涂光久主编：《百年严复：严复研究资料精选》，福州：福建人民出版社2011年版，第275页。

的国性，故中体西用之间并不兼容，所谓"东西二化，绝然悬殊"①。为此要改变当时中国的积贫积弱状况，不能变道，实行激进革命；而只能变法，实行渐进改良，所谓"人心风俗，不可卒变"②。严复成于洋务而批评洋务，身处维新而批评维新，熟稔革命而批评革命，其背后的思想张力应从此处理解。无意过分强调斯宾塞对严复思想无远弗届的影响——正如史华兹所做的那样，但是严复政治思想一致性的背后却潜藏着从社会有机论到保存国性论，再到政治改良论的逻辑递进。由此可见，在对严复政治思想的认识中，既不能将林纾"以中文沟通西方"与严复"以西文沟通中文"等量齐观③，也不能简单地将严复贴上自由主义、保守主义等标签，更不能化约式地认为严复"滑向了'中体西用'的深渊"④，而必须在具体的历史情境中把握其思想的内在演进。

---

① 王栻主编：《严复集》第四册，北京：中华书局1986年版，第1024页。
② 王栻主编：《严复集》第四册，北京：中华书局1986年版，第1024页。从本文的考察来看，严复政治思想的这种变与不变，未必是列文森（Joseph R. Levenson）所说的那样，"理智上想与中国思想疏远，但感情上又要认同中国思想"，反而从一开始就应当视为严复个体理性思考的结果。真正的保守主义坚持以中学抵抗西学，而严复抵抗西学的思想资源恰恰来源于西学。参见列文森：《儒教中国及其现代命运》，郑大华、任菁译，北京：中国社会科学出版社2000年版，第67页。
③ 赵尔巽等撰：《清史稿》卷四八六《严复传》，长春：吉林人民出版社1998年版，第10208—10210页。
④ 潘守威：《论改造国民性与保持"国性"的矛盾：严复国民性改造的困境研究》，载《晋中学院学报》2009年第6期。

社会与文化

宗法与国法
——从高谊看民国族谱编纂的现代性*

宗法作为宗族建立的基础，随着时代的变化而变化。比如学界对明清宗族的研究指出，随着士庶观念的变化，逐渐形成了近世宗族制度的新规范，即呈现出"宗法庶民化"的倾向①。这种新规范下的地方宗族，在实践层面上成为建立正统化地方秩序的基本方式②。而具体到宗法理论来看，最迟到清代就发展出"礼以义起，权不反经"的宗法变革理论，在原大宗法的宗族礼制下产生出小宗法制，形成大小宗法相结合的宗族形态③。然而清末民初时期，中国宗族的发展面临新的时代环境——尤其是随着现代民族国家的建立，宗法与国法之间如何接榫，或作为理论基础的宗法如何随着这种时代环境发生变化等问题，迄今为止尚未引起学界的重视④。盖因学界对明清宗族的研究较多，对近代宗族的研究较少，

---

* 本文原载《中国社会历史评论》（第18卷），天津：天津古籍出版社2018年版。
① 郑振满：《明清福建家族组织与社会变迁》，北京：中国人民大学出版社2009年版，第172—182页。
② 科大卫、刘志伟：《宗族与地方社会的国家认同——明清华南地区宗族发展的意识形态基础》，载《历史研究》2000年第3期。
③ 冯尔康：《清代宗族制的特点》《清人"礼以义起"的宗法变革论》，见冯尔康：《顾真斋文丛》，北京：中华书局2003年版，第268—286、317—353页；冯尔康：《18世纪以来中国家族的现代转向》，上海：上海人民出版社2005年版，第91—130页。
④ 徐永志：《略论晚清的宗族》，载《历史教学》1999年第11期。

故相关论述付诸阙如①。为此本文拟以乐清高谊为例,通过分析其族谱编纂等活动,讨论民国时期宗法与国法的交织互动及其背后的现代性。

一、宗谱与史志

高谊(1868—1959),字步云,号心博(一作性朴),晚号薏园,温州乐清北白象镇人。其一生经历晚清(1868—1911)、民国(1911—1949)和中华人民共和国(1949—1959)三个时期,虽然高谊自谦"予自念生平行踪不广,文章不足以惊人"②,然揆诸其生平亦并非乏善可陈。据《高谊集》编注者高益登论断,"(高谊)先生一生事业,荦荦大端者有三:教书育人、整理乡邦文献、著述"③,此说虽稍嫌简略而颇切中肯綮,于高谊生平差足论断。概言之,高谊虽生于晚清而科名不高:自光绪十三年(1887)补县学生员后,至光绪二十五年(1899)始补廪生。期间与黄式苏(1874—1947)同入梅溪书院从陈黻宸(1859—1917)求学。光绪二十九年(1903)以官费留学日本,进入早稻田大学,不料"一月东渡,府君[指高谊父高美东(?—1903)]于九月亡"④,高谊闻讯急归,留学事业遂告中断。光绪三十二年(1906)应陈黻宸之聘,高谊赴两广方言学堂任教,前后凡四年(1906—1910)。此后长期居乡,参与创办学堂、讲授国学、整理乡邦文献等地方公共

---

① 中国宗族研究的学术史可参见:常建华:《二十世纪的中国宗族研究》,载《历史研究》1999年第5期;常建华:《近十年晚晴民国以来宗族研究综述》,载《安徽史学》2009年第3期;常建华:《近十年明清宗族研究综述》,载《安徽史学》2010年第1期。中国近代宗族的概述性研究可参见程维荣:《中国近代宗族制度》,上海:学林出版社2008年版,尤其第259—280页。

② 高谊:《高谊集》,高益登编注,北京:线装书局2013年版,第66页。

③ 高谊:《高谊集》,高益登编注,北京:线装书局2013年版,"前言",第2页。

④ 高谊:《高谊集》,高益登编注,北京:线装书局2013年版,第166页。

事务。

从生平经历可以看出，高谊是中国近代"过渡时代"（梁启超语）典型的地方乡绅。这类乡绅不仅在自然时间上生于清末民初，而且其在清末时期的功名/科名、民国时期的职位乃至中华人民共和国时期的经历，都介于官、民之间。尤其是在清末民初，先后经历了科举制度的废除、新式学堂的建立等转折性事件，使得这些传统士绅不断被边缘化，而被边缘化后的知识分子又借助参与地方公共事务的契机，成为影响那个时代的重要力量①。高谊甚至在家族文献《高氏族谱世传》中，也毫不隐瞒自己的心曲，认为"夫士生斯世，上既不能为国效劳，下亦当为地方殚其义务，以公之所能者推而大之，其设施必有可以自见者，是足为一族之矜式焉"②。后来更在《洪潜园先生八十寿言》中明确地说，"士有怀抱异材，每思储所学以见之用，而困于知遇，既不获大用于时，惟是役志盐车，但于乡邑间小试其技。盖生值危邦，不得已寄寓于此"③。说人兼带言己，"生值危邦"正是高谊及其同时代乡绅的共同命运。

在"生值危邦"，"上既不能为国效劳"的情况下，高谊将目光转向

---

① 罗志田：《近代中国社会权势的转移——知识分子的边缘化与边缘知识分子的兴起》，载《开放时代》1999年第4期。高谊：《送钱实秋大令叙》很能体现这种"边缘性"特征："国家革新以来，天下崇尚武力，士往往有白身起为官吏，故其时知县事者，皆出自行伍，而读书积学之儒，或不得宰一邑以自效。然当兵革未息，山海僻县，非得强悍之能吏，不足以资镇摄。迨时局稍定，县令既由考选，然后儒吏得以显其才。顾儒吏之得民，恒不如能吏之得民为较易易也，是何故哉？"很显然，高谊在这里是以"儒吏"或"读书积学之儒"自况。参见高谊：《高谊集》，高益登编注，北京：线装书局2013年版，第143页。

② 高谊著，高益登编注：《高谊集》，北京：线装书局2013年版，第176—177页。高谊曾多次表达这种观点，如在《〈厚庄续集〉跋》中写道，"夫士生斯世，上既不获经邦论道，以奏吁谟；下又不获遍交当代名公巨卿，以征谠论。而惟是僻处荒江，杜门著述，龈龈焉服从经训，以表章先哲为事，其志亦足哀己"；在《〈乐园吟草〉叙》中写道，"窃谓人生为学，既不获大显其用，而仅仅托于诗词以自见，固已厄矣"；在《〈街南吟草〉叙》中又说，"盖茂才有远志而厄于科第，无所发泄，乃托之于是，以为花被风吹，吾身不能自主，长叹之歌，醉尉之呵，古人同兹恨事"。参见高谊：《高谊集》，高益登编注，北京：线装书局2013年版，第129、138、350页。

③ 高谊：《高谊集》，高益登编注，北京：线装书局2013年版，第296页。

"为地方殚其义务"。以往学界普遍强调其参与许蟠云（生卒年不详）①组织设立的"征辑乡哲遗著会"，如孙延钊（1893—1983）为《薏园文钞》所作序言中指出，"窃叹身丁革代而能力扶桑梓文献于存亡绝续之交"②，编注者高登云亦对此高加褒扬，谓"其时先生以望七之年负此重任，每集会虽风雨必渡江而往……对温州地区文献网罗，和今日乐清文献的整理，贡献实大"③。这种论断当然符合实情。然而对于高谊参加"征辑乡哲遗著会"，整理乡邦文献之事，不能就事论事，忽略其背后更为深刻和细致的观念脉络，即高谊参加此事背后的学理因素需要被解释。为此需要从高谊自身的论述出发。在《石船刘氏宗谱序》中，高谊在比较完自己对史、志和谱的参与程度之后，不无自豪地表示，"邑中故家旧牒，经予编订，不下数十家"④。因此参与地方宗族建设活动，实际上最能体现高谊的学行。

为便于叙述，兹将高谊参加宗族建设活动情况整理列表如下（见表1）：

表1 高谊参加各种宗族建设活动简表

年份	活动	出处
民国甲寅（1914）	撰写《赵蔚斋先生重修三重闾家谱序》	《高谊集》第346—347页
民国乙卯（1915）	撰写《蟾屿黄氏房谱序》	《高谊集》第62—63页
民国庚申（1920）	撰写《溪头孙氏小宗祠记》	《高谊集》第234—235页
民国癸酉（1933）	编纂《高氏贵六公房谱》	《高谊集》第51—56页
	重修高氏宗祠	《高谊集》第397页

---

① 刘国铭主编：《中国国民党百年人物全书》（上册，北京：团结出版社2005年版，第585页）载：许蟠云，浙江黄岩人。许蟠云，1936年6月29日任浙江省第八区行政督察专员，1937年1月15日兼任保安司令，1937年11月26日至1946年5月7日任浙江省政府委员，1948年当选立法院立法委员、立法院海事委员会委员。
② 高谊：《高谊集》，高益登编注，北京：线装书局2013年版，第5页。
③ 高谊：《高谊集》，高益登编注，北京：线装书局2013年版，"前言"，第3页。
④ 高谊：《高谊集》，高益登编注，北京：线装书局2013年版，第351页。

(续表)

年份	活动	出处
民国丙子（1936）	撰写《重修西门傅氏宗谱叙》	《高谊集》第60—62页
民国丙子（1936）	撰写《油车郑氏小宗祠记》	《高谊集》第232—233页
民国丁丑（1937）	修纂《瑶川朱氏宗谱》	《高谊集》第323页
	撰写《朱氏姓源世系记》	《高谊集》第287—290页
民国戊寅（1938）	撰写《重修横春张氏房谱叙》	《高谊集》第139—140页
民国己卯（1939）	撰写《重修前黄杨氏谱叙》	《高谊集》第343—344页
民国甲申（1944）	撰写《石船刘氏宗谱序》	《高谊集》第351—352页
民国乙酉（1945）	修纂《湖横刘氏族谱》	《高谊集》第398页

资料来源：高谊著，高益登编注：《高谊集》，北京：线装书局，2013年。

从表1中可以看出，高谊最为集中参加乐清地方宗族建设活动，是从民国三年（1914）开始的。对于那个时代的乡绅来说，正是"国家革新"的时代①。此后虽历经三次国内革命战争和抗日战争，高谊的宗族建设活动从未终止，尤其体现在族谱编纂上——虽无法逐一核实高谊自称的"不下数十家"，但仅《高谊集》就可见十三处，因此族谱编纂成为理解高谊的（最）重要事件。

检视《高谊集》中的相关论述，高谊之所以不厌其烦、坚持不懈地参与地方宗族建设活动，与他"以谱虽为一族生齿所系，而实为一方文献所关"的族谱定位，和"将以备修方志者之采择"的修谱目的有关②。对此前引《石船刘氏宗谱序》有更为详细的论述：

> 士不获弭笔于朝，充史馆之选，以纪国家之掌故，降而修举方志，表章一省之文献，国家犹倚赖之。虽然国有史，省有志，族有谱，一也。修一国之史，而不采各方之志乘，则史无所依；修一方

---

① 高谊：《高谊集》，高益登编注，北京：线装书局2013年版，第143页。
② 高谊：《高谊集》，高益登编注，北京：线装书局2013年版，第55页。

之志，而不采族姓之谱牒，则史志无所稽。是故史体竖而志体横。惟竖，故贵简；惟横，故贵详。而谱则具史之要，修志之征。①

由此可见，因为认识到"知制度由上而下，采摭必由下而上"②，因此高谊将谱牒与方志、国史等量齐观，以国—史、省—志、族—谱的结构，对应为"一方文献"从高到低三个层次，而且这种对应结构及其构成的层次关系又并非各自独立，而是彼此互为基础，相辅相成，所谓"修一国之史，而不采各方志志乘，则史无所依。修一方之志，而不采族姓之谱牒，则史志无所稽"。学界或通常会认为，类似"家之有谱，犹国之有史"的话语是族谱编纂中的模式化表达，并不具有实际意义。然而于高谊而言貌似并非如此。在《高谊集》中，"一方文献"或类似的提法前后出现过六次③。高谊甚至对清代章学诚（1738—1801）极为推崇，前后曾两次引用章学诚《答戴东原书》中"一方文献不与及时搜罗，他日将有放失难稽，湮没无闻者"语，并表示"予之于谱事亦复如是"④。因此如果说参加"征辑乡哲遗著会"是高谊史志观念下的整理性总结，那么参加地方宗族建设活动，就应当视为高谊宗谱观念下的创造性实践⑤。

---

① 高谊：《高谊集》，高益登编注，北京：线装书局2013年版，第351页。
② 高谊：《高谊集》，高益登编注，北京：线装书局2013年版，第291页。
③ 高谊：《高谊集》，高益登编注，北京：线装书局2013年版，第55、117、136、298、351页。
④ 高谊：《高谊集》，高益登编注，北京：线装书局2013年版，第55、291页。章学诚原话是："若夫一方文献，及时不与搜罗，编次不得其法，去取或失其宜，则他日将有放失难稽，湮没无闻者矣。"参见章学诚：《记与戴东原论修志》，见章学诚：《文史通义》第8卷，北京：中华书局1985年版，第277页。
⑤ 高谊曾说同乡刘绍宽（1867—1942）"先生之学，多造就于其乡，故乡人观念尤深"，未始不是高谊的夫子自道。参见高谊：《高谊集》，高益登编注，北京：线装书局2013年版，第314页。

二、古法与新例

既然高谊将族谱编纂视为"一方文献所关",可"备修方志者之采择"的重要事业,那么高谊在创造性实践中以"一方文献"的标准,参加民国乐清地方族谱的编纂活动就值得详细考察。考诸学术史可知,中国族谱编纂的范例向有欧(阳修)式和苏(洵)式两种典范,即元人高纳麟(1281—1359)所谓"士大夫家谱牒之书,所以识源流、纪本末、别同异……谱牒之名,则起于嘉祐时欧阳永叔公、熙宁时苏老泉之手也"①。此后"欧苏遗式"成为历代文人族谱编纂的圭臬。其中"欧法五派起横图,有讳字、官爵、无生聚卒葬;苏法六派起直图,有讳、有寿数、卒日、有传、有娶、无葬所",由此可见"欧未善,苏亦未广"②。学者对欧、苏两种谱法的优劣有所论述,谓"欧式"虽然可直观展现家族传承次序,"但往往由于兄弟众多而产生大量空行,增加族谱篇幅";"苏式"虽然没有空页,同辈关系一目了然,但父子往往相隔很远,家族世系传承并不清楚。因此历来族谱编纂并不单纯用欧氏或苏式,而往往兼而用之,各避其短而能用其长。

高谊的族谱编纂也不例外。只是到了高谊生活的年代,又出现了三种较有代表性的族谱编纂体例,虽总体上不出欧式、苏式两种,但在某些细节的处理方面表现出自身的特点,即明代张璁(1475—1539)、清代法坤宏(1699—1785)和纪晓岚(1724—1805)。其中张璁为温州龙

---

① 转引自杨冬荃:《中国家谱起源研究》,见中国谱牒学研究会编:《谱牒学研究》(第1辑),北京:书目文献出版社1989年版,第49页。"欧式"参见欧阳修《欧阳氏谱图序》,欧阳勇、刘德清编著:《欧阳修文评注》,南昌:江西人民出版社2012年版,第247—251页;"苏式"参见苏洵《谱例》,苏洵著,曾枣庄、金成礼笺注《嘉祐集》,上海:上海古籍出版社1993年版,第14卷,第373—378页。

② 寻霖、刘志盛:《湖南刻书史略》,长沙:岳麓书社2013年版,第527—529页。

湾人，尝于明代正德元年（1506）编纂《普门张氏族谱》，强调族谱编纂应"溯源本以黜其窃冒，图宗支以明其嫡庶，分妻妾以严其嫡媵，正名讳所以别尊卑，列行第所以次少长，纪什作以示无泯祖父之善行，识祠墓以谨岁时无忒于享纪"①；法坤宏为山东胶州人，尝于乾隆中期修建祠堂和编纂族谱，在《胶西法氏宗祠记》和《叙次宗谱例言》中，对祠堂和族谱编纂中的大宗、小宗之法进行详细论述，再次强调《礼记》"别子为祖，继别为宗，继祢者为小宗。有百世不迁之宗，有五世则迁之宗"的正统含义，规定"干犯名义者不书，逃入二氏者不书，螟蛉抱养者不书，不详所出者不书，防乱宗也"②；纪晓岚尝于雍正癸丑年（1733）修辑族谱，并在《景城纪氏家谱序例》中对欧式、苏式谱例进行了详细品评，在此基础上增益了《族居记》《茔墓图》和《联名纪世图》，原因是"益以族居记，惧涣也；益以茔墓图，惧湮也；益以联名纪世图，惧紊也"③。作为"邑中故家旧牒，经予编订，不下数十家"的族谱编纂专家，高谊自对欧式、苏式、张式、纪式和法式的族谱编纂体例相当熟稔，"顾予观谱例之善者，宋有欧阳氏、苏氏，至清则有纪氏、法氏、吾瓯张氏，义例精详，久为世人所采取"④，这五种谱法也就构成高谊所谓的"古法"。

尽管如此，高谊也不时对这五种古法表示不满。如对于"欧式"，高谊认为"夫欧氏固所称精于谱牒之学者，而犹不免拘于俗见，则何怪

---

① 张璁：《族谱序》，见张璁撰，张宪文校注：《张璁集》，上海：上海社会科学院出版社2003年版，文稿第2卷，第407—408页。
② 法坤宏：《叙次宗谱例言》，见贺长龄辑，魏源编次：《皇朝经世文编》，魏源全集编辑委员会编校：《魏源全集》第16册，第58卷《礼政六·宗法上》，长沙：岳麓书社2004年版，第279页。
③ 纪晓岚：《景城纪氏家谱序例》，见纪晓岚：《纪晓岚文集》，孙致中、吴恩扬、王沛霖、韩嘉祥校点，石家庄：河北教育出版社1991年版，第1册，第8卷，第173—178页。同时收入贺长龄辑，魏源编次：《皇朝经世文编》，见魏源全集编辑委员会编校：《魏源全集》第16册，第58卷《礼政六·宗法上》，第269—271页。
④ 高谊：《高谊集》，高益登编注，北京：线装书局2013年版，第61页。

后之治谱牒者欲尊其氏族，皆妄引前代达官以相夸耀，此盖非一日之故也"，并引曾国藩（1811—1872）言予以评述，"曾涤生氏尝言：欲重订家乘，述其可知而差其可疑者，区为别录，不求尽合于欧氏，宁无深意耶"①。可见熟悉古法而又不拘泥于古法，而是"或遵宋欧、苏氏与清纪氏之法，或参以近时之律例，务求可以施行，不泥于古，亦不背于今"②，因时制宜，从"古法"中参出"新例"，成为高谊族谱编纂体例形成的基本过程。在民国己卯年（1939）所撰《重修前黄杨氏谱叙》中，高谊对杨听胪、杨传化、杨岩彬和杨邦金等重辑族谱的方法深表赞同：

> 其与习惯例不肯者，或从欧氏，或从苏氏，或从纪氏，或从法氏，或从张氏，绝无所容心于其间，之所安于其间。所谓述其可知而差其可疑者，务求吾心之所安，不苟从古人之非，不偏信今人之是。予于兹谱如实焉而已。③

"予于兹谱如实焉而已"一语，似道出高谊自身编纂族谱的体例，与杨听胪毋宁颇为相似。其最相似之处在于"能阙众疑"，所谓"惟本曾氏阙疑之旨，于其不疑者易其名而从其义；其旧阙者则详采而增订之；其有在所表彰而未经表彰者，特表而彰之"④。可见高谊综合古法并从中参出新例，故对《西门傅氏宗谱》"参用欧、苏，而其例与纪氏、

---

① 高谊：《高谊集》，高益登编注，北京：线装书局2013年版，第343页。
② 高谊：《高谊集》，高益登编注，北京：线装书局2013年版，第54—55页。
③ 高谊：《高谊集》，高益登编注，北京：线装书局2013年版，第344页。
④ 高谊：《高谊集》，高益登编注，北京：线装书局2013年版，第344页。高谊对欧式谱例的不满，原因之一就在于欧阳修（1007—1072）对阙疑部分不加考证，所以高谊批评道"夫欧氏固所称精于谱牒之学者，而犹不免拘于俗见，则何怪后之治谱牒者欲尊其氏族，皆妄引前代达官以相夸耀，此盖非一日之故也。曾涤生氏尝言：'欲重订家乘，述其可知而差其可疑者，区为别录，不求尽合于欧氏'。宁无深意耶？"参见高谊：《高谊集》，高益登编注，北京：线装书局2013年版，第343页。

法氏、张氏暗合者"深表褒扬。显然这种办法也被高谊用在高氏族谱上。这点从《高氏贵六公房谱》的文本结构即可看出（见表2）：

表2 《高氏贵六公房谱》的文本结构

文类卷数	具体内容
谱目弁言一卷	为叙、为宗规、为例言
图像一卷	为原系图、为祖像、为宗祠图、族居图、茔墓图、坊表图、学塾图
表九卷	为世系表、支系表、户口表、生齿兼人寿表、居民职业表、共产表、私产表、科举表、始祖以下职官表、学系表、功绩表、迁徙表
志一卷	为宗祠志、茔墓志、祭祀志、宅里志、迁徙志、田产志、学塾志、阙疑志
世传二卷	余修《贵六族谱》，于族人不问尊卑男女，凡有事行可传，必求其征实者，为立传以表之。采其旧而增其新，务在绝浮夸而无溢美。为《世传》二卷，亦纪功录贤之意尔。
附刊二卷	

资料来源：高谊著，高益登编注：《高谊集》，北京：线装书局，2013年，第55、174页。

显然《高氏贵六公房谱》与明清时期的许多族谱表现出明显的体例差异，如族居图、茔墓图、迁徙表、茔墓志、迁徙志、阙疑志等，都带有高谊个人的明显印记①。这些印记又来自高谊拟定的《盘谷高氏贵六公房谱例言》。

《盘谷高氏贵六公房谱例言》共有十五条，其中有九条直接与前述欧式、苏式、张式、纪式和法式五种古法对话。从对话中可以看出哪些遵从了"古法"，哪些又生出了"新例"。如第四条对人物生卒年的记载，"谱详生卒于名下"，是遵苏式法的古法；"兹定生存者不限年岁，死亡者惟下殇摈不之书"，则是时代新例；第十三条对家族科名/功名的记载，"士子以入庠有贤田，乡会试给宾兴，登甲第巍科则建坊，庶人

---

① 这些体例中有不少来自张璁的启发，如《迁徙表》来自张璁《迁徙谱》，《茔墓图》来自张璁《祠墓谱》等，参见高谊：《高谊集》，高益登编注，北京：线装书局2013年版，第58—59页。

行孝妇女贞节,则有旌,所以褒贤也",是为遵张氏法的古法;"列《学系表》于《科举表》之后,并议定贤田不分男女,凡已入门之妇及未嫁之女,如系毕业中学,均得收贤租。宾兴亦然。而《学系表》不论男女虽高小毕业,皆得附列,亦奖学之意也",则是时代新例①。由于高谊将宗谱作为文章(学术)之一种,并且提升到"一方文献所关"的高度,因此在创新吸收欧式、苏式、张式、纪式和法式五种古法的过程中,对族谱编纂细节的调整和修正不厌其烦,同时对族谱中的阙疑详加考证,所谓"搜探不厌其详,篇幅不嫌其冗",陈谧(1902—1966)谓高谊之学"其言盖深于史者也"②,信然。

同时还要指出,高谊从古法到新例的族谱编纂,绝不仅仅局限于《盘谷高氏贵六公房谱》,对其所编订的"不下数十家"谱牒亦复如是。特别明显地表现在对大宗、小宗的论述方面。在《溪头孙氏小宗祠记》中,高谊开篇即言:

> 昔先儒有四宗之说:凡宗其为高祖后,宗其为曾祖后,宗其为祖后,宗其为父后者,皆谓之宗。是故有百世之宗,即有四世、三世、两世之宗。盖自周设太宰,"以九两系邦国之民……五曰宗,以族得民",是知民之有族者,皆得有宗。若族既别迁,则立其大宗以为宗者,自不得不立小宗以为宗焉。③

这种"民之有族者,皆得有宗"的看法并不新鲜,早在此前梁启超

---

① 高谊:《高谊集》,高益登编注,北京:线装书局2013年版,第59页。
② 高谊:《高谊集》,高益登编注,北京:线装书局2013年版,"陈谧序",第9页。
③ 高谊:《高谊集》,高益登编注,北京:线装书局2013年版,第234页。"以九两系邦国之民……五曰宗,以族得民"原文是:"以九两系邦国之民:一曰牧,以地得民。二曰长,以贵得民。三曰师,以贤得民。四曰儒,以道得民。五曰宗,以族得民。六曰主,以利得民。七曰吏,以治得民。八曰友,以任得民。九曰薮,以富得民。"参见吕友仁译注:《周礼译注》,郑州:中州古籍出版社2004年版,第31页。

（1873—1929）《先秦政治思想史》中就已提出①。所可贵者出于"族虽徙，而宗自存"的目的，提出"既有大宗，尤不可不立小宗"的看法。如以溪头孙氏家族为例，"自迁居车头以来百余年，族中子孙日繁，今立小宗为宗，微独妥厥先灵，使轮祭者知所尊，并以示别于大宗而宗其所亲，庶族属之情日固"，原因无非是"古宗法虽久不行而子孙散处于他方，要自有相系相维之道"，而实行小宗法很显然就是"相系相维之道"，从而能"各知得所宗而以收族为事"②。可见即使对于大宗、小宗的论述，高谊亦能不拘泥于古法（这里指"三礼"）而能综合创新。

三、宗法与国法

前此从《盘谷高氏贵六公房谱例言》的部分分析中，可以看出高谊从欧式、苏式、张式、纪式和法式五种古法中，综合创制出新例，并更为具体细致地运用到《盘谷高氏贵六公房谱》的编纂中来。然而这种"新例"只是高谊参酌己意的结果，带有强烈的个人偏好，与张璁、纪晓岚和法坤宏之调整和修正欧式、苏式谱例并无本质上的差别，因此也很难说体现了高谊所处的时代境况③。然而实际上《盘谷高氏贵六公房谱例言》（共十五条）所涉及的宗法其内容非常全面，范围非常广泛，高谊所谓"或遵宋欧、苏氏与清纪氏之法，或参以近时之律例"，颇能体现那个时代的参照，也是高谊族谱编纂的现代性的体现。其中所谓

---

① 梁启超：《先秦政治思想史》，天津：天津古籍出版社2003年版，第45—48页。
② 高谊：《高谊集》，高益登编注，北京：线装书局2013年版，第234—235页。
③ 如高谊对大宗、小宗的看法，与明代项乔（1493—1552）并无不同，均是因时制宜的结果。参见朱新屋、裴氏清香《宋明宗法庶民化的历史形态——以项乔的家族建设为例》，见曹凌云主编：《明人明事——浙南明代区域文化研究》，北京：人民出版社2012年版，第100—116页。

"或参以近时之律例",当然并不是清末民初族谱编纂中所采用的(新)"宗法",而是带有现代民族国家色彩的政府律法。或者说将族谱编纂的"宗法"与现代国家的"国法"相结合,才是高谊族谱编纂的时代意义所在。毋庸置疑,这里所说的"国法"(或"近时之律例")指的是《中华民国民法典》。

在高谊《盘谷高氏贵六公房谱例言》十五条中,有四条(长条)与国法直接相关,主题依次涉及庶子、遗产继承、养子及私生子、配偶。为便于行文论述,兹将《盘谷高氏贵六公房谱》中的宗法和国法对照列表如下(见表3):

表3 《贵谷高氏贵六公房谱》中的宗法与国法

主题	宗法	国法
庶子	古法尊嫡而卑庶,纪氏于庶子不书所生母;妇改氏者,或书庶氏之母。今法禁重婚而不禁娶妾,至对于庶子女,法定与婚生子女无异。兹于旧系庶出之子,必书所生母,示与嫡出无别。晋王氏之婚,不讳离婚。妇虽改适,应于其夫名下直书改适某,或于其子名下直书母某氏改适某。	有配偶者不得重婚。(第985条)
遗产继承	旧律遗产之继承,惟限于百系卑亲属之男子,而妇女不获有继承权。今法定为顺序继承人:一直系亲卑亲属,二父母,三兄弟姐妹,四祖父母。此外,配偶有相互继承遗产之权。兹谱于本房遗产之不能解决者,特参酌现时趋势,依民法一一三八条及一一四四条立继承通例,庶与法定相符。案:本房有子姓出继他姓或他房者,向例仍混给本房祭享之酒食与丁银,甚有离乡已逾数十年,其亲属仍来冒领丁银。兹经议定:自廿四年起,凡出继出亡之子姓,既与继承权无关,于本房应一律停给酒食与丁银。	遗产继承人除配偶外依左列顺序定之:一、直系血亲卑亲属。二、父母。三、兄弟姊妹。四、祖父母。(第1138条)配偶有相互继承遗产之权,其应继分依左列各款定之:一、与第一千一百三十八条所定第一顺序之继承人同为继承时,其应继分与他继承人平均。二、与第一千一百三十八条所定第二顺序或第三顺序之继承人同为继承时,其应继分为遗产二分之一。三、与第一千一百三十八条所定第四顺序之继承人同为继承时,其应继分为遗产三分之二。四、无第一千一百三十八条所定第一顺序至第四顺序之继承人时,其应继分为遗产全部。(第1144条)

(续表)

主题	宗法	国法
养子及私生子	古法养子及私生子例不入谱。法坤宏氏所谓"螟蛉抱养者不书，不详所处者不书，防乱宗也"。今法非婚生子女经抚育或认领者，于继承财产与婚生子同。近世张氏于鞠子特汇为一卷，分别支派，冠以某翁鞠子，详世配生卒茔墓于表中，附事实、艺文于卷末，于世系但识以尖圈，示与亲子有别。此法颇可采用。本房于鞠子外，有典妻之子，实类于私生子。兹特撰度人情，参酌国法，拟拼用张氏鞠养谱例，准其入谱。惟于本人名上用圆圈内加以圆点，于名下注明养子，以免再传之淆乱也。至对于祀产与丁银则议从习惯例，仍不得与亲生子女一律享受，但该房愿归轮收或给与者听便。	收养他人之子女为子女时，其收养者为养父或养母，被收养者为养子或养女。（第1072条） 养子女与养父母之关系，除法律另有规定外，与婚生子女同。（第1077条）
配偶	谱重配偶。古法凡属宗亲，禁止结婚，而并不禁辈分相同之姻亲。法氏于干犯名义者不书，张氏于服属未绝而干犯名义则革其后夫之行次，于改适无服之族则革其姓，加方空曰□氏，恶渎乱也。今法亲属结婚之限制，惟直系血亲，姻亲与旁系血亲，姻亲辈分不同者，例在禁止。至于旁系血亲在八亲等以外，姻亲在五亲等以外，不在此限，取解放之意也。兹拟旁系血亲在八亲等以内结婚，则仿张氏例，革其后夫之行次，作方空，所谓服属未绝而干犯名义者也；其旁系血亲在八亲等以外结婚，但于世系名上圆圈内加以方形，示与宗亲结婚有别，盖参用善良之习惯也；至于旁系姻亲，在五亲等以内结婚，在谱例未施行以前发生者，不加惩诫。自谱例定，违者亦拟张氏惩诫宗亲结婚之例，革其名字作方空。至于渎伦以外，若犯劫盗之罪，伤人性命，应于世系名上圆圈识以尖角，以昭惩戒。	与左列亲属不得结婚：一、直系血亲及直系姻亲。二、旁系血亲及旁系姻亲之辈分不相同者。但旁系血亲在八亲等之外，旁系姻亲在五亲等之外者，不在此限。三、旁系血亲之辈分相同，而在八亲等以内者。但表兄弟姊妹，不在此限。前项姻亲结婚之限制于姻亲关系消灭后亦适用之。第一项直系血亲及直系姻亲结婚之限制于因收养而成立之直系亲属间在收养关系终止后亦适用之。（第983条）

资料来源：（1）高谊：《高谊集》，高益登编注，北京：线装书局2013年版，第56—60页；（2）上海文明书局编：《中华民国民法》，上海：文明书局1931年版。

两相比较，可知高谊在编纂族谱时，其所采用的宗法吸收了国法的合理因素，其结果当然也为宗族发展赢得了合法性。对于《盘谷高氏贵六公房谱例言》中参酌国法以修正宗法的做法，高谊后来在民国丙子年（1936）撰写的《重修西门傅氏宗谱叙》中有所总结：

> 予尝修《高氏谱》，于继承遗产及非婚生子女，例引现行民法。而于本人名下必注明事实，于名上则识以尖圈，以示别于宗亲或姻亲；结婚例引现行民法，而于七亲等五亲以内，则作方空以革其名；于七亲等五亲等以外，则识以长方圈，以示别从习惯例也。①

这种自我于他族族谱中自我展演的做法，显示出高谊对遗产继承、非婚生子女（养子及私生子）和结婚（配偶）等做法不无自满。《盘谷高氏贵六公房谱例言》正因其不论男女、不分嫡庶，仅区分养子私生子、禁止近亲结婚等做法，昭示了传统宗族（宗法）的现代性调适，拿高谊的话来说，是"取解放之意也"。②

案《中华民国民法》酝酿于1928年南京国民政府成立立法院时，至次年初始组织民法起草委员会，准备起草民法典。有感于清末立法中存在"醉心欧美，步武东瀛，所撰民律草案大半因袭德日，与本国固有的民事习惯考证未详，十余年来不能施行适用"的弊病③，这部民法典的起草接受胡汉民（1879—1936）和林森（1868—1943）"惟亲属、婚姻两编，对于本党党纲及各地习惯所关甚大"的提议④，"先行制定亲属、继承以解燃眉之急，在物权法与债权法制定完成之后，再将各个单

---

① 高谊：《高谊集》，高益登编注，北京：线装书局2013年版，第61页。
② 高谊：《高谊集》，高益登编注，北京：线装书局2013年版，第58页。
③ 胡旭晟、夏新华等点校：《民事习惯调查报告录》，北京：中国政法大学出版社2001年版，第11页。
④ 转换自程维荣：《中国近代宗族制度》，上海：学林出版社2008年版，第261页。

行法组合成民法典"①。因此《中华民国民法》的编纂有意对宗族的宗法做出调整。经过一年多的酝酿,南京国民政府于1929年5月开始陆续公布、施行了民法典总则编、债编、物权编、亲属编、继承编。至1931年5月,民法典的五编全部公布施行,成为中国历史上第一部民法典②。高谊编纂《盘谷高氏贵六公房谱》是在民国癸酉年(1933),正值《中华民国民法》颁行两年左右时间。其时南京国民政府在形成以宪法、民法、商法(行政法)、刑法、民事诉讼法和刑事诉讼法为主体的《六法全书》以后,曾三令五申地训令各省广为印发,督促省、市、乡村各级官员,依托由政府设立的民众教育馆进行学习宣传③。举例而言,当时由阎锡山(1883—1960)主政的山西省,即不遗余力地发布训令和文告,专门培训及考核法律宣讲人员,甚至要求各杂志"选载切于实用之法令,期各省、县、区、村办公人员检阅方便"。④ 除了政策性因素以外,各地法律人也积极参与法律知识的传播。浙籍法律人的宣传活动尤为显著,如汪有龄(1879—1947)、梅仲协(1900—1971)、阮毅成(1904—1988)等甚至"以灌输法律新思想为己任"⑤。所有这些外在环境,都一再影响到高谊对国法的认识。

然而如果将高谊对《中华民国民法》的认识理解为被动性或外生性接受,就大大低估了温州地方士绅的时代意识和国是关怀。要而言之,高谊的学行是在"生值危邦"的大背景下,"德与功不易立"而"不得已而以言见",在这种情况下,高谊认为"其言之所著,有足为人警戒者,而德与功亦往往藉是以见。故与其多谀墓之文,不如多为醒世之文。其人所言者仅关于一人一家,则有言不如无言。其人所言者果系于

---

① 朱勇主编:《中国民法近代化研究》,北京:中国政法大学出版社2006年版,第154页。
② 叶孝信主编:《中国法制史(第二版)》,上海:复旦大学出版社2008年版,第372页。
③ 周慧梅:《近代民众教育馆研究》,北京:北京师范大学出版社2012年版。
④ 山西省史志研究院编:《山西通志》第34卷,北京:中华书局1998年版,第61页。
⑤ 吴斌:《法苑撷英——近代浙籍法律人述评》,武汉:华中师范大学出版社2012年版,第160—171页。

风俗人心、社会国家,则言虽琐碎而可采"①。而究其"所言者"不能"仅关于一人一家"的观念,又根植于其"实一方文献所关"的宗谱与史志观念,所以即使是在《庄松圃先生七十寿言》中,高谊也不忘表达这种观点:

> 予尝谓文章之撰录要略于一人一家,而详于国家社会。纪一人一家言而与乡政国是相关,则其言自足以存;存其言即以备一方之文献,苟其言可存,而不为保存也,日必至于湮没而难稽。故搜探不厌其详,篇幅不嫌其冗。②

因为文章(包括史志和宗谱等)"实一方文献所关",所以"要略于一人一家,而详于国家社会",由此乃可将"乡政"与"国是"勾连起来。其之所以醉心于地方宗族事务,亦与这种观念密切相关,认为"夫国之本在家,家之本在身,不治其身,安能治其家。自民族之说倡,谈新学这辄鄙家族为隘,于是家不治而族不联,任恤之义不讲,而空言救国,坐至根本丧失,人心一散而不可收拾"③。这种强烈的时代意识造就了高谊强烈的时代自觉,于是"以维一族之人心以资人信仰,此虽施设于小村,而其所规抚者,推广以治乡国,自绰有馀裕焉"④,与同为温

---

① 高谊:《高谊集》,高益登编注,北京:线装书局2013年版,第134页。
② 高谊:《高谊集》,高益登编注,北京:线装书局2013年版,第298页。
③ 高谊:《高谊集》,高益登编注,北京:线装书局2013年版,第339页。
④ 高谊:《高谊集》,高益登编注,北京:线装书局2013年版,第339页。在这种观念主导之下,高谊认为"夫民俗之美恶,关乎治化之淳漓,而实关乎学术之得失"(高谊:《高谊集》,高益登编注,北京:线装书局2013年版,第47页),又说"国学之兴隐,与政教相关系,能振一方之学风,以鼓励其士气,则他方必为响应。而即以此转移一代之政俗,且使后之闻风而起者,更递振作而未有已时"(高谊:《高谊集》,高益登编注,北京:线装书局2013年版,第47页)。

州籍士绅王毓英（1852—1924）毋宁具有同样的自治观念①。这种"求用于世"②的学行倾向成为影响高谊接受《中华民国民法》进而引之入谱的内在因素。

四、结语

高益登曾指出，高谊（主要指《原民》）"有浓厚的民本思想，阐明民重君轻之义"③，私意以为这也是理解高谊族谱编纂的起点。由于高谊将宗谱与史志等量齐观，三者同为非仅"关乎一人一家"，而是与乡政国是密切相关的学术/文章，同时"宜乎志志所书，以民之职业为重"④，"若以齐民所萃之业，所产之品物，所居之地域，不详为捃摭，又向贵有此志，所以备修史者之裁择。为民而修此志，则兹志者，即国史亦谓民史。若集诸县之实录为一朝之史，即一朝之国史，为一朝之民史"⑤，因此族谱的编纂，就与国史和方志的编纂一样——如果说编修方志的目的是"以备修史者之裁择"，那么编纂族谱的目的就是"以备修方志者之采择"，这种族谱编纂观念影响了高谊的族谱编纂。

由于熟知历史上的各种谱例，高谊对欧式、苏式、张式、纪式和法式五种古法均有所扬弃。在体例方法和编纂内容诸方面，都既有对古法的继承，也有参酌时代因素而推出新例。恰因高谊编纂《盘谷高氏贵六公房谱》正值南京国民政府颁行《中华民国民法》并广为宣传之际，基于自身对族谱"实为一方文献所关"的价值定位，加上"立言"须从

---

① 朱新屋：《由爱乡而爱国——从王毓应看晚清民初的地方自治》，载《唐都学刊》2013年第2期。
② 高谊：《高谊集》，高益登编注，北京：线装书局2013年版，"刘绍宽序"，第4页。
③ 高谊：《高谊集》，高益登编注，北京：线装书局2013年版，"前言"，第5页。
④ 高谊：《高谊集》，高益登编注，北京：线装书局2013年版，第291页。
⑤ 高谊：《高谊集》，高益登编注，北京：线装书局2013年版，第291页。

"一人一家"进而关乎"乡政国是"的学术观念,高谊在《盘谷高氏贵六公房谱》的编纂中(体现为《盘谷高氏贵六公房谱例言》)将宗族的宗法与现代民族国家的国法相结合,创造出新的族谱编纂范式,具体表现在庶子、遗产继承、养子及私生子和配偶等方面,从而吸收了国法的合理性因素也为宗族赢得了合法性。这种因时制宜的谱例创制,在客观上体现出民国族谱编纂的现代性特征,在主观上反映了高谊由爱乡进而爱国的文化逻辑。

重访中国近代革命的低音
——以湖南士绅聂云台为例*

一、引言

以多维视野研究中国近代革命史，是20世纪90年代以来学界的一贯主张①。所谓"多维的视野"，当指在关注"革命"的同时，兼及"不革命""非革命"和"反革命"，或者说在关注"主流"的同时，兼及"支流""逆流"和"潜流"（暗流）。在辛亥革命百年纪念之际，章开沅先生又提出"三个一百年"的说法，即辛亥革命前的一百年，辛亥革命后的一百年以及未来的一百年②。这一主张成为多元视野的重新出发点。其中尤为重要的是章开沅先生提出的第一个一百年，即"辛亥革命前的一百年"，特别要关注辛亥革命发生的历史背景和历史积累。倒不一定非得找出语境与文本、焦点与背景之间"必然性"的因果解释，

---

* 本文原载《唐都学刊》2016年第2期（与吕谋琴合作）。
① 章开沅、田彤：《新世纪之初的辛亥革命史研究（2000—2009）》，载《浙江社会科学》2010年第9期。
② 章开沅：《反思与纪念——辛亥要谈三个一百年》，载《同舟共进》2011年第10期。

但是这些历史背景和历史积累,始终伴随着辛亥革命的发生、发展和演变,理应受到学界的重新重视。而围绕辛亥革命前前后后的系列历史事件,重新审视这些事件背后的社会机制和文化逻辑,又是近代中国革命史研究的重要视野①。

其实"低音视角"正是章开沅先生提出从领域和方法两个层面推进辛亥革命史研究的重要维面。所谓"(执拗的)低音",最早是日本思想史家丸山真男(1914—1996)在总结自己研究日本思想史的方法历程时,提出的思想史研究概念,经历了从"原型"到"古层",再到"低音"的过程。其意初比喻精彩绝伦的交响乐中常被人忽视的嗡嗡低音②。这一概念后来由葛兆光、王汎森等学者借用到思想史和学术史研究中③。王汎森更是在《执拗的低音》中,指出"低音"的四个层面:

> 一是省视被近代学术及思潮一层一又一层复写、掩蔽、遮盖、边缘化,或属于潜流的因素。二是对历史研究而言,"创造性转化"与"消耗性转换"的同一性,以及它对历史研究造成"意义倒置谬误"的现象……三是方法或事业上面的问题,譬如后见之明之类的思维如何影响我们的史学。四是一些长期以来被认为具有永恒性,在近代却被长期忽略的主题。④

本文所说的"低音"类型,毋宁与第一层面最为相近。因此若复借

---

① 李金铮:《向"新革命史"转型——中共革命史研究方法的反思与突破》,载《中共党史研究》2010 年第 1 期。
② 丸山真男:《原型·古层·执拗的低音——关于日本思想史方法论的探索》,见加藤周一等:《日本文化特征》,唐月梅等译,长春:吉林人民出版社 1992 年版,第 112—157 页。
③ 葛兆光:《谁的思想史?为谁写的思想史?——近年来日本学界对日本思想史的研究及其启示》,载《中国社会科学》2004 年第 3 期;王汎森:《执拗的低音——一些历史思考方式的反思》,北京:生活·读书·新知三联书店 2014 年版。
④ 王汎森:《执拗的低音——一些历史思考方式的反思》,北京:生活·读书·新知三联书店 2014 年版,"序",第 2 页。

用或挪用（appropriate）到中国革命史的研究中来，则应当强调一种从"上层革命"到"底层革命"，复从"底层革命"到"革命底层"的视野转换，只不过"低音"与"革命底层"仍有不同："革命底层"的研究主体仍以革命为视角，但目光已经转移到底层——就涉及的人物来说，有可能是精英人物，也可能是平民百姓；而"低音"则将研究主体转移到革命以外。

重访中国近代革命的"低音"就显得相当重要。这里强调的是那些以往不被重视，甚至没有革命之名的历史人物、历史思想和历史事件。因为近代中国是中西、新旧的多元和多重交织，又不断处在变与不变的吊诡中，"低音"不仅需要关注，更需要重访。本文即以近代湖南聂云台（其杰，1880—1953）为例，系统考察由内到外、由小到大和由私到公的三个层面，即个体心智、家族生活与国家情怀，作为重访中国近代革命的"低音"的渠道。从人物性质上说，聂云台并不算是底层人物。作为曾国藩（1811—1872）的外孙，聂云台曾先后担任上海总商会会长（1922）和上海公共租借工部局华董（1926）①。聂云台生于1880年，卒于1953年，可谓经历了完整的中国近代革命的历程。而作为近代中国革命高潮的辛亥革命，恰好将其一生分割成前后两段。虽然聂云台并未亲身参与辛亥革命，但就其个体心智、家庭教育和国家情怀而言，聂云台从理念到实践，都反复与辛亥革命乃至前后的系列政治活动或社会思潮若合符节，无疑构成了中国近代革命的"低音"。

二、从由儒入耶到舍耶入佛

中国近代的精英人物，常常很难有机会将自己的个体心智展露无

---

① 有关聂云台的生平参见枕石：《工商巨头聂云台》，见张志高主编：《海上名人录》，上海：上海书报出版社1991年版，第157—158页。聂氏家族方面参见陈锦江：《清末现代企业与官商关系》，王笛、张箭译，北京：中国社会科学出版社1997年版，第59—62页。

遗，因为在近代社会的时代大潮中，外在思潮和社会活动总是将个体心性压倒。后人重新检视其个体心智，却只能顺着蛛丝马迹去延伸或过度延伸。聂云台却并非如此，甚至可以说是近代中国精英士绅的特例。聂云台似乎很习惯将自己的心智诉诸笔端，尤其是通过自己主持复刊的《聂氏家言旬刊》。聂云台不断向家族成员分享自己的人生心得、家国意识和时代感悟，成为今天求索其生命历程的重要资料。检视聂云台的生平和思想，可以看到最值得注意的地方在于，聂云台前后经历的两次改宗：民国四年（1915）由儒入耶，民国十三年（1924）复舍耶入佛①。

作为光绪十九年（1893）的前清生员，聂云台自称"我向来是崇拜儒教的"②，这自然是可信之言。聂云台生于湖南著名的聂氏家族，正如他自己所说，"自康雍以降，至于今日，传及七世，迄二百年，替缨之盛，德泽之长，屈指全湘，不可多见"③。"屈指全湘，不可多见"并非夸张之词——除"三代进士，两代翰林"的家族史以外，单以晚清而论，与其他世家大族相比，聂氏家族也不遑多让④。光绪二年（1876），聂云台之父聂缉椝（1855—1911）与曾国藩季女曾纪芬（1852—1942）喜结连理。此后出任海江南制造总局会办、上海道台、江苏巡抚和浙江巡抚等职，由佐贰官成为封疆大吏⑤。尽管以儒教治家的曾国藩在曾纪芬出嫁之前就已逝世，但聂云台之母却一秉曾国藩的治家策略，成为影响和形塑聂云台个体心智的重要因素。聂云台由儒入耶的第一次改宗就是在曾纪芬的影响下发生的。

---

① 王佳龙：《聂云台改宗研究》，福建师范大学社会历史学院硕士论文，2011年。
② 聂云台：《勉为其难说》，《人生指津》，上海：聂氏家言旬刊社1928年版，第41页。
③ 聂云台：《保富法》，北京：中国城市出版社2007年版，第189页。
④ 王勇、唐俐：《湖南历代文化世家（四十家卷）》，长沙：湖南人民出版社2010年版，第358—375页；秦燕春：《曾国藩的外孙聂云台——那一代人的信、怕、爱》，载《书屋》2010年第10期。
⑤ 聂其杰：《聂缉椝行述》，宣统三年（1911）铅印本，国家图书馆藏。

通常理解的"改宗"（conversion），指的是宗教信仰的改变①。这里之所以有别于以往对聂云台改宗的研究，将由儒入耶纳入改宗的考察范畴，其旨不在于争论"儒学"与"儒教""孔教"的称谓②，而是强调在近代社会思潮的影响下，将"儒学"建构为一种可以与基督教并举乃至更高的宗教，或至少是具有宗教意味的意识形态，是近代士绅常见的对抗性策略③。这不仅是士绅自觉的个体行为，而且本身也代表了某种程度的以"儒教"对抗西潮的"国家情怀"。聂云台由儒教改宗基督教发生在民国四年（1915）④，其母亲曾纪芬在《崇德老人自订年谱》中有清晰的回忆：

> （民国四年，1914）正月，与其杰及儿妇同领洗于上海昆山路监理会。先是庚戌（1910）三月，送女其纯赴沪，视其杰夫妇疾。内侄季融邀赴杭州未果，渠常来为余说基督教真理。余深为开悟，遂有服膺之志。回湘后时为亲友言之，及辛亥（1911）再来沪上，感于世事日非，实由人心陷溺之故。弥以为欲救人心之迷惑当从爱人如己入手，自此益坚信力焉。⑤

这段论述既提到聂云台改宗的外缘影响，又提到其内心考量。就外缘影响而言，重要因素包括曾纪芬与傅兰雅（John Fryer，1839—1928）夫人的交往，以及表亲曾季融（即曾广钟，曾纪泽第五子）和传教士骆

---

① 王佳龙：《聂云台改宗研究》，福建师范大学社会历史学院硕士论文，2011年，第2页。
② 葛兆光：《穿一件尺寸不合的衣衫——关于中国哲学和儒教定义的争论》，载《开放时代》2001年第6期。
③ 干春松编：《儒家、儒教与中国制度资源》，南昌：江西人民出版社2007年版，第35—83页。
④ 秦燕春《曾国藩的外孙聂云台——那一代人的信、怕、爱》写作1916年，是误。
⑤ 曾宝荪、曾纪芬：《曾宝荪回忆录（附崇德老人自订年谱）》，长沙：岳麓书社1986年版，第49页。

威廉（William Wirt Lockwood, 1877—1936）的布道。学界已对此多有研究，此既非本段关注的重点，此处不再赘述①。唯聂云台内心考量，颇值得注意，因为这代表了一种自觉的文化（宗教）意识。大致说来，主要包括两个方面：其一，聂云台对西方科学与宗教的认识。若按照梁启超（1873—1929）从器物到制度，再到思想的"三阶段论"②，那么聂云台所处之时代，早已进入制度和思想层面。聂云台自身"国学有根底，西学有深究"，在民国四年（1915）改宗基督教之前，正是游学美国归来。对于西方的科学和宗教，聂云台多有认识，比如他自称"予早年笃信科学"，这里的"早年"当指游历美国的那段经历。至聂云台三十五岁（1915）之时，已经"盲从西教者多年"③。而聂云台对基督教的认识，主要包括"组织宏大根基深固"和"教会所办教育慈善事业之多"两个方面④。其二，聂云台对托尔斯泰精神的认识和影响。聂云台曾取名"托庐"，乃表达自己对托尔斯泰（Leo Tolstoy）的崇慕，"杰十八年前读托氏之书极倾倒之，慕其为人，当时取一别号曰托庐。至今友朋中，尚有以托庐相称者。托氏之著作富于宗教思想，其博爱平等之精神，随处呈露"⑤。可见聂云台之改宗基督教，一方面是以科学的态度研讨西方宗教的结果，另一方面也是对托尔斯泰博爱、平等精神的追求。这种心路历程与其改宗佛教一样，都与聂云台对因果报应和慈善博爱的理念和实践有关。

相比较而言，如果说聂云台改宗基督教是内缘因素大于外缘因素的话，那么改宗佛教就是外缘因素大于内缘因素了。聂云台在光绪三十年

---

① 王佳龙：《聂云台改宗研究》，福建师范大学社会历史学院硕士论文，2011年，第25—31页。
② 梁启超：《五十年中国进化概论》，见易鑫鼎编：《梁启超选集》（上册），北京：中国文联出版社2006年版，第471—480页。
③ 聂云台：《业命说》，见《人生指津》，上海：聂氏家言旬刊社1928年版，第148页。
④ 聂云台：《宗教辨惑说》，见《辟耶篇》，上海：中华书局1928年版，第17、19页。
⑤ 聂云台：《聂氏家庭集益会记录》，上海：聂氏家言旬刊社1928年版，第94页。

(1904)即已开始参加实业活动,机缘是父亲聂缉椝任江苏巡抚,命亲信汤癸生(?—1905)组织复泰公司,经营纺织业,由聂云台担任经理以辅助。其后聂云台的实业颇为顺利,直至民国十三年(1924)其经营的家族企业前后出现差池,以至于聂云台不得不淡出实业界,转而专注个体生命的审视。在这种情况下,聂云台舍耶入佛,二次改宗。聂云台尝自述其改宗佛教的经过,道是"予学佛之始,得力于包君寿饮之夹辅者为多。越五年,乃得晤寿饮之尊翁培斋居士于杭州。以适同寓于西湖招贤寺中,得闻其所述所以学佛之因缘。又得遇王君季果,言其学佛之因缘"①。聂云台改宗佛教以后,因母亲曾纪芬阻止出家未果,乃于家中设立佛堂净修,同时不断参与各种佛教的社会事务。约而言之,主要包括两个层面的活动:其一,善书劝善活动。对因果报应的笃信支配了聂云台的一生,作为因果报应观念载体的善书,也成为聂云台一生观览、奉行和劝善的重要书籍。这方面与净土宗印光法师(1861—1940)的影响密切相关。在1924年至1953年的三十年时间里,聂云台撰刊的善书包括《德育史鉴》和《保富法》,同时还参与了印光法师与许止净《历史感应统纪》的编纂工作。其中尤以《德育史鉴》具有代表性。聂云台在重刊序言中写道,"《德育古鉴》,原名《感应类钞》,先君尝序而刊之。民十八予重刊印,改名《德育古鉴》。其时新潮流正激,有欲尽打倒旧文化之势,于佛法及感应因果之说,尤所疾视,故将原书中《太上感应篇》删而不印,亦由此苦衷也"②,可见传统善书在近代科学思潮逼迫下③,

---

① 聂云台:《记信佛因缘》,见《人生指津》,上海:聂氏家言旬刊社1928年版,第108—109页。
② 转引自游子安:《善与认同——明清以来的慈善与教化》,北京:中华书局2005年版,第176页。
③ 晚清民初的中国善书,在当时盛行的唯科学主义(scientism)思潮的影响下,被斥为迷信而生存空间倍受打压,如胡适在《〈科学与人生观〉序》中的观点即是如此。参见张君劢等:《科学与人生观》,上海:东亚图书馆1923年版,第2—3页。复参见郭颖颐:《中国现代思想中的唯科学主义(1900—1950)》,雷颐译,南京:江苏人民出版社2010年版。

聂云台巧妙地以改名使其获得了生存和发展的合理性与合法性。其二，慈善事业活动。聂云台参加的慈善事业活动，据王佳龙的研究，在笃信基督教期间"表现于对国家教育事业和体育事业的贡献，而皈依佛教之后，更多的是以佛教的慈悲之心参与佛教慈善事业和社会公共福利事业"①。也就是说，只有在皈依佛教以后，聂云台的慈善观念和慈善活动才从传统中寻找到资源，在致力于"佛教慈善事业"的同时，参与"社会公共福利事业"。其所参加的慈善事业涉及面很广，举凡教育、体育和出版等文化事业，医疗事业和灾难救济事业等多个层面，这些都是聂云台自身心智诱发的结果。

尽管聂云台的二次改宗受到曾纪芬的阻拦，但是显而易见的是，同样对善书充满兴趣的曾国藩，定然深刻地影响到了聂云台，所以后来聂云台回忆说："昔曾文正公早年读袁了凡《立命说》，遂有志学圣贤，改号曰涤生。公撰《纪氏嘉言序》，深以佛氏因果祸福之说为善，谓其警世之功，与吾儒同。"② 其结果是不论有意无意，聂云台的这两次改宗均耦合了近代"进步"的社会思潮。尤其是改宗佛教，更是与净土宗复兴后的"人间佛教"和佛教革命思潮有重要关联。"人间佛教"可以理解为传统佛教世俗化的近代表达方式，主张以佛教信仰参与世俗事务，以变革社会的同时引发佛教革命，因此已具有某种程度的现代性色彩③。

三、转型时期的家庭生活

家庭革命是近代革命的重要组成部分，这在辛亥革命前就已经开始

---

① 王佳龙：《聂云台改宗研究》，福建师范大学社会历史学院硕士论文，2011年，第45页。
② 转引自曾琦云：《从王船山、曾国藩与佛教的关系论其出世与入世互融的思想渊源》，见圣辉主编：《船山佛教文化论丛》，长沙：岳麓书社2009年版，第213页。
③ 李向平：《二十世纪中国佛教的"革命走向"——兼论"人间佛教"思潮的现代性问题》，载《世界宗教研究》2002年第3期。

形成。作为一种革命口号，早在"清末新政"时就已有人提出"家庭革命"，主张摆脱家庭的束缚、依恋、禁锢、限制和奴役，走上政治革命的道路，获得作为人的自由、幸福、才智和权力，因此政治革命与家庭革命是紧密联系的关系①。这种思潮当然导源于梁启超和谭嗣同（1865—1898）等人早年的鼓吹，至辛亥革命前后已经形成重要的影响力。发展至"新文化运动"和"五四运动"时期，以吴虞（1874—1939）和陈独秀（1879—1942）等为代表的思想家，更是将"家庭革命"的口号推向最高潮，成为中国近代革命的重要内容和推力。以此思潮反观聂云台的家庭生活，亦可见其诸多耦合之处，且更易见其近代转型的形态和过程。

聂云台的吊诡之处在于，一方面有相当浓烈的家族观念，另一方面又向往西方式的家庭生活，因此总是希望能将两者结合起来。然而实际结果是，聂云台身上并未体现这两者之间的紧张关系。这在很大程度上要归功于聂云台自身的努力。就家庭生活方面而言，聂云台最引人注目的地方在于为家庭教育创办了《聂氏家言旬刊》（曾用《家声》《聂氏家语》等名）。秦燕春研究认为，如此"稀奇的文化产物……确也只能发生在 20 世纪前期的上海，更只能发生在聂、曾联姻所形成的特有'双料家族文化'氛围之中"②。作者并未拈出这种"稀奇"所在，大约意指以一种传统的《家训》形式进行富有现代性的教育，以及以刊物等富有现代性的形式承载传统《家训》的内容③。不论如何，从《聂氏家言旬刊》来看，不仅可以说聂云台是这些事件真正的主持者和实践者，而且也可以说这些事件是聂云台有意识的行为。

---

① 梁景和：《论清末的家庭革命》，载《史学月刊》1994 年第 1 期。
② 秦燕春：《曾国藩的外孙聂云台——那一代人的信、怕、爱》，载《书屋》2010 年第 10 期。
③ 戈公振称这种做法"在吾国为创见，即在欧美新闻事业发达之国，亦未之前闻"，见聂其杰编纂：《家声选刊》，上海：有正书局 1925 年版，"序言"。

在民国十三年（1924）出版的《家声》第一期的《发刊词》中，聂光墀（1904—1969）介绍了这份家庭刊物的缘起，"忆昔民国六年夏，吾家曾发行家庭周刊一种，名曰《进德周刊》，其宗旨以发表个人思想、联络情谊，意至善也。惜同人因课务繁冗，出版仅六期而止。越后，虽复有人提议继续进行，迄未克如愿"①。其实创立这种家庭刊物的直接原因，是基于聂氏家族进入近代以后，处于分散在全国的状态，其言"家人分居各地，家中情形常有隔膜之患，而同人等又多终年在校，聚首之缘既悭，感应因以日疏，兄弟姊妹转不若校友之亲密"。查聂光墀履历，时为上海圣约翰大学学生，故有"兄弟姊妹转不若校友之亲密"之叹。因此近代化带给这个古老家族敬宗睦族的难题，聂氏家族只好创办这一家庭刊物，以为家族成员提供一个彼此"发表个人思想、联络情谊"的平台。此后以《聂氏家言旬刊》为中心的平台，构成了聂云台家庭生活最重要的部分。

虽然办理此刊的刊者似为聂云台的儿辈，但聂云台的贡献甚大，创刊以后的《聂氏家言旬刊》中，聂云台的文字占了多数。这些文字后来成为《人生指津》的主要来源，《近代往生传》的作者姚慧镜称《人生指津》"皆云台先生妙应时机之宏著也"，甚至进一步说明了这些文字的主要内容，包括个人修养、家庭经济和社会治安等三方面②。可见以家庭刊物为中心所讨论的话题，远远超出传统《家训》的涵盖范围。这点从《聂氏家言旬刊》目录中亦可看出，其内容包括论文、养正遗规选录、名人摘录、家庭集益会记录、耕心斋随笔、通信、杂稿、医药、特件以及介绍新书等③。其中"论文"为最重要的部分，多由聂云台执笔，其内容主要是聂云台的善书思想和劝善观念。这份刊物创刊于聂云台皈依佛教的二次改宗之后，加上聂云台从始至终奉行善书不断，因此善书

---

① 聂光墀：《发刊词》，《聂氏家言旬刊》第1辑，上海：中华书局1926年版，第1页。
② 聂云台：《人生指津》，上海：聂氏家言旬刊社1928年版，第1页。
③ 聂云台：《聂氏家言旬刊》第4辑，"目录"，上海：中华书局1927年版。

和劝善占据重要的话题,也就在情理之中。《家训》富有劝善戒恶的功能,这本身是家训这种文类的特点。但以善书与家训两种文类"互文",却是明清时期的事情。明清时期的著名学者如蒋伊(1631—1687)和陈仪(1669—1742)都在其家训中提到以善书劝善就是例证①。罗志田和王汎森都曾指出,近代中国的中西新旧因素,常常交织在一起,循环往复,难以辨认②,在聂云台身上表现得尤为明显。前述聂云台刊行《感应篇类钞》而更名为《德育古鉴》的做法,正是这种"新瓶装旧酒"的体现。

除了通过家庭刊物作为善书劝善的平台以外,民国二十五年(1926)的家庭集会也是聂云台家庭生活的重要维面。民国十三年(1924)以后的聂云台,由于实业事业的接连失败,早已淡出世俗生活界,皈依佛教,即使从事社会活动,也多与佛教有关。事业的大起大落,带来的是家族的大起大落。其实自明清以来,在社会流动性不断加强的时代环境中,如何思考个人和家族命运,是士绅普遍面临的问题③。在这种时代环境下,聂云台"仰体慈意",发起家庭集会,成为又一个"发表个人思想、联络情谊"的平台。据《聂氏家言旬刊》可知,最早的一次集会发生在民国十五年(1926)十月三十一日,此会规定了以后聚会的参会成员、集会名称、集会时间和集会场所等,甚至还设立了管理集会的组织和集会的规则等④。会上讨论的话题也非常广泛,除前述善书与家庭伦理的内容外,还包括时政时务,甚至某些富有实用价值的话题,如有关职业的选择等。集会的组织似乎相当顺利,至民国十六年(1927)出

---

① 蒋伊:《蒋氏家训》,北京:中华书局1985年版,第3页;陈仪:《陈学士文集》第3册,第8卷《家言》,北京:中华书局1985年版,第187—188页。
② 罗志田:《见之于行事:中国近代史研究的可能走向——兼及史料、理论与表述》,载《历史研究》2002年第1期;王汎森:《中国近代思想与学术的系谱》,石家庄:河北教育出版社2001年版,第91—116页。
③ 吴震:《明末清初劝善运动思想研究》,台北:台湾大学出版中心2009年版,第12页。
④ 这种集会类似于基督教的家庭聚会,二者之间是否有联系并不清楚,可能与曾纪芬有关。

版第四辑《聂氏家言旬刊》时，已经组织集会共十七次，可见其集会之频繁。秦燕春在阅读这份刊物后，"亲历历史现场"，"依稀体会到传统中国'修身—齐家'何以能与'治国—平天下'的理想构成一种内在的理路一致性"①，就是有感于这种集会讨论话题的广泛性和时代性。可见以集会和家刊为平台，聂氏家族"发表个人思想、联络情谊"的初衷是达到了。

聂云台相当看重《聂氏家言旬刊》，曾将此刊先后赠送给范源濂（1875—1927）、张謇（1853—1926）、印光法师等各界名流②。凡此皆与其亲身经历近代实业的兴起、发展和演变，对时政时务有深刻体验的结果。在家庭生活层面，又曾整理家族史料，对家族的《家训》甚为熟悉，因此近代社会就孕育了聂云台、聂氏家族，以及以集会和家刊为平台的家庭生活形式③。在民国十四年（1925）出版的《家声选刊》中，著名新闻学家戈公振（1890—1935）在其所撰序言中写道：

> 海通以来，欧风东渐，国人眩于欧美国力之富，其人民生产力之强，又鉴于我国游民之多，一人操作所获，多数人赖之而食。以此为旧家族制度之诟病，于是盛倡小家庭之论，又进而为家庭革命之说，此固时势推迁之反动，而有所必至者。然天下事固未可一概

---

① 秦燕春：《曾国藩的外孙聂云台——那一代人的信、怕、爱》，载《书屋》2010年第10期。
② 范源濂：《复聂云台函》，见范源濂：《范源濂集》，长沙：湖南教育出版社2010年版，第430—431页；张謇：《复聂云台函》，见李明勋、尤世玮主编：《张謇全集》，第3册《函电下》，上海：上海辞书出版社2012年版，第949页；印光法师《与聂云台居士书》，见苏州北塔报恩寺弘化编辑部编：《增广印光法师文钞》上册，苏州报国寺弘化社（出版时间不详），第187—188页；同时参见聂云台：《保富法》，北京：中国城市出版社2007年版，"序言"，第11页。
③ 秦燕春：《曾国藩的外孙聂云台——那一代人的信、怕、爱》，载《书屋》2010年第10期。作者曾追溯聂氏家族创办家庭刊物的做法，至聂氏家族七世祖聂继模的《诫子书》。

而论，吾辈要当熟审中西新旧之短长得失，平心而论断之也。①

可见即使是在当时，就有人将聂云台的这种家族生活形式与时代环境联系起来。这种稀奇的家庭生活无意中耦合了时代形势。戈公振甚至认为，聂云台的这种家庭生活形式较之西方尤为"现代"，正是革除旧家族制度之弊端，以现代小家庭替代传统大家族的"家庭革命"。然而在那时的聂云台意识中，却远没有这种"时代自觉"的"家庭革命"意识。

四、实业救国与教育救国

如果说聂云台的二次改宗，只是个体心智发展的表现；聂云台的家庭生活，只是聂氏家族内部的发展，其所产生的影响尚相当有限的话，那么其在近代产生的最大影响力无疑来自其实业救国和教育救国的观念和实践。在实业方面，聂云台被誉为与张謇（1853—1926）、荣宗敬（1873—1938）、穆藕初（1876—1943）齐名的"中国近代四大棉纺巨子"②；在教育救国方面，被蔡元培（1868—1940）誉为与陈嘉庚（1874—1961）、吴锦堂（1855—1926）齐名的"办学三贤"③。而在辛亥革命前后（或清末民初），"实业"与"教育"正是当时的时代主题，因此有必要重新检视聂云台生平的实业救国和教育救国活动。

聂云台的实业生涯从光绪三十年（1904）开始，至民国十三年（1924）为止，前后正好二十年的时间。这二十年实业生涯似乎又可分

---

① 聂其杰编纂：《家声选刊》，上海：有正书局1925年版，"戈公振序"。
② 枕石：《工商巨头聂云台》，见张志高主编：《海上名人录》，上海：上海书报出版社1991年版，第157—158页。
③ 宁波市政协文史委编：《吴锦堂研究》，北京：中国文史出版社2005年版，第53页。

为两大阶段，以前十年（1904—1914）为第一阶段，以后十年（1915—1924）为第二阶段。近代实业源起于19世纪60—90年代的洋务运动前后，这已是学界普遍认可的观点①。聂云台既为曾国藩之外甥，聂氏家族的实业也就不能不受这一思潮的影响。早在光绪三十年（1904），聂缉椝调任江苏巡抚不久，聂云台就被任命为复泰公司的经理，至次年（1905）总经理汤癸生病逝之后，聂云台始任总经理②。其走上实业道路虽比张謇和荣宗敬要晚（比穆藕初略早），但起点却甚高，发展也甚为迅速。至宣统元年（1909），聂氏家族买下华新纺织局，并更名为恒丰纺织新局，是为聂氏家族独资运营企业的开始，仍由聂云台担任总经理之职③。

接手恒丰纺织新局后，聂云台大胆革新技术，提高管理水平，以电气动力代替以往的蒸汽动力，购入新式机车，并开设技术培训班，革除陈规陋制，大大提升了恒丰纱厂的生产能力④。至民国四年（1915），借农商部组织中华游美实业团赴美考察的机会，聂云台第二次出国，并担任该团的副团长。赴美后集中考察了美国的纺织行业和麻织行业，并以此为基础，归国后继续对恒丰纱厂进行改革。在恒丰纱厂的持续快速发展的基础上，聂云台以聂氏家族资本为中心创办了规模更大、设备更新的大中华纱厂，论者认为这"标志着中国民族纺织资本发展的顶点"⑤。在实业事业的第二阶段，特别是在民国十年（1921）以后，聂云台不断拓展相关业务，先后与其他实业家合作，创办了恒大纱号、中国铁公司、中美贸易公司、华丰纺织厂、大通纺织股份有限公司和中华劝工银

---

① 钟声：《八十年代以来中国近代事业救国思潮研究综述》，见俞祖华、赵慧峰主编：《中国近代社会文化思潮研究通览》，济南：山东大学出版社2005年版，第443—458页。
② 虞和平：《聂云台与恒丰纱厂、大中华纱厂》，见寿充一等编：《近代中国工商人物志》第2册，北京：中国文史出版社1995年版，第439—453页。
③ 科大卫：《近代中国商业的发展》，杭州：浙江人民出版社2010年版，第139—143页。
④ 中国科学院上海经济研究所、上海社会科学院经济研究所编：《恒丰纱厂的发生发展与改造》，上海：上海人民出版社1959年版。
⑤ 中国科学院上海经济研究所、上海社会科学院经济研究所编：《恒丰纱厂的发生发展与改造》，上海：上海人民出版社1959年版，第24页。

行等六家企业。也正是在其事业发展的顶峰时期，聂云台被选为上海总商会会长（1920）及全国纱厂联合会副会长（1920）①。这里无意也不可能全面展现聂云台的实业活动，只是希望通过这种简要的介绍，勾勒出其实业事业的基本脉络，以期与当时的实业救国思潮略作比较。

20年代初期表面上进展顺利，但却是聂云台和聂氏家族的挫折时期。从民国十一年（1922）开始，聂云台经营的最大一家企业——大中华纱厂开始面临危机，两年以后不胜债务而低价售于永安公司。如前所述，此后的聂云台皈依佛教，淡出实业界的同时，也开始漫长的晚年生涯。虽然在20年代退居幕后的初期，仍进行某些救国宣传，如提出"生产救国"的主张，颇有反思大中华纱厂经验教训的意味，但在民国十五年（1926）担任上海公共租借工部局董事和顾问以后，聂云台基本上不再涉及实业问题②。在这二十年的实业救国活动中，聂云台耗费了大量心血，革新技术和管理的同时，还通过外出考察推广棉花种植，发展铁厂生产设备等，而且在此过程中，与其他爱国实业家和民族资本家合力合作。虽然辉煌实际上只持续了十年的时间（1915—1924），但正如科大卫（David Faure）所说，"聂家的失败并不是因为他们的商业决策缺乏理性，而是因为他们太过轻率地进行了信用投机，而又恰好遭遇了意想不到的银价下跌"③。科大卫所说的是聂缉椝对家族股权的分配方式（有限责任及析股分权）所带来的对企业本身的影响④。

---

① 徐鼎新、钱小明：《上海总商会史（1902—1929）》，上海：上海社会科学院出版社1991年版，第427页。据黄首民（1890—1976）的回忆，"聂云台担任上海总商会会长，不是出于自己的愿望，而是秦润卿推崇他的结果。秦当时受会员信任，几乎被推出来任会长，但秦不善与租界外人接触，故主张由聂来担任会长"。参见上海市工商业联合会、复旦大学历史系编：《上海总商会组织史资料汇编》上册，上海：上海古籍出版社2004年版，第344—345页。
② 江绍贞、虞和平：《聂云台》，见朱汉国、杨群主编：《中华民国史》第9册，成都：四川人民出版社2006年版，第137—141页。
③ 科大卫：《近代中国商业的发展》，杭州：浙江人民出版社2010年版，第142页。
④ 科大卫：《近代中国商业的发展》，杭州：浙江人民出版社2010年版，第141—142页。

如前所述，善书劝善的思想以及建立在此基础上的慈善理念和实践，一直是聂云台个体心智和家族生活的重要部分。即使是在实业事业进展顺利之时，聂云台也不断将慈善的理念付诸实践①。特别是秉持教育救国的信念，积极参与现代新式教育的创办中来。即使是在兴办实业时，也不忘记开展技术人员的培训。可见其"教育救国"实践正是建立在"实业救国"的基础上的，具体开展基本是在辛亥革命以后。聂云台认识到"中国数十年来之教育颇为空虚，例如昔之学文学、政治、法律等"②，因此其所创办的学校具有非常鲜明的"现代性"色彩。如民国二年（1913）建立的聂中承华童公学，聂云台就主张对学生进行商业职业教育和工艺技术教育，这些显然与传统学校的教学科目不同③。在捐资兴学的同时，聂云台还积极参与由蔡元培、黄炎培（1878—1965）发起创立的中华职业教育社组织④。正是在参与中华职业教育社之时，聂云台被蔡元培誉为与陈嘉庚和吴锦堂齐名的"办学三贤"。当然在教育救国实践之外，聂云台还积极参与其他的慈善事业，如资助成立上海佛化医院、捐助筹集善款与赈济灾民等。对此学界已有较为详细的研究，此处略而不赘。⑤即使是在皈依佛教，二次改宗以后，聂云台也以佛教慈善为理念，以佛教组织为平台，继续参与各种佛教慈善事业。尤为值

---

① 聂云台有着相当顽固的"善有善报，恶有恶报"宿命观念，这种观念推动着他坚持善书编纂和实践——也很有可能，是推动其二次改宗的重要因素。正如唐蔚械所说，"夫因果乃佛教之根本，欲心信奉佛法，必使先明因果"。分别参见聂云台《耕心斋随笔》，袁了凡：《了凡四训白话解释》，台北：财团法人佛陀教育基金会2001年，第253—255页；唐蔚械：《与聂云台先生》，见太虚法师等：《海潮音文库》，第4编《尺牍上》，台北：新文丰出版公司1985年版，第95—96页。
② 中华职业教育社编纂委员会编：《上海中华职业教育社志》，上海：上海古籍出版社2007年版，第79页。
③ 徐尚炯：《聂中承华童公学》，见政协上海市委员会文史资料委员会编：《上海文史资料选辑》，第55辑，上海：上海人民出版社1988年版，第341页。
④ 朱有瓛、戚名琇等编：《中国近代教育史资料汇编·教育行政机构及教育团体》，上海：上海世纪出版股份有限公司2007年版，第464—465页。
⑤ 王佳龙：《聂云台改宗研究》，福建师范大学社会历史学院硕士论文，2011年，第47—49页。

得一提的是，聂云台与王一亭（1867—1938）、施省之（1865—1945）等佛教界的慈善家合作共兴慈善事业①。

  作为实业家、教育家和慈善家的聂云台是成功的，与当时实业界、教育界和慈善界的诸多士绅合作共事，也产生了广泛而深刻的影响。聂云台没有提出实业救国和教育救国的口号，但所有这些都是"见之于行事"的产物，两者之间的耦合，正如其对慈善事业的参与。然而自民国十三年（1924）以后，面临事业的全面失败，皈依佛教的聂云台颇感痛苦。面对财富的快速来临又急剧退去的戏剧性人生，聂云台痛定思痛，于民国三十一年至三十二年（1942—1943）在《申报》连载《保富法》，以"发财不难，保富最难"开篇，将一切都归结于因果报应"我存一家独富之心，不顾他人死活，是不仁、不平等之极。除本人自受业报外，还要受余报"②，这种根深蒂固的因果报应和宿命观念，支配了聂云台本应更为辉煌的一生。

五、结语

  晚年的聂云台自撰挽联，"做了几十年的怪物，见解不与人同，于今放下诸缘，一心皈依净土；哀哉无量数有情，痴迷皆曰予知，何时彻底觉悟，三界齐现清凉"③，颇有为自己一生盖棺论定的意味。他自定位的"怪物"，却似乎相当中肯。在聂云台的身上，我们可以清晰地看到

---

① 王佳龙：《聂云台改宗研究》，福建师范大学社会历史学院硕士论文，2011年，第20—23页。
② 聂云台：《保富法》，北京：中国城市出版社2007年版，第24—25页。
③ 慧律法师讲述、释法宣整理：《净土圣贤录易解》，南雄：文殊讲堂2002年，第74—75页。

传统—现代、东方—西方多重文化要素的交织①。但是这些交织状态又不成其为紧张和矛盾,反而激发了聂云台的积极实践。从个体心智角度来说,聂云台的二次改宗预示了人间佛教观念和佛教革命的思潮,并以此为基础,展开善书劝善和慈善事业;从家庭生活的角度来说,聂云台以生活在中国和西方两种家族模式中,以西方式的集会和家刊传播中国式的家庭伦理;从国家情怀上说,学通中西的聂云台对时政和时务的关注,导致无意识中与近代的实业救国和教育救国思潮耦合。所有这些,都让我们有理由将这位近代精英士绅看成是中国近代革命史上的"低音"。

与聂云台相似,在中国近代革命史上,有许多历史人物、历史思想和历史事件,未必有多么明确的革命口号、未必曾经亲历革命活动、也未必就与革命有那么直接的关联②,但是这些历史人物、历史思想和历史事件,却真实地作为革命的底层存在,作为革命的"低音"存在。作为"低音"的聂云台,在外在行动层面上,无疑与近代革命的潮流相一致。但在内在精神层面上,毋宁是某种程度的悖反。比如,聂云台曾提到自己与胡适之间的差异,"鄙人与胡君素相友善,然所见则不同,胡君极崇拜科学,醉心西方物质文明者也,鄙人亦肉质之人也,与常人同

---

① 梁元生称这类人为"双视野人",即可以"看得见"两个不同的"视域"或"视野"——两个不同的文化、不同的世界,也就是中国与西方、传统与现代的不同"视域"。参见梁元生:《近代城市中的文化张力与"视野交融"——清末上海"双视野人"的分析》,见张仲礼主编:《中国近代城市企业·社会·空间》,上海:上海社会科学院出版社1998年版,第466—484页。同时参见梁元生:《晚清上海——一个城市的历史记忆》,桂林:广西师范大学出版社2010年版,第71—92页。
② 聂云台的某些理念和实践甚至表现为"革命"的反动,如编纂善书等"迷信",组织家族实践等"倒退",以及家族企业析分股权等"不合时流"等。甚至其他一些相当"革命"的人物,也存在许多不革命和非革命的"怪异"思想和行为。可能正是因为这一特色,聂云台在"文化大革命"时期遭受到批判,被认为是"买办资产阶级""恶毒攻击湖南农民运动""为蒋介石'四一二'反革命大屠杀张目"。参见人民出版社编辑:《五四以来反动派、地主资产阶级学者尊孔复古言论辑录》,北京:人民出版社1974年版,第10页。

其好恶,且素笃好科学……其能领略科学之兴趣,殆不在胡君后……其致此精神之痛苦难堪者,曰物质文明而已"①。可见聂云台并非单纯地崇拜西方的物质文明和科学文化,因为后者并非是万能的,无法解决人类精神上的困扰。唯其在行动与观念上的分歧,造就了其作为中国近代革命"低音"的成色。而只有当我们重访近代中国革命的"低音"时,中国近代革命史研究或可找到新途径和新方法。

---

① 谢颂羔编:《文化的研究》,上海:上海广学会1928年,第226—228页。

善书与 20 世纪初的国民话语
——从橘朴《与周氏兄弟的谈话》说起[*]

近现代中国最大的转型,是从"王朝国家"(imperial China)向"民族国家"(national state)的过渡,这已几为学界定谳①。而"民"之形态也随着国家形态的变化而变化,即从"臣民"向"国民"或"公民"的过渡或转型。20 世纪初的"国民话语"——对国民性的认识、批判和改造,正是在这种大背景下发生的,也历来构成学界研究的热点。早期以沈艾娣(Henrietta Harrison)《制造共和国民——1911—1929 年中国的政治仪式与象征》(*The Making of the Republican Citizen: Ceremonies and Symbols in China*) 和陈永森《告别臣民的尝试——清末民初的公民意识与公民行为》为代表,即展开了此一话语和思潮研究的深广面向②。此后的研究论著或从人物出发,或从事件着眼,或从教科书起论;不仅有具体时段和个案的分析,也不缺乏宏观背景和脉络的

---

* 本文原载武昌辛亥革命研究室编:《辛亥革命史丛刊》第 16 辑,武汉:湖北人民出版社 2017 年版。

① 约瑟夫·列文森:《儒教中国及其现代命运》,郑大华译,北京:中国社会科学出版社 2000 年版。

② Henrietta Harrison, *The Making of the Republican Citizen: Ceremonies and Symbols in China*, Oxford University Press, 2000. ;陈永森:《告别臣民的尝试——清末民初的公民意识与公民行为》,北京:中国人民大学出版社 2004 年版。

论述①。这些研究基本指出，批判国民性源自对传统文化的不满（尤其是在五四新文化运动期间），改造国民性源自对西方文化观念的学习（如民主共和国），因此"国民话语"本身凝结着古—今、中—西四重维度的复杂交织，也符合近代中国社会和历史的本然形态②。然而传统文化（"古"）和西方思潮（"西"，包括"脱亚入欧"的日本）如何影响了当时有关"国民话语"的讨论？却不太能找到具体而有效的史料。为此本文拟从日本学者橘朴《与周氏兄弟的谈话》说起，讨论在传统社会产生过相当深刻而广泛影响的（在当时已被斥为"迷信"）的善书（劝善书），如何在这过程中被当作靶子、媒介或资源，从而与对国民性的认识、批判和改造勾连起来。

一、"牛头不对马嘴"：
橘朴与周氏兄弟的谈话

20 世纪初的"国民话语"实际上不完全是国内政界和学界的专利，以日本在华学者为代表的外国知识人，也在通过汉学研究试图找出中国的"民族性"。国民性与民族性当然有所不同，但中间叠加的成分相当多。在这些外国知识人中，橘朴就是重要的代表。不过正如学者所说，

---

① 这方面的研究论著极多，兹举近十余年来较有代表性的几种如下：严昌洪：《"国民"之发现——1903 年上海国民公会再认识》，载《近代史研究》2001 年第 5 期；陈春香：《清末国民性批判思潮中的日本影响》，载《北京师范大学学报（社会科学版）》2007 年第 6 期；马和民、何芳：《"认同危机"、"新民"与"国民性改造"——辛亥革命前后中国人教育思想的演进》，载《浙江大学学报（人文社会科学版）》2009 年第 1 期；李孝迁：《"制造国民"——晚清历史教科书的政治诉求》，载《社会科学辑刊》2011 年第 2 期；马方方：《20 世纪初新知识界的"国民"话语与新女性建构》，载《史学月刊》2012 年第 12 期。
② 罗志田：《见之于行事：中国近代史研究的可能走向——兼及史料、理论与表述》，载《历史研究》2002 年第 1 期。

橘朴是中国现代思想史上的"失踪者"①。直到近些年才对其生平经历和论著思想有所揭示。橘朴（1881—1945）是近代长期活跃在中国的日本报人、新闻记者和汉学家。光绪三十二年（1906）来到中国后，前后担任大连《辽东新报》记者、《京津日日新闻》主笔、《满洲评论》等杂志的主编。② 在中国活动期间，橘朴与当时在华日本学者、日本政要和中国知识界人士频有往来。这种长期在中国居住并研究中国的经历，使得橘朴对中国思想、宗教和社会等方面都有较深刻的认识。1922年，橘朴来到天津，担任《京津日日新闻》主笔，同年10月借前往北京料理北京政府财政部顾问福富卯一郎后事的机会③，委托崇贞女子工读学校校长清水安三介绍，以记者身份拜访京城思想界的名流。其中就包括周树人（鲁迅）和周作人兄弟④。

会面时上有丸山昏迷（丸山幸一郎，1894—1924）在场，四人见面的具体时间是1923年1月7日下午（星期天），地点在北平新开路。其时周作人正在北京大学教授日本文学，因此谈话中主要是与丸山昏迷讨

---

① 孙江：《橘朴与鲁迅》，载《读书》2013年第3期。
② 日本学者野村浩一曾总结学界对橘朴研究的三个方面：其一，将橘朴作为中国思想、中国社会的研究者加以研究；其二，围绕着"满洲事变"以后，橘朴自觉地进行了"方向转变"等问题的研究；其三，对橘朴在日中战争时期因参加"翼赞运动"而被视为"国家主义者"乃至"超国家主义者"的研究。参见野村浩一：《近代日本的中国认识——走向亚洲的航踪》，张学锋译，北京：中央编译出版社1999年版，第201页。这种概括也适应于近些年来的国内学术界，主要成果参见朱越利：《鲁迅和橘朴的谈话》，见中国中日关系研究会编：《日本的中国移民》，北京：生活・读书・新知三联书店1987年版；张英波：《橘朴近代中国官僚阶级研究述论》，载《郑州大学学报（哲学社会科学版）》2008年第3期；张英波：《评日本学者橘朴的"通俗道教"说》，载《历史教学》2008年第4期；祝力新：《橘朴与〈满洲评论〉》，载《外国问题研究》2011年第1期；祝力新、尚侠：《〈满洲评论〉创刊前后——时事与文学的初衷》，载《东北师大学报（哲学社会科学版）》2012年第1期；孙江：《橘朴和鲁迅》，载《读书》2012年第3期。这些研究对本文的写作多有启发和帮助。有关橘朴的简要年谱参见内藤湖南研究会编著：《内藤湖南的世界——亚洲再生的思想》，马彪等译，西安：三秦出版社2005年版，第199页。
③ 福富卯一郎为橘朴高中时代之校友，参见祝力新：《橘朴与〈满洲评论〉》，载《外国问题研究》2011年第1期。
④ 孙江：《橘朴和鲁迅》，载《读书》2012年第3期。

论日本文学的相关问题,与橘朴谈话的主要是鲁迅。对此次见面,周作人未见记载,《鲁迅日记》记载甚简,"七日。云。星期休息。午后井原、藤冢、永持、贺四君来,各赠以《会稽郡故书杂集》一部,别赠藤冢君以《唐石经》拓片一分。下午丸山君来,并绍介一记者橘君名朴"①。这一记载显示出鲁迅对这次谈话不甚重视。1948年日本学者增田涉(1903—1977)回忆1931年鲁迅的谈话,论及与橘朴的这次会面,有"单从橘朴的名字看,此人是中国人,还是日本人,不得而知,抑或是中国人的笔名。(内山完造插话道:他是日本人)我以往对橘朴为何许人近乎无知,至多好像在什么地方见过这个名字。从此,我开始稍稍注意起这个人来了"的记载,似乎佐证了这种看法②。

与周氏兄弟的态度相比,橘朴相当重视这次谈话。且不说谈话之前橘朴在《京津日日新闻》上连载有关中国(文化)统一、女性和信仰(道教)方面的文章,就是在谈话前几天,橘朴"对这次对谈是有所准备的";③ 在谈话四天后(1月11日,星期四)和六天后(1月13日,星期六)的《京津日日新闻》上,橘朴更以"朴庵"之名连续发表了《与周氏兄弟的谈话》,不仅详细记载了这次谈话的内容,也记载这次谈话的感受。再后来,在1924年发表《通俗道教的经典(上)——〈太上感应篇〉解说》时,橘朴重述了报纸上已登载的他与周氏兄弟的对话,显示出他对这次谈话的重视,以及其研究(道教、善书)与谈话之间的关联性④。不过重视归重视,对于此次谈话,橘朴同样并不非常高兴。不高兴的原因在于两者之间的对话存在很多分歧,甚至有点"牛头不对马嘴"的味道。

---

① 鲁迅:《鲁迅日记》,见鲁迅:《鲁迅全集》第15卷,北京:人民出版社2005年版,第457页。
② 增田涉:《鲁迅的印象》,见鲁迅博物馆、鲁迅研究室、《鲁迅研究月刊》选编:《鲁迅回忆录》,北京:北京出版社1999年版,第1368页。
③ 孙江:《橘朴和鲁迅》,载《读书》2012年第3期。
④ 橘朴:《通俗道教の经典(上)——〈太上感应篇〉》,载《月刊支那研究》1924年第1卷第5号;橘朴:《道教と神话传说——中国の民间信仰》,东京:改造社1948年版。

鲁迅与橘朴的谈话内容，正如橘朴后来所回忆，"我在北京时曾与周树人讨论过迷信"，显然这次谈话的核心——至少在当事人橘朴看来，是迷信。但是到底什么是迷信？不妨从两者谈话的具体过程来看。最开始，两者讨论从当时中国的社会、政治和思想状况谈起，鲁迅一如既往地表达了悲观的看法。鲁迅批判了中国的家族制度、中医观念和传统教育，后两者尤其与前者有关。因为大家族不仅推广了"迷信"的观念，也"覆盖了社会的一切"，教育方面也不例外。由鲁迅的这一看法引申出来的谈话范畴，转移到了"迷信"与"科学"方面。一方面当时正是所谓"唯科学主义"思潮主导学界之时，那时的中国人正从"对科学力量的特殊理解"到"对传统的批判"，再到"一种替代宗教的形式"转变，这种三部曲式的"唯科学主义"思潮，深刻影响了人们对"科学"（和"迷信"）的认识[1]，另一方面，有关道教、善书和中医（三者之间关系密切，后两者均与前者有关）的命题与"迷信"关系甚大。

接着他们谈到有关扶乩的问题，因为橘朴曾在东北和华北长期做过采访和调查，对扶乩和信徒们所发行的杂志《道德杂志》和《道生银行》更是了解甚深，加上扶乩本是道教的重要仪式，且与善书密切相关——晚清已将的许多善书，都是由扶乩而来的鸾书。对此鲁迅继续坚持批判的看法，并以之反讽当时的政局，说"活财神梁士诒终止了交通银行的支付业务，将纸币贬值了一半以上。而不老不死的仙人吕纯阳绝不会干这种没有慈悲心的事，所以让人安心，这是扶乩信徒的坚定信仰"。鲁迅接着表达了对扶乩的看法，认为"搞扶乩迷信的多为官吏和有钱人，穷人是进不去的"[2]。显然橘朴并不同意鲁迅的看法，只是在当

---

[1] 郭颖颐：《中国现代思想中的唯科学主义（1900—1950）》，雷颐译，南京：江苏人民出版社1998年版，第23页。

[2] 橘朴：《周氏兄弟との対話》，见《京津日日新闻》1923年1月11日、1923年1月13日。此文后收入山田辰雄、家近亮子和浜口裕子编：《翻刻と研究——〈京津日日新闻〉》，庆应义塾大学出版社2005年版，第157—160页。中文翻译参见严洪责：《鲁迅与橘朴的谈话》，载《鲁迅研究动态》1988年第7期。

时的场合并未指出。在具体的看法上,橘朴与周氏兄弟对迷信、科学、道教、扶乩和中医等多方面看法龃龉;在最根本的看法上,橘朴不太同意周氏兄弟的悲观态度和话语表达方式。于是当晚橘朴"我带着对他严肃的性格的深深敬意而告辞离去"①。显然双方谈话的核心是迷信,而具体的主题包括道教、扶乩、中医、中国的社会阶层、中国文化的统一性等等,当然最终落脚于迷信与科学的关系,即迷信在过去和当下的价值问题上。

可见橘朴与周氏兄弟的这次谈话,显得相当"牛头不对马嘴"。在有关中国统一与中国文化、道教(中医、善书等)和革命等问题上,两者显示出几乎根本性的对立。然而,倘若联系当时发生于中国的政治、思想和社会事件,联系围绕于周氏兄弟和橘朴身边的经历和言论,联系当时中国和日本学界(思想界)的不同路径和方法,就会发现这次"不投机的采访"② 其实是"殊途同归",虽然从另一个角度来讲,是"同床异梦"。因为作为中国知识人的周氏兄弟也好,作为日本知识人的橘朴也好,他们的目标都在于认识"中国性"(Chineseness)——只不过前者的表述是"国民性",后者的表述是"民族性"。这就与20世纪初中国的"国民话语"勾连在一起,这场"牛头不对马嘴的谈话"因此有其时代意义。

二、"国民思想的真相":
周氏兄弟的善书观念

善书是传统中国社会的重要文类,又名劝善书,旨在劝善戒恶。最早的善书是滥觞于宋代的《太上感应篇》,与后出的《文昌帝君阴骘文》及《关圣帝君觉世经》合称"三圣经",除此以外流行较广的还包括

---

① 严洪责:《鲁迅与橘朴的谈话》,载《鲁迅研究动态》1988年第7期。
② 孙江:《橘朴和鲁迅》,载《读书》2012年第3期。

《功过格》《玉历宝钞》等。作为晚清民初过渡时代的知识分子，鲁迅和周作人都曾从小耳濡目染善书宣讲，对善书这种文类非常熟悉。鲁迅的叔祖周椒生甚至"笃信道教，每天早上都去空室跪诵《金刚经》、《太上感应》和《觉世经》，然后练一套'八段锦'"①。这种经历不免影响到鲁迅对中国文化的看法，在那句著名的"中国文化的根柢全在道教"的前后，鲁迅曾多有补充，从中可以看出其最基本的道教观念，认为"前曾言中国根柢全在道教，此说近颇广行。以此读史，有多种问题可以迎刃而解"②。1933年写作《吃教》，继续推进《狂人日记》的批判精神时，鲁迅又写下了这样一段话：

> 晋以来的名流，每一个人总有三种小玩意：一是《论语》和《孝经》，二是《老子》，三是《维摩诘经》，不但采作谈资，并且常常做一点注解。唐有三教辩论，后来变成了大家打诨；所谓名儒，做几篇珈蓝碑文也不算什么大事。宋儒道貌岸然，而窃取禅师的语录。清呢，去今不远，我们还可以知道儒者的相信《太上感应篇》和《文昌帝君阴骘文》，并且会请和尚到家里来拜忏。③

表面上，这段话与当时的大多国内外学者一样，从二教合流和三教竞争的角度，理解中国文化的深层结构，实则另有深意。而早在此前研究中国小说史的过程中，鲁迅就讨论到"中国人的创作"——"人生无常"，多方搜集《玉历钞传》和《二十四孝图》（均为善书）④，可见鲁迅对善书与国民性关系之关注，其来有自。

---

① 王巧兰编著：《文学家的青少年时代·鲁迅》，北京：国际文化出版公司1996年版，第56页。
② 鲁迅：《鲁迅书信集》，见鲁迅：《鲁迅全集》第11卷，北京：人民出版社2005年版，第353页。
③ 鲁迅：《吃教》，见林贤治评注：《鲁迅选集·杂感卷》，长沙：湖南文艺出版社2004年版，第300页。
④ 郑欣淼：《鲁迅与宗教文化》，西安：陕西人民教育出版社1996年版，第23—25页。

与鲁迅的表述相类，其《吃教》中提到"不但采作谈资，并且常常做一点注解"的观点，周作人在《诗人的文化观》中也曾有类似的表达。周作人此文原为批判柳诒徵（1880—1956）《中国文化的一个商榷》而作，起因是柳诒徵在文中"引了梁启超先生的话来替柳老先生辩护"，而周作人认为"这种办法是古已有之，正如引了经书来注《阴骘文》、《感应篇》同一作用"①。这当然并非是批判善书（《阴骘文》《太上感应篇》）本身，而只是客观陈述历史上的善书注释现象。如王利器就注意到，历史上不少受过儒家教育的精英曾给《太上感应篇》作注或写序跋文②。与橘朴谈话的1923年，周作人虽然当时在北京大学教授日本文学，但早在1918年就参与成立了"北京大学歌谣征集处"，在1920年参与成立了"北京大学歌谣研究会与风俗调查会"，用于搜集民间的歌册、民谣和善书等文献③。当然从另一个角度来说，与兄弟周树人一样，周作人也从小就耳濡目染了以善书为代表的道教文化。就在1923年谈话后不到两年（1925），周作人在元旦时就回忆，"从先我有一个远方的叔祖，他是孝廉公而奉持《太上感应篇》的，每到年末常要写一张黄纸疏，烧呈玉皇大帝，报告他年内行了多少善，以便存记起来作报捐'地仙'实缺之用"（1925）。④ 后来又说"小时候看见家里有一堆善书，都是科举考试时去应试的人从善士手里得来……最普通的乃是《阴骘文》、《感应篇》和《觉世真经》这一类"（1951）。⑤ 这些深刻影响了周作人

---

① 周作人：《诗人的文化观》，见陈子善、张铁荣编：《周作人集外文（1904—1925）》上集，海口：海南国际新闻出版中心1993年版，第581页。
② 王利器：《〈太上感应篇〉解题》，载《中国道教》1987年第4期。
③ 王文宝：《中国民俗学发展史》，沈阳：辽宁大学出版社1987年版，第20—48页。
④ 周作人：《元旦试笔》，见陈为民编选：《周作人文集》，北京：华夏出版社2000年版，第77页。
⑤ 周作人：（署名十山）《善书》，载《亦报》1951年2月2日。与鲁迅和周作人具有同样经历的近代新知识人不少，如郭沫若在自传中提到其少年时期在乡村聆听结合说白和唱口的善书宣讲，又如著名历史学家张舜徽也在随笔中回忆，"余少时闻长者言，昔之官京师者，晨起相率诵《感应篇》一过，而后上朝治事……可知清末学者，尤多重之"。分别参见郭沫若：《沫若自传》，见《郭沫若全集》第11卷，北京：人民文学出版社1992年版，第35页；张舜徽：《太上感应篇在道教理论中之作用》，见《爱晚庐随笔》，长沙：湖南教育出版社1991年版，第407—411页。

对善书的认识,其对善书的论述也远比鲁迅广泛而深刻得多。

与鲁迅相比,周作人的民俗学功底更为深厚,对善书价值的理解,就不完全站在批判的立场上。所以在1930年的《拥护〈达生集〉等》一文中指出:

> 《感应篇》,则是我素所看重的儒教化的道教之好资料之一,与文昌帝君《阴骘文》关圣帝君《觉世真经》堪称三璧。真正的中国国民思想是道教的,即萨满教的,但也混入儒佛的分子,其经典中的上列三书与《玉历钞传》就是这两派混合的成绩品。把这些成文的混合道教经典与不成文(却更为重要)的风俗礼节,广加采集,深加研究,所得结果也要比单从十三经、二十四史研究出来的更能得到国民思想的真相。所以我主张要趁现在沿街地摊上还有的时候,只要能够看到,尽量地多收,留作特种重要研究的资料,如能搜到许多,另辟一个书库藏贮更佳。①

这段话已经开始清晰地与当时的"国民话语"联系在一起,其所说"真正的中国国民思想是道教的,即萨满教的"是否准确并不重要,重要的是周作人从善书中看到国民思想(国民性),认为《太上感应篇》等善书比十三经和二十四史更接近真相,并指出了初步的善书搜集和研究的途径,"把这些成文的混合道教经典与不成文(却更为重要)的风俗礼节,广加采集,深加研究","要趁现在沿街地摊上还有的时候,只要能够看到,尽量地多收,留作特种重要研究的资料,如能搜到许多,另辟一个书库藏贮更佳"。

大约正是基于这种认识,周作人在1930年写作《元旦试笔》时,就从善书开始谈起,并回到民族主义和国民话语的问题上,在结尾处

---

① 周作人:《拥护〈达生集〉等》,载《骆驼草》1930年第6期。

更是反复强调自己并非是"世界主义者"①。背后的隐喻相当明显：善书是民族主义的，代表了中国国民性的根源。饶有兴味的是，1930年代的知识界，以胡适、章太炎和傅斯年等为代表的学者，普遍主张"读经"，甚至形成了一股主张读经的思潮。② 但另一方面，在这种思潮之中主张读善书，似又是当时学者的共识。如傅斯年在《论学校读经》中指出：

> 六经之外，有比六经更有势力的书。即如《贞观政要》，是一部帝王的教科书，远比《书经》有用；《太上感应篇》是一部乡绅的教科书，远比《礼记》有用；《近思录》是一部道学的教科书，远比《论语》好懂……那些劝善报应书，虽雅俗不同，却多多少少有实际效用。六经之内，却是十分之九以上但为装点之用，文章之资的。③

这一看法无疑与周作人若合符节。又过了十年，1940年，同样是在元旦，周作人阅读了几天前刚买来的《太上感应篇》，并写了书话。这次的看法大为改观，从头到尾都是对《太上感应篇》等善书的批判，说"读书人志切科名，往往迷惑，所尊奉者在世俗所谓'四书''五经'外，又有《感应》、《阴骘》、《明圣》三书，如惠定宇且不免，他可知矣"④，

---

① 周作人：《元旦试笔》，见陈为民编选：《周作人文集》，北京：华夏出版社2000年版，第77页。
② 罗玉明：《二十世纪三十年代湖南尊孔读经之研究》，复旦大学历史系博士学位论文，2003年；马勇：《辛亥后尊孔读经思潮评议——以严复为中心》，载《福建师范大学学报（哲学社会科学版）》2004年第2期。
③ 傅斯年：《论学校读经》，见欧阳哲生主编：《傅斯年全集》第5卷，长沙：湖南教育出版社2000年版，第45页。
④ 周作人：《太上感应篇》，见姜德明主编：《周作人书话》，北京：北京出版社1996年版，第266—267页。亦可参见钟叔河编：《周作人文选（1937—1944）》，广州：广州出版社1995年版，第248—249页。

最后更是指出"(《太上感应篇》) 盖是道士的正宗,并不十分错。其后经士人歪曲,以行善为弋取科名之手段,而其事又限于诵经戒牛肉惜字纸等琐屑行为,于是遂益鄙陋不足道矣"①。然而认识一再发生变化,1950年对善书有了新的看法,认为"这些刻善书的善士大都是士大夫,所以印送的书以自己所能了解,足以代表那一阶级的人生观的为主"。②显然,从"国民思想"到"鄙陋不足道",从"道士的正宗"到"代表那一阶级的人生观为主"中间存在某种转化的文化逻辑。

这背后有相当复杂的因素。就在周氏兄弟与橘朴谈话的前几年,发生了科学与人生观论战,背后是科学与玄学的问题。胡适在为争论的论文集写作的序言中,直接将《太上感应篇》等同于迷信,说"我们只有做官发财的人生观,只有靠天吃饭的人生观,只有求神问卜的人生观,只有《安士全书》的人生观,只有《太上感应篇》的人生观——中国人的人生观还不曾和科学行见面礼呢"③。在周氏兄弟与橘朴谈话的后几年,其时已改宗佛教的聂云台不得不将善书《感应类钞》改名《德育宝鉴》,背后的苦衷是"其时新潮流正激,有欲尽打倒旧文化之势,于佛法及感应因果之说,尤所疾视"④。在这种以"德先生"和"赛先生"为"新朝"的时代,善书被斥为科学的反面(迷信),生存空间被大大压缩。在理解善书与国民性关系的问题上,鲁迅和周作人也就不免多有徘徊。而且讨论的范畴,也就不得不受到科学—迷信(同时还有儒教—道教)对立范畴的影响。照理说,周氏兄弟与橘朴一样,都是从道教的角度来理解中国文化,不至于发生如此大的分歧。显然要理解周氏兄弟的吊诡,还需要回到与橘朴的谈话,在厘清橘朴的思想进路基础上,回

---

① 周作人:《太上感应篇》,见姜德明主编:《周作人书话》,北京:北京出版社1996年版,第266—267页。
② 周作人:(署名十山)《善书》,载《亦报》1951年2月2日。
③ 胡适:《〈科学与人生观〉序》,见张君劢、丁文江等:《科学与人生观》,济南:山东人民出版社1997年版,第13页。
④ 严洪贲:《鲁迅与橘朴的谈话》,载《鲁迅研究动态》1988年第7期。

看两者之间的同与不同。

三、"中国的尺度":橘朴的思想进路

周氏兄弟一方面觉得道教是中国文化的根底,作为道教文化代表的善书是认识国民思想的真相,但另一方面又受到新朝的影响,总是有意无意地以"科学"这种"西方的尺度"衡量当时的中国。显然橘朴对于前者相当赞同,对于后者却大有抵牾。由于放弃了日本汉学者对中国人的无端骄傲,希望从中国文化的本位出发理解中国人的民族性,橘朴对中国人的"迷信"抱有更多的同情,所以在谈话中橘朴提道:

> 迷信无疑很滑稽,但是,在迷信者的主观上没有比这更认真的事。此外,我们在考虑这种在民众中发生并且传播的迷信的起因时,还是应该对迷信者抱以深深的同情。何以如此呢?中国民众在数千年来为沉积的政治性的、社会性的罪恶的压抑,无处逃避,不正是不安的生活自然地、不可避免地孕育了迷信吗?①

认为要从"迷信者"自身的心性观念出发,"考虑这种在民众中发生并且传播的迷信的起因",从而"对迷信者抱以深深的同情"。不过这还只是两者在"迷信"问题上的对立,在评论鲁迅的悲观态度时,橘朴的表述为我们理解两者背后更深层次的差异,"今天西方文明统治了世界,即便在支那,受过新式教育的人也在不知不觉地受其感化而用西方的尺度来衡量自己国家的事情"。"西方的尺度"当然主要指的是科学,但"自己国家的事情"就要复杂得多。在这方面,作为"他者"的橘朴

---

① 严洪责:《鲁迅与橘朴的谈话》,载《鲁迅研究动态》1988年第7期。

有更深刻和曲折的思想进路。

　　橘朴从道教的角度来理解中国和中国文化，与当时日本学者的中国活动有密切关系。甲午战争以还，日本知识界人士越来越多地进入中国。不仅进行实地田野调查，搜集相关文献和风俗习惯，而且也进行初步的汉学研究。作为一名报社记者，橘朴也正是在这种风潮中进入中国和中国研究领域。在谈话后的第二年（1924），橘朴就发表了《通俗道教的经典——〈太上感应篇〉解说》，分上、下两篇连载。长期在中国生活的经历，使得橘朴目睹中国书店中有大量《太上感应篇》出售，因此在"通俗道教"的研究中首先对《太上感应篇》所蕴含的劝善内容进行了讨论，认为它作为"通俗道教的经典"，反映了"超阶级"的中国的民族道德的存在，而这种"民族道德"的社会基础就是下层知识人和庶民，它所显现的现实回报理念与面子意识一起决定了生活在中国社会中的人们的生存方式以及相互联合的精神、道德要因。除此以外，橘朴还对这种"民族道德"的内容、社会基础、具体实践及实践特点进行了论述①。由此不难看出，一方面橘朴将善书视为中国的民族道德的存在，亦即中国"民族性"的根源，另一方面也可看出，橘朴和周氏兄弟在最基本的预设上大体一致，即必须从道教出发认识中国文化。

　　然而同样的预设为何在谈话中并"不投机"？或者说到底什么是"中国的尺度"？前述周氏兄弟讨论善书等"迷信"时，必然使用的范畴是儒教—道教、科学和迷信。其中前者是讨论内容的范畴，后者是讨论方式的范畴。后者会直接决定对前者的看法。相比于周氏兄弟，从1914年即开始研究道教的橘朴显然有更深刻的看法。就在1923年谈话前的

---

① 橘朴：《通俗道教的经典（上）——〈太上感应篇〉》，见《月刊支那研究》1924年第1卷第5号。橘朴的看法在当时并非个案，许多日本学界的道教研究者都持类似的看法，如小柳司气太即认为《太上感应篇》《功过格》《阴骘文》等善书是"民众的道教圣典"，参见李庆：《日本汉学史》第二部《成熟与迷途（1919—1945）》，上海：上海人民出版社2010年版，第189—190页。

几个月,橘朴还发表了《聊斋研究》,在文中他谈到自己对迷信、宗教、信仰和科学的认识:

> 说到迷信,不仅仅宗教,可以说所有的信仰都是迷信。但是,对我们来说,重要的是在我们的精神和物质生活领域,有感到(迫不得已)的、强烈的、真切的需要得到满足的东西。如果它恰好是神,那所信仰的就是神;如果恰好是科学,那就信仰科学好了。不管是什么,在第三者看来,与迷信一致无二,主观上神或自然科学都是唯一的无上的真。①

也就是说,橘朴也早就看通了科学与宗教的同一性,亦即对宗教的信仰是迷信,对科学的信仰也是迷信,因为在主观上"道教中并存着理论的部分和通俗的部分,理论部分为道士和学者所有,与一般信徒并不存在什么直接的关系"。在这种认识基础上,橘朴很容易摆脱科学—迷信的讨论范式,而直接从儒教—道教的关系入手。

在当时的日本汉学界,对中国历史和文化的认识基本有两个共识:其一,中国文化以家族制度为中心;其二,中国文化是儒教文化②。由两者结合在一起,很容易得出"中国人是几乎没有道德情操的民族"的看法。在这方面,橘朴显示出自身思想的独立性,使得其不仅不同于周氏兄弟等中国的"新知识人",而且也不同于当时日本的研究中国的学者。橘朴不同于鲁迅,从家族制度来理解中国文化的统一性,而是将中国社会人群进行分层:官僚—军阀的上层社会、商人—资本家的中间社会和农民、劳动者的下层社会。与此同时,橘朴反对他们将中国视为"儒教之国"的看法,提出毋宁是"道教国家"的观点。在这两种看法

---

① 转引自孙江:《橘朴和鲁迅》,载《读书》2012年第3期。
② 李庆:《日本汉学史》第2卷《成熟与迷途(1919—1945)》,上海:上海外语教育出版社2004年版,第80—167页。

的背后，橘朴又以社会范畴的方法，将两者勾连了起来：儒教代表的上层阶级，道教代表的是下层阶级；文本道教代表的是上层阶级，通俗道教代表的是下层阶级①。为此橘朴不仅反对将善书视为迷信，同时也反对当时的"反迷信运动"。

橘朴与周氏兄弟之间的根本分歧，不在于道教对中国"国民性"（或"民族性"）的重要性，而在于是否用"中国的尺度"衡量当时的中国问题。在回忆1923年的谈话时，橘朴对此作了非常直接的说明：

> 今天西方文明统治了世界，即便在中国，接受新教育的人也不知不觉地受其感化而用西方的尺度来衡量自己国家的事情。但是，我认为这种态度是错误的。中国有中国的尺度。我对他说，对于过去四千年在与西方没有关系的情况下发展起来的文化，不管怎么说，还是应该用中国的尺度来加以评价。②

然而这位不以汉学家自居，而以"中国评论家"自居的日本知识人，③ 自己是否真的用了"中国的尺度"，仍值得怀疑。因为他对当时"中国民族性"认识，只是建基于自身居住中国的长期经历之上，既没有严谨的学术考证，也缺乏宏大的理论思索，仅仅凭借自身的所见所闻，所思所想，构建自己对于"中国民族性"的认识。更准确地说，其目的本身不在学术——宗教学、思想史或民俗学，而在政治。对此橘朴认为在中国研究中"最有兴趣的课题是其政治现象"，后来又说他对中国评论的动机"不在喜欢某种物品或知识的欲求，主要是政治目的"，

---

① 有关橘朴的学术观点，参见山田辰雄：《橘朴と中国研究》，见山田辰雄、家近亮子和浜口裕子编：《翻刻と研究〈京津日日新闻〉》，庆应义塾大学出版社2005年版。
② 橘朴：《周氏兄弟との対話》，见山田辰雄、家近亮子和浜口裕子编：《翻刻と研究——〈京津日日新闻〉》，庆应义塾大学出版社2005年版，第156页。
③ 野村浩一：《近代日本的中国认识——走向亚洲的航踪》，张学锋译，北京：中央编译出版社1999年版，第207页。

也就是探求日中两民族正确关系的理论和方法①,因此又不可避免地从政治意识形态出发,在政治体制与社会组织之间,彷徨无地②。

四、结语:谁了解中国?

增田涉在回忆中提到,"在日本的中国研究者中,鲁迅称赞过橘朴。他说:'那个人比我们还了解中国'。"③ 这当然是相当高的赞美。然而回顾这段历史,我们不免要问:到底谁了解(或者说谁更了解)中国?其实周氏兄弟的生活经历和思想观念,与橘朴相距并不远,只不过是两者关注点有所差异。周氏兄弟当然首先是学者,他们也希望从民俗学或宗教学的角度理解善书——特别是周作人,受日本民俗学家柳田国男(1875—1962)影响尤大,周作人自谓"柳田氏著书极富,虽然关于宗教者不多,但如《日本之祭事》一书,给我很多的益处"。这里所说的"益处",正是指启发了自己对"国民性"的研究:

> 柳田国男的主张逐渐确立,成为国民生活之史名称亦归结于民间传承。我们对于日本感觉兴味,想要了解它的事情,在文学艺术方面摸索很久之后,觉得事倍功半,必须着手于国民感情生活,才有入处;我以为宗教最是重要,急切不能直入,则先注意于其上下

---

① 野村浩一:《近代日本的中国认识——走向亚洲的航踪》,张学锋译,北京:中央编译出版社1999年版,第204、207页。
② 后来橘朴自道"满洲事变,给我的方向转变带来了机会",这种转变彻底从学术转向了政治,其在"满洲事变"以后提出的方针设想,也自觉不自觉地被日本军国主义所利用,参见祝力新、尚侠:《〈满洲评论〉创刊前后——时事与文学的初衷》,载《东北师大学报(哲学社会科学版)》2012年第1期。
③ 增田涉:《鲁迅的印象》,见鲁迅博物馆、鲁迅研究室、《鲁迅研究月刊》选编:《鲁迅回忆录》,北京:北京出版社1999年版,第1368页。有趣的是,橘朴也曾给予鲁迅类似的评价,将鲁迅视为比他自己还了解日本的中国人。

四旁，民间传承正是绝好的一条路径。我觉得中国民众的感情与思想集中于鬼，日本则集中于神，故欲了解中国须得研究礼俗，了解日本须得研究宗教。①

他将善书视为理解"国民思想的真相"看法，当与柳田国男的影响分不开。他所理解的民俗学，是希望能"着手于国民感情生活"，去研究"中国民众的感情与思想"。在这种民俗学思想影响下，周作人认为善书是理解这些"国民性"成分不可或缺的资源。

然而另一方面，周树人和周作人首先是中国人——虽然他们自身的"士大夫意识"有意地将自己与普通民众分割开来②，但是他们的首要目标在于认识中国人的"国民性"，希望从道教及其善书来理解形塑中国人"国民性"的观念土壤，从而"科学"地"规划出"从"臣民"通往"国民"的道路。这样一来，其关注的焦点已经从学术走向了政治③。橘朴虽然做了不同于那些"中国学者"的研究，但其目标在于通过对道教和善书等"迷信"的认识，来理解中华民族的"民族性"，其知识来源于自身对中国社会的观察，没有详细缜密的学术考证，只是出于对政治和中日关系的兴趣，试图厘清其中的线索，其出发点首先就是政治的。由此可知，对于"谁更了解中国"的问题，可以说他们都了解中国，从道教文化的角度来理解中国的国民性与民族性，已经走出了单纯的"儒教中国"的概念图式（schema）。但是又可以说他们都不了解中

---

① 周作人：《乡土研究与民艺》，见钟叔河编订：《周作人散文全集》（第9卷），桂林：广西师范大学出版社2009年版，第221—222页。
② 许纪霖：《少数人的责任——近代中国知识分子的士大夫意识》，载《近代史研究》2010年第3期。
③ 在当时的中国，这样一种规划注定是要失败的。在1921年周作人写给孙伏园（1884—1966）的一封信中，提到自己"近来的思想动摇与混乱，可谓已至其极了……或者世间本来没有思想上的'国道'，也未可知"。参见周作人：《山中杂信》，见陈为民选：《周作人文集》，北京：华夏出版社2000年版，第16—17页。

国，因为周氏兄弟用的是"西方的尺度"，脱离不了科学—迷信的主流思维范式，而橘朴虽然声称用"中国的尺度"，但其兴趣和身份决定了那只是"他者的眼光"，有意无意之中，总是不免受到政治意识形态的牵扯①。

---

① 抗日战争前后，日本在华学者加紧搜集民间文献，以泽田瑞穗、直讲广治、酒井忠夫和吉冈义丰等为代表的道教学者在华北和东北等地搜集资料，泽田瑞穗更是在1942年，与周作人一起在华北地区搜集宝卷和善书等文献。中外学者之间又出现了交集。橘朴在三年以后才过世，对于当时的调查实践他不可能不知。然而那时的橘朴早已实现了自己的"转向"，搜集什么？搜集的结果如何？对他已经毫无意义。参见李庆：《日本汉学史》第三部《转折与发展（1945—1971）》，上海：上海外语教育出版社2004年版，第544页。另外参见王向远：《日本对话侵略与所谓"支那国民性研究"》，载《江海学刊》2006年第3期。

《扬州十日记》与辛亥革命
—— 一个书籍史和阅读史的分析*

一、研究回顾与视域转换

辛亥革命以"三民主义"为纲领,集民族革命、政治革命和社会革命于一炉,是一场整体意义上的革命①。不过正如戴季陶(1891—1949)所言,"革命党以三民主义为本旨,而民族主义居其第一"②。而从民族革命方面来看,"排满"在当时几乎是革命的另一种表达,与革命构成同一硬币的两面。辛亥前后的革命宣传,也因此将"排满"作为最重要的话语和目标。胡汉民(1879—1936)曾在总结辛亥革命成功的经验

---

* 本文节略版原载朱英主编:《近代史学刊》第13辑,北京:社会科学文献出版社2015年版。

① 石约翰(John E. Schrecker)认为,辛亥革命"是三重意义上的革命,即反清革命(反对有250年历史的清王朝)、反郡县制革命(反对1000年的社会体制)和反君主制革命(可回溯到4000年前)",其意略同。参见石约翰:《中国革命的历史透视》,王国良译,北京:中国人民大学出版社2011年版,第139—140页。

② 戴季陶:《中国革命论(1914年6月8日)》,见戴季陶著,唐文权、桑兵编:《戴季陶集:1909—1920》,武汉:华中师范大学出版社1990年版,第718页。

时,写道"以此较衡,可知排满宣传战胜一时之思想者,实为根本之成功。其次,军队为政府最大之保障……各省光复,大抵以清之新军为先锋,此亦推翻清廷,成功革命之重要因素也"①。可见以"排满"为主题的民族革命宣传之重要,而《扬州十日记》和《嘉定屠城纪略》等曾被当作禁书的晚明遗献在此过程中进一步复活并扮演了重要角色。据冯自由(1882—1958)回忆:"兴中会初期,文人墨士极感缺乏,所用宣传工具,仅有《扬州十日记》、《嘉定屠城记》及选录《明夷待访录》内《原君》、《原臣》单行本数种……(对前者)则作小说读之,篇末之多尔衮、史可法二书,更能背诵不遗一字。"②可见此书对辛亥革命的重要性,甚至与邹容(1885—1905)《革命军》、陈天华(1875—1905)《猛回头》等著作相比也毫不逊色。有关《扬州十日记》与辛亥革命的研究,也因此兴起。

作家舒芜(1922—2009)曾在《"合理推论"未必真实》中,对学界的相关研究作回顾时,颇有见地地指出:

> 辛亥革命前后,野史笔记成了反清的一种武器。先是重印清初的《扬州十日记》之类和文字狱记载,后来又越来越偏重宣传清朝统治者的种种丑闻,褫其威严,长我志气。然而这中间就往往难免溢恶之词,它投合了人们的同仇敌忾之心,于是广泛流传,不可遏抑。再后来就有学者如孟心史、冒鹤亭等人出来,对一些影响很大

---

① 胡汉民:《胡汉民先生自传》,见中国社会科学院近代史研究所、近代史资料编辑组:《近代史资料》,总第45号,北京:中国社会科学出版社1981年版,第55—56页。
② 冯自由:《革命逸史》上册,北京:新星出版社2009年版,第21页。黄珍吾:《华侨与中国革命》也记载"乙未民前十七年(一八九五),广州首次起义失败,孙总理与陈少白、郑士良至日本横滨,成立兴中会。懒本宣传品两种,一为《扬州十日记》,末附史可法及多尔衮二人往来书札。一为《原君》《原臣》篇,即黄梨洲著《明夷待访录》之选本。均由文经商店代印万卷,分送海外各埠,用以唤起国人对民族主义之觉醒"。参见黄珍吾:《华侨与中国革命》,1963年,第83—84页。

的不实的传说,加以辩证,有理有据,在读书节中颇奏廓清之功,但在一般社会传闻中收效还是很小。①

在这里舒芜指出了孟心史(孟森,1869—1938)、冒鹤亭(冒广生,1879—1959)——当然还包括谢国桢(谢刚主,1901—1982)对晚明历史的研究与辛亥革命社会思潮的关系,后来的研究也一再证明了这点②。这些研究包括孟森《明清史论著集刊》、冒广生《小三吾亭文甲集》和谢国桢《晚明史籍考》论著,均对《扬州十日记》的编撰、生产及所反映的历史事实做了相关考订③,可以归纳为考证史的研究路径。这种研究路径集中在两个方面:(1)《扬州十日记》的作者及真伪问题;(2)《扬州十日记》所载相关史实问题。后来的学者也将这种研究思路加以继承,其中张德芳《〈扬州十日记〉辨误》④、金宝森《〈扬州十日记〉证讹》⑤、杨立人、汤杰和顾一平《〈扬州十日记〉不是伪书》⑥、陈国庆、曹金生《扬州大屠杀的遇难人口考证》等具有代表性⑦。

从孟森、冒广生和谢国桢开始以来的这种研究,廓清了《扬州十日记》的作者、成书和流传过程,也澄清了清代初年"扬州十日""嘉定

---

① 舒芜:《"合理推论"未必真实》,见朱大路主编:《杂文300篇(1977—1998)》,上海:文汇出版社1998年版,第112—114页。
② 王春瑜:《辛亥革命与明史研究》,载《文史知识》2011年第10期;更早的研究参见刘寅生《魏源与晚清时期的明史学》,见杨慎之、黄丽镛编:《魏源思想研究》,长沙:湖南人民出版社1987年版,第261—277页。
③ 孟森:《明清史论著集刊(上下)》,北京:中华书局1959年版;冒广生:《小三吾亭文甲集》,国家图书馆藏清末刻本;谢国桢:《晚明史籍考》,上海:华东师范大学出版社2011年版。
④ 张德芳:《〈扬州十日记〉辨误》,见《中华文史论丛》第5辑,上海:中华书局1964年版,第367—376页。
⑤ 金宝森:《〈扬州十日记〉证讹》,载《满族研究》1989年第4期。
⑥ 杨立人、汤杰和顾一平:《〈扬州十日记〉不是伪书(上、中、下)》,见《扬州日报》2006年5月15日、2006年5月16日、2006年5月17日。
⑦ 陈国庆和曹金生:《扬州大屠杀的遇难人口考证》,载《哈尔滨学院学报》2008年第2期。

三屠",乃至相关的"广州三日"等重要历史事件的真相,当然非常重要。直至今日学界基本认定《扬州十日记》并非伪书,而是晚明学风——对明代典章制度、朝野遗闻,以及地方风俗、书林掌故的兴趣大增,野史杂惩、果报小说极为兴盛——影响下的野史著作①。以至于连顾颉刚(1893—1980)也在《中国史学入门》中,将《荆驼逸史》和收录了《扬州十日记》《嘉定屠城纪略》的《明季稗史汇编》,当作明末史事的两种重要史料。虽然他仍保持着历史学家的谨慎,认为"(《扬州十日记》)编者谁人,不知道"②。国外研究明清历史的汉学家,更是毫不犹豫地将《扬州十日记》当作扬州城市史和清代开国史的重要史料,这方面以安东篱(Antonia Finnane)《说扬州——1550—1850年的一座中国城市》③和魏斐德(Frederic Evans Wakeman)《洪业——清朝开国史》为代表④。关于是书作者王秀楚(生卒年不详)尽管仍缺乏更多的资料,甚至都难以证实或证伪其"史可法幕僚"的身份,但是已不将作者作他人想。可见《扬州十日记》并非伪书,其作者为明末清初王秀楚已几为学界定谳。

然而无论是《扬州十日记》的生产和流传,还是"扬州十日"(和"嘉定三屠")的历史细节,所能讨论的空间都相当有限。近二十年来学界也不再满足于单纯的史事考订,而是引入"记忆史"(history of memory)的研究方法,将顾颉刚"后来,到清朝末年,同盟会的人们,对于'扬州十日'与'嘉定三屠'又做了革命的渲染",或舒芜"辛亥革命前后,野史笔记成了反清的一种武器"的观点进一步放大。最重要的代

---

① 谢国桢:《明末清初的学风》,上海:上海世纪出版集团2006年版,第92—95页。
② 顾颉刚口述,何启君整理:《中国史学入门——顾颉刚讲史录》,北京:中国青年出版社1993年版,第84页。
③ 安东篱:《说扬州——1550—1850年的一座中国城市》,李霞译,北京:中华书局2007年版。
④ 魏斐德:《洪业——清朝开国史》,陈苏镇、薄小莹等译,南京:江苏人民出版社2008年版。

表是美国"新清史"(New Qing History)学者沙培德(Peter Zarrow),他在《历史的创伤——晚清中国的暴行记忆与排满》(*Historical Trauma*: *Anti—Manchusim and Memories of Atrocity in Late Qing China*)中指出,革命党人努力帮助汉民众回忆历史上清王朝统治者所制作的"扬州十日""嘉定三屠",与此有关的出版品大量印刷,使汉民众从民族的角度产生对统治者的仇恨心理,排满运动一路高涨[①]。此外,中国人民大学吴蕴豪更是以《"扬州十日"及其历史记忆》为题写作硕士学位论文,指出"扬州十日"的历史记忆在中国近代民族国家建构中的重要性[②]。黄克武也曾从史可法切入讨论近代中国记忆及认同的变迁[③]。同时其他学者则纷纷从革命宣传的角度,指出《扬州十日记》对辛亥革命的重要意义。其中有代表性的研究,包括黄顺力《大众传媒与晚清革命论略——以思想史为视角》[④]和李玉《晚清革命思潮发生和发展的动态过程》[⑤]等。这类研究同时还见于对康有为、梁启超和章太炎等思想家的具体个案研究中[⑥]。

同样这类研究非常重要,因为记忆史的研究涉及历史记忆(Historical Memory)、集体记忆(Collective Memory)和社会记忆(Social Memory)等关键性概念,带有强烈的受"后现代主义"思潮影响的建构论色

[①] Zarrow, Peter, "Historical Trauma: Anti-Manchusim and Memories of Atrocity in Late Qing China", in *History and Memory*, Vol. 16, o. 2, Fall-Winter 2004, pp. 67 – 107.

[②] 吴蕴豪:《"扬州十日"及其历史记忆》,中国人民大学人文学院清史所硕士学位论文,2004年。

[③] 黄克武:《史可法与近代中国记忆及认同的变迁》,见王笛主编:《时间·空间·书写》,杭州:浙江人民出版社2006年版,第245—271页。

[④] 黄顺力:《大众传媒与晚清革命论略——以思想史为视角》,载《厦门大学学报(哲学社会科学版)》2007年第6期。

[⑤] 李玉:《晚清革命思潮发生和发展的动态过程》,载《南京社会科学》2012年第3期。

[⑥] 王汎森:《清末的历史记忆与国家建构——以章太炎为例》,载《中国近代思想与学术的系谱》,石家庄:河北教育出版社2001年版;Joshua A. Fogel., *Race and Class in Chinese Historiography: Divergent Interpretations of Zhang Bing-Lin and Anti-Manchuism in the 1911 Revolution*, *Modern China*, Vol. 3, No. 3, 1977, pp. 346 – 375。

彩，标志着《扬州十日记》研究的视野转换。实际上更早一些，沈松侨、孙隆基和孙江等学者就对当时黄帝神话、民族英雄等历史记忆的复活与民族国家的建构作过精彩的讨论①。这类研究无论在材料上还是观点上，都与《扬州十日记》的历史记忆有所重叠，因此记忆史的研究价值毋庸赘言②。不过就本文讨论的主题而言，这种研究同样存在缺陷：其一，这种研究过于集中在《扬州十日记》和辛亥革命的关系方面，容易得出"描写当时实况，故其后革命发轫时，所以采取激烈手段以推翻满清统治者，盖此书之力也"的简单结论③。对此戴晴已指出："不能说一篇《扬州十日记》促成了清廷的覆亡"④，张中行也认为"这也不好就以之为证来个一边倒的论断"⑤。其二，强调"扬州十日"历史记忆的做法在某种程度上也不是历史事实，如鲁迅很早就指出："我们讲革命的时候，大谈什么扬州十日，嘉定屠城，其实也不过一种手段；老实说，那时中国人的反抗，何尝因为亡国，只是因为拖辫子。"⑥ 言外之

---

① 沈松侨：《我以我血荐轩辕——黄帝神话与晚清的国族建构》，载《台湾社会研究季刊》1997年第28期；沈松侨：《振大汉之天声——民族英雄系谱与晚清的国族想象》，载《中央研究院近代史研究所集刊》2000年第33期；孙隆基：《清季民族主义与皇帝崇拜之发明》，载《历史研究》2000年第3期；孙江：《连续性与断裂——清末民初历史教科书中的皇帝叙述》，见王笛主编：《时间·空间·书写》，杭州：浙江人民出版社2006年版，第210—244页。
② 有关记忆史研究的兴起与回顾，可参见沈坚：《记忆与历史的博弈——法国记忆史的建构》，载《中国社会科学》2010年第3期；郭辉：《中国记忆史研究的兴起与路径分析》，载《史学理论研究》2012年第3期；陈建：《记忆史与心态史》，载《史学理论研究》2012年第3期。这种研究路径的兴起，也与辛亥革命的记忆史研究趋向若合符节。参见彭雷霆、冯天瑜：《记忆史视野下的辛亥革命研究——评〈辛亥革命的百年记忆与诠释〉》，载《史学理论研究》2012年第2期。
③ 王秀楚：《扬州十日记（汉英对照）》，王如升英译，上海：西风社1940年版，贝德"序"，第1页。
④ 戴晴：《我的文学观》，见戴晴：《追逐魔鬼揪住上帝》，长沙：湖南人民出版社1988年版，第52页。
⑤ 张中行：《汪大娘》，见张中行著，韩小蕙、靳飞主编：《张中行精品欣赏》，北京：中国和平出版社1998年版，第89页。
⑥ 鲁迅：《呐喊·头发的故事》，见《鲁迅全集》第1卷，北京：人民文学出版社2005年版，第485页。

意,时人对"扬州十日"历史记忆是误读或挪用(appropriation)各有差异,远非想象中那么同质。其三,这种研究过于放大了《扬州十日记》对辛亥革命舆论宣传的历史意义,而忽略了其早已流行的历史事实。如陈平原、王德威和商伟编《晚明与晚清——历史传承与文化创新》、秦燕春《清末民初的晚明想象》已不约而同地指出,对晚明的想象构成了晚清民初的历史心性①。胡晓真也指出"晚清人痛思国家大厦将倾,往往回顾晚明的骇人景象"②。很有"过渡时代"感觉的梁启超(1873—1929),早在《中国近三百年学术史》中就明确断言"最近三十年思想界之变迁……最初的原动力……是残明遗献思想之复活"③。这种思想的复活背后当然是著作的复活,也就是王汎森在《道、咸以降思想界的新现象——禁书复出及其意义》中所作的实证研究④。可见辛亥革命利用"扬州十日"等历史记忆进行的革命宣传,其来有自,并非辛亥前后革命家的独创。这里就需要分清"事件的逻辑"和"史家的逻辑",即不能将《扬州十日记》的复出当作是辛亥革命的独有现象⑤。更重要的是,彼得·伯克(Peter Burke)指出,社会文化史的研究不仅要注意历史记忆的建构,而且要更进一步地追问"谁在进行建构?在什么范围内建构?从何处建构出来的?"⑥回答这些问题就离不开书籍史和阅读史的研究。然而需要说明的是,本文并不是主张对《扬州十日记》

---

① 陈平原、王德威和商伟编:《晚明与晚清——历史传承与文化创新》,武汉:湖北教育出版社2002年版;秦燕春:《清末民初的晚明想象》,北京:北京大学出版社2008年版。
② 胡晓真主编:《世变与维新——晚明与晚清的文学艺术》,台北:中央研究院中国文哲研究所筹备处2001年版,"导言(一)",第1页。
③ 梁启超:《中国近三百年学术史》,天津:天津古籍出版社2003年版,第33页。
④ 王汎森:《权力的毛细管作用——清代的思想、学术与心态》,台北:联经出版事业股份有限公司2013年版,第603—644页。
⑤ 王汎森:《执拗的低音——一些历史思考方式的反思》,北京:生活·读书·新知三联书店2014年版,第49页。
⑥ 彼得·伯克:《什么是文化史》,蔡玉辉译,杨豫校,北京:北京大学出版社2009年版,第116页。

进行书籍史和阅读史研究,而是主张从书籍史和阅读史的视角或方法来研究(辛亥)革命史。

查阅有关辛亥革命志士阅读《扬州十日记》的最早记录,目之所及为旅美华侨司徒美堂(1868—1955)。据陈民《民国华侨名人传略》所载:"1883年(光绪九年),司徒美堂先后阅读了《扬州十日记》《嘉定屠城纪略》等书,思想受到了很大的启示。他激于义愤,加入洪门致公堂,开始进行'反清复明'活动。"① 而革命党人建立兴中会,有意识地利用《扬州十日记》进行革命宣传,离光绪九年(1883)还有整整十一年的时间,因此有必要调整研究视野。实际上与记忆史紧密相关的另一个研究领域,是书籍史(history of book)和阅读史(history of reading),两者均与年鉴学派(Annales School)倡导的心态史(history of mentality)有关,是重新审视《扬州十日记》与辛亥革命关系的重要视角。这里不拟详细论述书籍史和阅读史的相关概念、理论和方法②,只

---

① 陈民:《民国华侨名人传略》,北京:中国华侨出版社1991年版,第17页。
② 书籍史和阅读史在英文世界的研究成果甚多,相关研究可参见下引张仲民、李仁渊、刘永华、王一樵和潘光哲等学者的相关研究。在理论和方法的论述方面,已译为中文的主要有:罗伯特·达恩顿:《拉莫莱特之吻——有关文化史的思考》,萧知纬译,上海:华东师范大学出版社2011年版,尤其第七章、第九章;罗杰·夏蒂埃:《书籍的秩序——14到18世纪的书写文化与社会》,吴泓缈、张璐译,北京:商务印书馆2013年版,尤其"导言"。至于书籍史和阅读史在中国历史研究中的运用,可参见多篇学术综述文章,其中英文方面主要包括:Cynthia J. Brokow, *On the History of the Book in China*, in Cynthia J. Brokow and Kai-wing Chou eds., *Printing and Book Culture in Late Imperial China*, Berkeley, Calif.: University of California Press, 2005, pp.6-7。梅尔清:《印刷的世界——书籍、出版文化与中华帝国晚期的社会》,刘宗灵、鞠北平译,载《史林》2008年第4期。中文方面主要参见张仲民:《从书籍史到阅读史——关于晚清书籍史/阅读史研究的若干思考》,载《史林》2007年第3期;李仁渊:《阅读史的课题与观点——实践、过程、效应》,见复旦大学历史学系、复旦大学中外现代化进程研究中心编:《新文化史与中国近代史研究——近代中国研究集刊第四辑》,上海:上海古籍出版社2009年版,第213—254页等。据这些回顾可以看出,书籍史和阅读史在中国历史研究中的运用主要集中在明清时期,中国近现代史方面则参见:李仁渊:《新式出版业与知识份子——以包天笑的早期生涯为例》,载《思与言》第43卷第3期,2005年,第53—105页;张仲民:《出版与文化政治——晚清的"卫生"书籍研究》,上海:上海书店出版社2009年版。

想指出书籍史和阅读史,既可以视为社会文化史研究的一个新领域,也可以视为社会文化史研究的新方法。而从方法论的角度来讲,书籍史和阅读史与印刷史和出版史处于同一光谱之中,对此刘永华曾分辨指出:

> 印刷史侧重讨论书籍制作的技术史和经济史层面;出版史在注意书籍制作的技术史、经济史层面的同时,也关注书籍制作的社会史和文化史层面,关注书籍的制作过程、销售网络与预期读者之间的关系;书籍史更多从书籍本身的角度,讨论书籍的制作、流通和消费等环节,讨论印刷书与手写本的消长关系,书籍、藏书家、读者之间的关系等;而阅读史关注的焦点,则是书籍的消费环节,亦即读者阅读、诠释和使用(或挪用)文本的过程。①

因此相比较而言,印刷史和出版史构成了此一光谱的上游,处在下游的书籍史和阅读史必须充分考虑前二者(研究基础)。由于印刷史和出版史的资料相当有限,特别是关于晚清民国《扬州十日记》的印刷和出版资料很少,因此本文侧重于书籍史和阅读史。其中阅读史尤具有更大的包蕴性,这也体现在近年来书籍史向阅读史转变的历史研究上②。

至于书籍史和阅读史,早在进行书籍史研究时,法国"年鉴学派"史学家夏蒂埃(Philippe Chatrier)就指出,对书籍的分析"还必须辅之以对读者群的社会组成有个比较透彻的了解,书籍史在注意到文化社会学发展的同时,还力图确定出版物的传播规模,力图根据不同类型的读

---

① 刘永华:《包筠雅〈文化贸易——清代至民国时期四堡的书籍交易〉评介》,载《历史研究》2008年第4期。
② 张仲民:《从书籍史到阅读史——关于晚清书籍史/阅读史研究的若干思考》,载《史林》2007年第3期。

者群确定一种知识类型结构"①。因此书籍史和阅读史不仅共享着几乎相同的研究资料类型（文类，genre）——图书馆的借阅记录，书商的售书目录，一般人物的自传、回忆录、书信、日记、财产清单、购书记录等材料，而且在研究思路、视角和方法上，共享着具有相当重叠性的问题意识。在这种情况下，夏蒂埃继续追问"当一位读者面对一个文本时，他如何构造其中的含义，他如何把该文本变为自己的东西？"②由此可以看出，阅读史的出现正是关注点从文本转向读者的结果。而这里所谓的阅读"不完全等同于读书，阅读的对象远比读书的对象来得丰富。阅读针对的是文本，文本并不只是表现为书写或印刷的形式，它可以包括文字、图像、口语、图片、印刷、音乐等表现形式，乃至于声像材料、电影、电视节目，甚至任何一种计算机所储存的信息、碑铭、唱片等各种形式"③。一旦放宽阅读的对象，阅读的概念也就随之泛化，阅读被视为"是一种读者主体性得以发挥的创造性过程"，尽管"这种创造并不能化约成文本作者或书籍生产者的意图"④。当考虑读者的主体性时，围绕此一主体而产生的系列问题，如"谁在读？读什么？在哪里读？在什么时间读？为什么读？如何读？"等就构成了阅读史研究的重要面向。通过对这一系列问题的解答，阅读史就不仅仅是"想要弄明白'读物—阅读—读者'这个阅读历程的各个环节"，而且可以在追溯"作者—读物—读者"关系的过程中，追溯读者的"心灵历程"以及由此产生的"阅读意义"，这种"阅读意义"又将进一步凸显读者的主体性，从而揭

---

① 夏特里埃、罗切：《书籍史》，见勒高夫、诺拉编：《史学研究的新问题、新方法、新对象》，北京：社会科学文献出版社1988年版，第311—333页。
② 夏蒂埃：《过去的表象——夏蒂埃访谈录》，见李宏图主编：《表象的叙述——新社会文化史》，上海：三联书店2003年版，第134页。
③ 张仲民：《从书籍史到阅读史——关于晚清书籍史/阅读史研究的若干思考》，载《史林》2007年第3期。
④ 夏蒂埃：《文本、印刷、解读》，见林·亨特主编：《新文化史》，姜进译，上海：华东师范大学出版社2011年版，第221页。

示读者之阅读如何被"镶嵌在特定时空的社会脉络中",即通过阅读怎样建构和怎样运用了怎样的历史记忆①。

然而书籍史和阅读史毕竟兴起于西方史学界,当"跨界"运用到中国研究语境中时必须小心翼翼,所以潘光哲指出:"西方阅读史的既有成果,不该是开展晚清阅读史时完全奉之为尊的邯郸学步,而应仅以刺激研究者个人的思路为导向视之。"②显然潘光哲希望中国近现代史学者将书籍史和阅读史视为一种研究方法而不是研究领域。建基于这种方法论观念,潘光哲进而认为"透过阅读史的取向,我们可以深入地了解晚清士人是怎样藉着各式各样的阅读、思想活动为他们的生命寻找意义,编织自己的'意义之网'(the web of significance)"③。书籍史和阅读史对辛亥革命史研究的价值由此可以发覆,两者之间的相遇可以更具体而微地考虑到革命时代的集体心态以及在此基础上"革命思想"的"来源"等问题。在前引戴季陶《中国革命论》中,作者就曾写道"一国革命之起,必有思想的根据",指出辛亥前后革命思想的源头"由于固有者二,由于输入者一","固有者"即传统中国的革命观念和攘夷思想,"输入者"即近世欧洲思想④。其中"攘夷思想"毋宁与《扬州十日记》紧密相关。尽管以往学者已经实实在在触及了这种研究,如周作人(1885—1967)早在《鲁迅读古书》中,就详细回述过鲁迅的阅读情况及其对鲁迅的影响⑤;张笃勤《孙中山读书生涯》更是以辛亥革命最重要的人物孙中山(1866—

---

① 法国学者德·塞读指出,"文本只有通过读者才具有意义,且会随读者而变化;文本的组织要适应它力不能及的读者之意见。文本之成为文本,只有赖于它与外来读者之关系",参见米歇尔·德·塞托:《日常生活的实践》,方琳琳译,南京:南京大学出版社2009年版,第170页。
② 潘光哲:《追索晚清阅读史的一些想法》,载《新史学》2005年第16卷第3期,第145页。
③ 潘光哲:《追索晚清阅读史的一些想法》,载《新史学》2005年第16卷第3期,第160页。
④ 戴季陶:《中国革命论(1914年6月8日)》,见戴季陶著,唐文权、桑兵编:《戴季陶集:1909—1920》,武汉:华中师范大学出版社1990年版,第718页。
⑤ 周作人:《鲁迅读古书》,见周作人著,张明高、范桥编:《周作人散文集》第3集,北京:中国广播电视出版社1992年版,第523—528页。

1925)为个案,对孙中山的阅读情况作过详细的分梳①;即使是对《扬州十日记》本身,署名为"南渡录"的作者也曾对晚清民初《扬州十日记》的版本问题作过非常详细的考订,这本身已是书籍史的重要层面②。但是这些研究毕竟没有注意到研究视野的转换,尚谈不上"理论自觉"或"方法论自觉",其所论书籍史也好,阅读史也好,在分析方法上与本文迥然不同,因此也就不能算是真正意义上对革命史的书籍史和阅读史研究。为此本文拟从书籍史和阅读史的角度,借助文集、日记、传记、回忆录和报刊等资料,梳理《扬州十日记》的流传、获取和阅读。在此过程中始终考虑其与辛亥革命的交织互动关系,而且以康章论辩中的《扬州十日记》为个案,分析康有为、章太炎和梁启超的不同心态,并尝试与稍晚的抗日战争时期相比较,从而呈现更为丰富多元的历史景象。文章的最后落脚于方法论层面,讨论书籍史和阅读史对辛亥革命研究的可能贡献③。

二、《扬州十日记》的流传与获取

有必要简单梳理《扬州十日记》产生及其早期流传的历史。虽然有关《扬州十日记》的作者身份仍存争议,但基本认定出自清初王秀楚之手。王秀楚自述"其间皆身所亲历,目所亲睹,故漫记之如此,远处风

---

① 张笃勤:《孙中山读书生涯》,武汉:长江文艺出版社2000年版。
② 南渡录:《〈扬州十日记〉版本考》,刊于《积习待用》网。网络地址:http://www.reada-annals.org/t-258538-1-1.html(访问日期:2014年8月11日)。
③ 当然由于受制于史料的局限,晚清民初流传的《扬州十日记》诸版本无法收集齐全——目前所见多为1938年上海神州国光社版本,无法得知并分析这些版本所蕴含的类文本(paratext)信息,因此本文的论述更多体现在外围层面。有关类文本对书籍史学和阅读史的意义,参见 Gérard Genette, *Paratexts: Thresholds of Interpretation*, Translated by Janee. Lewin, Cambridge University Press, 1997.

闻者不载也"①，似乎是以信史的态度在撰写此书。或正因此书"实录"了清军入关以后在扬州的种种暴行，很快就被官方列为禁书。写作的具体年代也无可考，然乾隆年间（1735—1796）已有流传。期间纂修《四库全书》，《扬州十日记》已被列入禁毁行列。乾隆四十四年（1778），两江总督萨载（？—1786）奏开应毁书目二十四种，第二年（1779）奏准，其中即有"《扬州十日》，抄本，无书人姓名"的记载②。后来的史料又曾将《扬州十日记》写作《扬州十日》或《扬州十日录》。但是这种禁毁的情况在清代中后期开始出现松弛，《扬州十日记》也在道、咸以后，随着一批禁书（尤其是晚明遗献）的复活而重新流布，至辛亥前后达到高峰。本节即拟讨论辛亥革命在宣传中如何获取《扬州十日记》。具体来说包括以下诸问题：《扬州十月记》流传的文本形态（印刷/出版形态）和流传空间如何？与哪些书一起合刊或共同流传？在哪些省份最为流行？辛亥革命志士是在什么地方、通过什么途径获得《扬州十日记》？等等。

（一）《扬州十日记》的文本形态和流传空间

关于辛亥时期《扬州十日记》的来源，鲁迅（1881—1936）曾在《杂忆》中说道：

> 别有一部分人，则专意搜集明末遗民的著作，满人残暴的记录，钻在东京或其他的图书馆里，抄写出来，印了，输入中国，希望使忘却的旧恨复活，助革命成功。于是《扬州十日记》、《嘉定屠城纪略》、《朱舜水集》、《张苍水集》都翻译了，还有《黄萧养回

---

① 王秀楚：《扬州十日记》，见李东轩著文：《史可法祠墓记》，扬州：广陵书社2008年版，"附录"，第128页。
② 雷梦辰编：《清代各省禁书汇考》，北京：书目文献出版社1989年版，第64页。

头》及其他单篇的汇集,我现在已经举不出那些名目来。①

后在《病后杂谈之余》中,鲁迅又说:"对于清朝的愤懑的从新发作,大约始于光绪中……到光绪末年,翻印的不利于清朝的古书,可是陆续出现了……留学日本的学生们中的有些人,也在图书馆里搜寻可以鼓吹革命的明末清初的文献。"② 言下之意,似可说明《扬州十日记》源自日本。鲁迅曾留学日本多年(1902—1909),此论断当非虚言。再考虑到在清代中前期很长一段时间内,《扬州十日记》在国内都作为禁书存在,这种说法相当可信。前引冯自由《革命逸史》的记载,以及伊村夫(生卒年不详)的回忆均可佐证这点。后者在《辛亥革命前后我的回忆》中写道"孙中山早以在日本出版的《民报》等宣传品,《扬州十日》、《嘉定三屠》等书籍宣传革命"③。不过显然这只是其中《扬州十日记》的主要来源。另一个来源当是本地的传统,即道咸以降晚明遗献复活进程的一部分。章太炎回忆自己"自十六七岁时读蒋氏《东华录》、《明季稗史》,见夫扬州、嘉定、戴名世、曾静之事,仇满之念固已勃然在胸"④。章氏生于同治八年(1869),"十六七岁"时为光绪十一年至十二年(1885—1886),仅比司徒美堂晚两年。可见虽然在辛亥革命前,《扬州十日记》仍未解禁,但并非不可获得。而比章太炎的阅读更早十年(1876),时任四川学政的张之洞(1837—1909)就在《书目答问》中收录了《扬州十日记》,可见晚清政府对《扬州十日记》的查禁已有

---

① 鲁迅:《杂忆》,见鲁迅:《鲁迅散文》,北京:线装书局2009年版,第197—199页。
② 鲁迅:《病后杂谈之余》,见鲁迅:《鲁迅全集》第6卷,人民文学出版社1995年版,第185—186页。
③ 伊村夫:《辛亥革命前后我的回忆》,转引自丁日初:《辛亥革命前上海资本家的政治活动》,载《近代史研究》1982年第2期。
④ 章太炎:《狱中答〈新闻报〉》,见广来选编:《近代名家名人文库·章太炎邹容》,呼和浩特:内蒙古人民出版社2009年版,第42—43页。

所松弛①。一边是读者对《扬州十日记》的渴望，一边是晚清政府查禁制度的松弛，两相激荡，促成了这股"伏流"越来越激烈，浮出地表发展成为"明流"。

与文本来源相关的另一个问题是，晚清《扬州十日记》的文本形态问题。检视相关史料，可知晚清《扬州十日记》既有合刊本（丛书本、类书本），亦有单行本。据学者考证，《扬州十日记》在被列为禁书后最早复出的版本，是收录在署名为陈湖居士所编的《荆驼逸史》中。《荆驼逸史》在道光年间有四种版本，通行版本收录了五十三种明季清初的稗史著作，《扬州十日记》因此得以扩散②。李慈铭（1830—1894）在《越缦堂日记》中记载：

> 是日，借得《荆驼逸史》二十八本，所收共五十种，皆纪明末丧乱事由。惟《东林本末》、《平蜀纪事》、《榆林城守纪略》、《扬州十日记》、《东塘日□》、《江阴城守记》六种，曾见过。……又复《扬州十日记》一过，悚然增沟壑性命之感……王秀楚《扬州十日记》，极诋史道邻。③

据李慈铭"《扬州十日记》……曾见过"等语，可见在《荆驼逸史》之前《扬州十日记》已在秘密流传的事实。至咸丰同治时期，《扬州十日记》再次被收录到《明季稗史汇编》（又作《明季稗史初编》，

---

① 张之洞：《书目答问补正》，北京：北京燕山出版社2008年版，第89—90页。其载"杂史第六……《明季北略》、《绥寇纪略》、《明季稗史十六种》（二十七卷，通行本，《烈皇小识》、《圣安本纪》、《行在阳秋》、《嘉定纪略》、《幸存录》、《续幸存录》、《求野录》、《也是录》、《江南闻见录》、《粤游见闻》、《赐姓始末》、《两广纪略》、《东明闻见录》、《青燐屑》、《四王合传》、《扬州十日记》）……以上杂史类事实之属"。
② 南渡录：《〈扬州十日记〉版本考》，刊于《积习待用》网。网络地址：http://www.readannals.org/t-258538-1-1.html（访问日期：2014年8月11日）。
③ 李慈铭：《越缦堂日记》，乙集，第1册，"咸丰辛亥四月十五日"条，扬州：广陵书社影印2004年版，第200页。

后亦简称《明季稗史》)中,作者题为留云居士。李慈铭又一次阅读了此书,时间在同治四年(1865)十月二十日,他在日记中写道:

> 得介子书,以《明季稗史汇编》借阅。《稗史》者,文秉《烈皇小识》、顾炎武《圣安本纪》、《行在阳秋》、朱子素《嘉定屠城纪略》、夏允彝《幸存录》、夏完淳《续幸存录》、邓凯《求野录》、《也是录》、无名氏《江南闻见录》、瞿共美《粤游见闻》、黄宗羲《赐姓始末》、华复蠡《两广纪略》、瞿共美《东明闻见录》、应廷吉《青燐屑》、无名氏《耿尚吴孔四王传》、王秀楚《扬州十日记》十六种也。此书壬子、癸丑间曾一阅之。……《赐姓始末》、《扬州十日记》,阅之及两次。①

李慈铭所说壬子年当为咸丰二年(1852)、癸丑年当为咸丰三年(1853),可见《明季稗史》约产生于道光末咸丰初。又李慈铭"《赐姓始末》、《扬州十日记》,阅之及两次",前次或指《荆驼逸史》版本。

版本的考订并非本段所欲,这里之所以详细引述李慈铭的记载,是想说明晚清《扬州十日记》流传的两种主要版本,即《荆驼逸史》本和《明季稗史》本。又因《明季稗史》本兼收《扬州十日记》和《嘉定屠城纪略》,时人的历史记忆中又通常将"扬州十日"和"嘉定三屠"并称,所以《扬州十日记》通常被民族主义高涨的革命志士误以为《扬州十日屠城记》(详后),也因此《明季稗史》版本流传更广,谭嗣同(1865—1898)、章太炎、鲁迅、马叙伦(1885—1970)、夏丏尊(1886—1946)和顾颉刚等人所读《扬州十月记》,即为《明

---

① 李慈铭:《越缦堂日记》,乙集,第5册,"同治四年十月二十日"条,第3453页。

季稗史》本①。这两种类书可视为《扬州十日记》的中国本土来源。而其单行本似以来自日本为多，孙中山在兴中会和同盟会成立时期，将《扬州十日记》作为重要宣传品，或即与日本的地域背景有关。当时著名的革命党人蒋翊武（1884—1913）和刘复基（1884—1911）所读版本，即为《扬州十日记》的单行本小册子②。除了上述两种类书及单行本以外，《扬州十日记》也曾与邹容（1885—1905）的《革命军》合刊。邹鲁（1885—1954）编著《中国国民党史稿》记载当时有"将《革命军》、《猛回头》、《灭汉种策》合刊者，有将《革命军》、《驳康有为书》、《逐满歌》、《扬州十日记》合刊者"③，可见这正是革命党人的宣传策略。由于"革命军中马前卒"邹容《革命军》的广泛影响，《扬州十日记》的流传史无前例地广泛，对辛亥革命的影响也愈大。综合而言，晚清《扬州十日记》的流传广度，似以单行本（小册子）为第一，《明季稗史》次之，《荆驼逸史》又次之，其他版本流传较少。

除了这种原生态的文本以外，晚清《扬州十日记》归纳起来尚有以下四种类型：（1）《扬州十日记》案语版。梁启超《清代学术概论》载其"窃印《明夷待访录》、《扬州十日记》等书，加以案语，秘密分布，

---

① 谭嗣同：《仁学》，卷下，见广来选编：《近代名家名人文库·梁启超谭嗣同》，呼和浩特：内蒙古人民出版社2009年版，第197页；章太炎：《狱中答〈新闻报〉》，见广来选编：《近代名家名人文库·章太炎邹容》，呼和浩特：内蒙古人民出版社2009年版，第42—43页；周作人：《鲁迅读古书》，见周作人著，张明高、范桥编：《周作人散文集》第3集，北京：中国广播电视出版社1992年版，第523—528页；安书芬、彭诗琅主编：《中华教育通史》第10卷，北京：京华出版社2010年版，第2128—2129页；夏丏尊：《平屋杂文》，上海：平明书店1947年版，第113、115页；顾颉刚口述，何启君整理：《中国史学入门——顾颉刚讲史录》，北京：中国青年出版社1993年版，第84页。
② 周星林：《蒋翊武刘复基》，北京：团结出版社2011年版，第14页。
③ 邹鲁编著：《中国国民党史稿》，北京：东方出版中心2011年版，第432页。陈旭麓的研究也指出"也有将它（《革命军》）与《扬州十日记》合刊的，销售逾百万册"，陈旭麓：《邹容的〈革命军〉及其思想》，见熊月之、周武编：《陈旭麓文集》第3卷《思辨留踪》下册，上海：华东师范大学出版社1997年版，第211—212页。

传播革命思想,信奉者日众,于是湖南新旧派大哄"①,加"案语"(注释)的方式并不鲜见,是为了让简洁难懂(相对于愚夫愚妇而言)《扬州十日记》更为浅显易晓,加快革命思想传播②。(2)《扬州十日记》绘图版。此为南社士人陈去病(1874—1933)所推动。还在刚从日本回国之初,陈去病就曾辑录《扬州十日记》、《嘉定屠诚记》等几种野史,绘图加批,编为《陆沉丛书》出版③。陈去病甚至为《扬州十日记绘图》题词道:"板荡芜城剧可哀,蒸黎百万尺成灰。奇冤十日休嫌惨,九世于今絷割来。"④同样,绘图之目的也是为了加速《扬州十日记》在普通民众之间的传播。(3)《扬州十日记》白话版。光绪二十九年(1903),林白水(1874—1926)和刘师培(1884—1919)在上海创刊《中国白话报》以后,曾连续刊登《扬州十日记》⑤。同时期的广东报人郑贯公(1880—1906)也在《世界公益报》上"连续刊登《扬州十日记》歌谣"⑥。这两种报纸的做法到了抗日战争时期,为《闲书周刊》等所继承⑦。(4)《扬州十日记》戏剧本。据上海租界工部局警务部报告记录,辛亥革命当年在"丹桂第一台"即有《汉族血》《嘉定三屠》《扬州十日》《江阴屠戮》和《秋瑾》等戏剧上演,也是当时革命宣传的重要方式⑧。案语、绘图、报刊、白话、歌谣和戏曲诸方式,无一例

---

① 梁启超:《清代学术概论》,见梁启超著,朱维铮校注:《梁启超论清学史二种》,上海:复旦大学出版社1985年版,第69页。
② 案:《扬州十日记》全书不足8000字。数据来源参见曾学文:《书海沧桑——扬州名书》,扬州:广陵书社2006年版,第125页。
③ 杨天石:《陈去病》,见吴慧娟、刘波、卢达编:《中国历代著名文学家评传》第9卷,济南:山东教育出版社2009年版,第629页。
④ 郭君兮编:《陈去病诗文集·补编》,北京:社会科学文献出版社2009年版,第1116页。
⑤ 刘肖兰:《晚清报刊与近代史学》,北京:中国人民大学出版社2007年版,第106—121页。
⑥ 李默:《辛亥革命时期广东报录》,转引自郭天祥《黄世仲年谱长编》,北京:中国上海科学出版社2002年版,第80页。
⑦ 王秀楚著,陈轩裔演述:《白话扬州十日记》,载《闲书周刊》1938年第1—3期。
⑧ 转引自傅国涌:《辛亥百年——亲历者的私人记录》下册,北京:东方出版社2011年版,第241页。

外地在推动《扬州十日记》的通俗化和大众化。章太炎尝言邹容之《革命军》的最大功效在"感动普通社会"①,实则于《扬州十日记》亦颇允当。

在详述《扬州十日记》文本形态的过程中,其流传空间也逐渐显现。检视当时的各种史料,《扬州十日记》的流传空间上,当以上海(及江浙地区)为最多,两湖地区次之,广东地区又次之,其他省份则较少。首先,上海和江浙地区主要得益于南社和神州国光社的推动。对此谢国桢在《增订南明史籍考》中已说得很明白:"当清之季年,邓秋枚、黄晦闻、刘师培等,创立神州国光社,翻印旧籍,鼓吹革命,编《国粹学报》及《国粹丛书》,影印明季野史不下数十种。陈去病尝作《明遗民录》,刊载《国粹学报》,惜其书未成。"②虽然南社于宣统元年(1909)成立于苏州,但大多会员都是同盟会员,而且其主要活动也集中在上海。柳亚子(1887—1958)曾在《二十世纪大舞台发刊词》中说:"今以《霓裳羽衣》之曲,演玉树铜驼之史,凡扬州十日之屠,嘉定万家之惨,以及房酋丑类之幅淫。烈士遗民之忠荩,皆绘声写影,倾筐倒箧而出之;华夷之辨既明,报复之谋斯起,其影响捷矣。"③由传统华夷之辨演化而来的以"排满"为主题的民族主义,主导了南社的活动和创作,以至于"(南社)整个革命的奋斗过程是与残明文献的搜集与刊行相平行"④。同时南社主将陈去病不仅将《扬州十日记》加以绘图,收入《陆沉丛书》,而且进一步编撰《明遗民录》,在《国粹学报》上

---

① 冯自由:《革命逸史》第2集,北京:新星出版社2009年版,第47页。
② 谢国桢:《增订晚明史籍考》,上海:上海古籍出版社1981年版,"自序",第15页。
③ 柳亚子:《二十世纪大舞台发刊词》,见孟蓝天等编著:《中国文论精华——注释·今译·解析》,石家庄:河北教育出版社1993年版,第1014页。
④ 王汎森:《权力的毛细管作用——清代的思想、学术与心态》,台北:联经出版事业股份有限公司2013年版,第637页。

刊载①。在这些因素的共同推动下，上海及江浙地区成为《扬州十日记》传播的最集中地区，以至于其他省份也以"转贩江浙刻本书"和"代销商务印书馆出版书和上海'点石斋舻'、'扫叶山房'石印书"为业务。②

其次，《扬州十日记》在两湖地区的传播早期得益于梁启超和谭嗣同的推动，后来又由同盟会（及文学社和共进会）的传播。"戊戌变法"期间，梁启超和谭嗣同已注意到《扬州十日记》对于宣传变法和推动改革的意义，已见前引，此不详赘。到了辛亥前后，湖北共进会和文学社的成立，直接推动了《扬州十日记》的传播。许多新军读到《扬州十日记》，就得益于此二革命团体的传播努力。同时两湖地区（尤其湖北）留日学生较多，也为促成因素。张玉法曾统计1898—1908年各省留日学生，其中湖北为224人，仅次于江苏（257人），占总数的22%；湖南人数亦不少，为126人，列第五③。时人有"湖北者，湖北学生演其输入之文明之舞台也"的感叹，已表明留日湖北籍学生的重要推动作用④。当时留日学生所创《湖北学生界》"抒怀旧之积念，发思古之幽情，振大汉之天声"的主旨⑤，与《扬州十日记》不谋而合，而《湖北学生

---

① 陈去病在"序言"中称"予少慕介节，长经辘轳，窃谓世变至此，无复相加，若循是不返，将人道不复可睹，而乾坤几乎或息。然则尚乌所谓内外之防，与志节之可贵哉！故发愤编纂成明遗民录若干卷如下方，亦蕲类族辩物之圣，知所敬爱以自譬况，则神洲纵陆沉，而人兽其倘堪判乎"。参见陈去病：《明遗民录叙》，见殷安如、刘颖白编：《陈去病诗文集》，北京：社会科学文献出版社2009年版，第515—516页。有关南社主持出版的明末清初典籍可参见秦燕春：《清末民初的晚明想象》，北京：北京大学出版社2008年版，第401—405页。此外，包天笑（1876—1973）也回忆"此刻则许多禁书，都在上海出版了，什么《扬州十日记》、《嘉定屠城纪略》等书"，参见包天笑：《钏影楼回忆录》，香港：大华出版社1971年版，第261页。
② 任一民主编：《四川近现代人物传》第4辑，成都：四川大学出版社1987年版，第177页。
③ 张玉法：《清季的革命团体》，北京：北京大学出版社2011年版，第38页。
④ 《湖北调查部纪事叙例》，见张枬、王忍之：《辛亥革命前十年间时论选集》第1卷，上册，北京：生活·读书·新知三联书店1960年版，第443页。
⑤ 鲁迅：《病后杂谈之余》，见鲁迅：《鲁迅全集》第6卷，北京：人民文学出版社1995年版，第185—186页。

界》流传范围非常广泛，学者已指出"刘成禺、蓝天蔚、程明超等在日本刊行《湖北学生界》杂志，输入内地，湖北军、学各界，大受其影响"①。李六如（1887—1973）则回忆，"除同盟会所办的《民报》外，其他如《湖北学生界》、《洞庭波》、《猛回头》、《浙江潮》等宣传革命的书刊，以及《嘉定屠城记》、《扬州十日记》等记述清军入关实屠杀汉人的书籍，秘密流传，风行一时，两湖人士最受影响"②。

至于《扬州十日记》在广东地区的传播，则与广东籍华人华侨和广东籍革命党人数量较多有关。张玉法曾统计清季世界各地的华侨分布，其主要籍贯除欧洲不详以外，亚洲之泰国、缅甸、安南、马来亚、新加坡、英属婆罗洲、菲律宾、日本，以及美洲、澳洲和非洲等地的华侨，均以广东为主要籍贯③。至于广州的革命党人，张玉法也曾详细统计兴中会成员的籍贯与社会身份，列出"以孙中山和兴中会为结合中心的革命党人凡325人"，因此"就籍贯分，以广东居大多数"④。由于清初清军入关时广州也曾经遭受"屠戮"，《扬州十日记》自很能引起广东人的"排满"情绪。时人因此常常把"广州大屠杀"与"扬州十日""嘉定三屠"相提并论，上海租借工部局警务报告记录所载义演时，也将《广州血》与《扬州十日》《嘉定三屠》等剧目前后上演⑤。《扬州十日记》在这种情形下在广东广为传播，所以革命党人雷沛鸿（1888—1967）正是"在广州读书期间，他不仅接受革命思想的陶冶，爱读邹容的《革命军》、陈天华的《猛回头》，以及《警世钟》、《扬州十日记》、《嘉定屠

---

① 江炳灵等：《座谈辛亥首义》，见中国人民政治协商会议湖北省委员会编：《辛亥首义回忆录》第1辑，武汉：湖北人民出版社1957年版，第3页。
② 李六如：《武昌起义纪略》，见中国人民政治协商会议全国委员会文史资料委员会编：《辛亥革命亲历记》，北京：中国文史出版社2001年版，第322页。
③ 张玉法：《清季的革命团体》，北京：北京大学出版社2011年版，第49—51页。前引司徒美堂祖籍即为广东新会。
④ 张玉法：《清季的革命团体》，北京：北京大学出版社2011年版，第142—143页。
⑤ 傅国涌：《辛亥百年——亲历者的私人记录》下册，北京：东方出版社2011年版，第241页。

城记》等书,更喜欢文天祥的《正气歌》和郑所南的《心史》"①。综上可知,《扬州十日记》的流传空间与辛亥前后革命党人的籍贯分布及活动阵地分布若合符节——李六如回忆"孙中山先生于1905年在日本东京创办同盟会,两湖和江苏、浙江、广东等省人士加入者最多"②,由此其对辛亥革命的推动也可借此窥斑见貌③。

(二)《扬州十日记》的获取途径和传播方式

书籍的文本形态和流传空间,直接决定了其获取途径和传播方式,也会直接影响读者的阅读心态。有关《扬州十日记》的阅读心态将在下段中详细论述,此处论及其获取途径和传播方式。可以想见,在晚清仍将《扬州十日记》列为"禁书"或"逆书"的时代背景下,革命党人传播和获取《扬州十日记》主要以秘密方式进行。如梁启超所谓"秘密分布"④、伊村夫所谓"我等同志秘密传阅"⑤、周予同所谓"似懂非懂地在秘密地偷看"等等⑥,均可为证明。只有在上海和武汉等少数地方——洋人设有(公共)租界、时政风气更为开放——可以公开摆摊售卖。冯自由《革命逸史》所载上海"野鸡大王徐敬吾"即为典型例子:

---

① 雷坚编著:《雷沛鸿传》,南宁:广西人民出版社1997年版,第1—3页。
② 李六如:《武昌起义纪略》,见中国人民政治协商会议全国委员会文史资料委员会编:《辛亥革命亲历记》,北京:中国文史出版社2001年版,第332页。
③ 胡汉民尝言邹容:《革命军》"爽直痛快,无有伦比,一时畅行于长江流域,以其书易读,中下层社会皆欢迎之",《扬州十日记》亦与之相似。参见胡汉民:《胡汉民先生自传》,见中国社会科学院近代史研究所、近代史资料编辑组:《近代史资料》,总第45号,第55—56页。
④ 梁启超:《清代学术概论》,见梁启超著,朱维铮校注:《梁启超论清学史二种》,上海:复旦大学出版社1985年版,第69页。
⑤ 伊村夫:《辛亥革命前后我的回忆》,见丁日初:《辛亥革命前上海资本家的政治活动》,载《近代史研究》1982年第2期。
⑥ 周予同:《康有为与章太炎》,见周予同著,朱维铮编校:《经学与经学史》,上海:上海人民出版社2012年版,第168页。

在清光绪末年，凡住上海稍久者，莫不知有"野鸡大王"其人。"大王"徐姓，号敬吾，广东香山县人，上海《苏报》案前后最摇旗呐喊之革命宣传家也。尝手撰《野鸡花榜》揭载小报，时人遂以"野鸡大王"称之。"大王"专以出售革命书报为业，是时各种革命书报虽受社会欢迎，但各书局制于官力，咸有戒心，不敢直接出售，有志购读者，多无从问津。"大王"恒挈其女公子宝姒出入于福州路青莲阁等茶馆，叫卖各著名犯禁之书报，如《革命军》、《黄帝魂》、《驳康有为政见书》、《孙逸仙》、《沈荩》、《自由血》、《女界钟》、《俄罗斯大风潮》、《猛回头》、《警世钟》、《扬州十日记》、《孔孟心肝》、《〈苏报〉案纪事》、《三十三年落花梦》、《廿世纪大舞台》等书，不下百数十种，行人趋之若鹜，至为畅销。又每于星期日假味莼园演说革命，听者如堵，海上耳目，为之震骇。其女公子亦议论风生，批评时政，淋漓痛快，大王之得力助手也。章太炎尝戏以《水浒传》人物作《上海志士梁山泊点将录》，号敬吾为"鼓上蚤时迁"。南洋公学退学生之组织爱国公学，敬吾父女均为之奔走甚力，人多称之。①

"各书局制于官力，咸有戒心，不敢直接出售，有志购读者，多无从问津"的记载，说明当时清政府管制仍甚严密。尽管徐敬吾"后竟不知所终"，但其公开摆地摊出售《扬州十日记》的史实，可得到吴稚晖（1865—1953）和郑逸梅（1895—1992）等人的佐证②。

从"野鸡大王"徐敬吾的例子出发，可以总结出当时革命党人获取

---

① 冯自由：《革命逸史》，北京：东方出版社2011年版，第84页。
② 吴敬恒：《四十年前之小故事》，见袁进编：《学界泰斗——名人笔下的蔡元培》，上海：东方出版中心1999年版，第59页；郑逸梅：《梅庵谈荟》，哈尔滨：黑龙江人民出版社1985年版，第172—173页；郑逸梅：《世说人语》，哈尔滨：北方文艺出版社2009年版，第92页。

《扬州十日记》的四种方式。第一种也是最重要的方式，当然是革命团体内部流传。如福建革命党人黄展云（1875—1938）"亟力充实进步的图书报刊，并亲自掌管《扬州十日》、《嘉定三屠》、《太平天国笔记》等书册，专供加入励志社的进步学生及革命同志阅读"①，是通过革命团体励志社传播。赵师梅（1894—1984）的回忆则提供了共进会传播《扬州十日记》的例子，他在《赵师梅回忆录》中写道"此时巴东人在武昌者总共仅有八人：其中有邓玉麟（约30岁）、高尚志（约25岁），两人都是新军，而且都是共进会（同盟会分支）的会员。他们给我们一些革命小册子，如《嘉定屠城》、《扬州十日》、《猛回头》、《皇帝魂》、《烧饼歌》等"②，可佐前述湖北军界和学生界的很多革命党人，都是通过共进会和文学社获得《扬州十日记》。而江西地区的《扬州十日记》，则得益于华兴会的功劳甚多，张宏卿、肖文燕《赣鄱壮举——辛亥革命在江西》记载："1904年春，黄兴领导华兴会筹备长沙起义的时候，陈天华就从日本写信回湖南，建议游说江西巡防营统领廖铭缙届时响应。当时，廖与部队一起驻扎在吉安，华兴会即派了邹永成、易本羲等数十人带着《扬州十日记》、《嘉定三屠记》等书到吉安。"③光绪三十一年（1905）年同盟会成立以后，各地的同盟会分会承担了传播《扬州十日记》的主要功能。如著名的革命党人王金铭（1880—1912）、郑金声（1879—1928）阅读《扬州十日记》，即得益于同盟会员刘瀛（生卒年不详）的赠送④。

---

① 高士振编著：《1911震撼中国——辛亥风云重要人物》，北京：台海出版社2011年版，第278页。
② 赵师梅：《赵师梅回忆录》，见俞大光、陈锦江：《无私奉献一生的赵师梅先生传略》，武汉：华中理工大学出版社2000年版，第92页。
③ 张宏卿、肖文燕：《赣鄱壮举——辛亥革命在江西》，南昌：江西人民出版社2011年版，第29页。
④ 李廷俊：《民主志士王金铭》，见山东省政协文史资料委员会编：《山东文史集粹（修订本）》上集，北京：中国文史出版社1998年版，第72页；郑永恒《我的祖父郑金声》，济南市政协文史资料委员会编《济南文史集粹》，济南市政协文史资料委员会，2000年，第367—372页。

当然辛亥前后各革命团体之传播《扬州十日记》,方式非常灵活。有些变成歌谣传播,如朱峙三(1886—1967)《辛亥武昌起义前后记》即记载:"暗以种种方法,循诱新军,以粗浅的小说文字,如唱词之《猛回头》、《警世钟》、《扬州十日记》、《嘉定屠城记》等,使其愤怒报仇之心,而坚其反清革命之念。"① 在《扬州十日记》仍被列为"逆书"的情况下,口头宣传甚至成为当时的主要传播方式,如江炳灵(1885—1972)回忆:"当时革命刊物很多,但为免麻烦,多由口头宣传。宣传内容,有'扬州十日'、'嘉定三屠'之类,太平天国檄文中'忍令上国衣冠沦于夷狄,相率中原豪杰还我河山'之句,也时常引用。"② 同时"扬州十日""嘉定三屠"的故事,甚至成为赵声(1881—1911)《保国歌》的主要组成部分③。

　　除了口耳相传以外,印发《扬州十日记》的单行本小册子,四处散发也是重要方式。如梁钟汉(1878—1959)回忆,"我于本年春,赴日留学,暑假回国,与黄州吴寿昌、刘昊公等,翻印《猛回头》、《警世钟》、《嘉定三屠》、《扬州十日》各书,分途散发。策动革命进展,斯

---

① 朱峙三:《辛亥武昌起义前后记》,见全国政协文史和学习委员会编:《亲历辛亥革命——见证者的讲述》中册,北京:中国文史出版社2010年版,第620—652页。

② 江炳灵等:《座谈辛亥首义》,见中国人民政治协商会议湖北省委员会编:《辛亥首义回忆录》第1辑,武汉:湖北人民出版社1957年版,第1—17页。其中,"忍令上国衣冠于夷狄,相率中原豪杰还我河山"为当时邹容《革命军》所引用,复改为"忍令上国衣冠,沦于夷狄,相率中原豪杰,还我河山"。参见邹容:《革命军》,见张枬、王忍之编:《辛亥革命前十年间时论选集》第1卷,下册,北京:生活·读书·新知三联书店1960年版,第650—674页。

③ 赵声《保国歌》摘录如下:"莫打鼓来莫打锣,听我唱个保国歌:中国汉人之中国,民族由来最众多。堂堂始祖是皇帝,四万万人皆苗裔。嫡亲同胞好弟兄,保此江山真壮丽。可怜同种自摧残,遂使满洲来入关。凶悍更加元鞑子,杀人如杀草一般。痛哭扬州十日记,嘉定屠城尤骇异。奸淫焚掠习为常,说来石人也垂泪。"参见赵声:《保国歌》,见扬州师范学院历史系编:《辛亥革命江苏地区史料》,南京:江苏人民出版社1961年版,第94页。

时湖北各乡村之有此类书籍流播,皆由此次散发"①;朱峙三(1886—1967)也曾"叫人背着一包袱革命书籍和传单,同我一路到乡村里分送"②;而邹永成(1882—1955)回忆曹亚伯(1879—1937)在江西吉安"每天拿着扬州十日、嘉定三屠及《猛回头》等革命书籍到街上去,当街散发"③,可知这种方式主要针对乡村地区的革命宣传。即使是革命团体内部革命党人之间的传播和阅读,形式也非常灵活多样,黄七五(1882—1964)回忆了当时阅读到《扬州十日记》的有趣情形:

> 我的寓址,在东京海岸"山口屋",不断地有客往来。有一天广东同学李勤、何汝麟前来看我,手中拿着两本小册子,一本是《扬州十日记》,一本是《嘉定屠城纪略》。不知他们是有意无意,临去时没有把书带走,我在他们走后,就翻开来看了。那知不看也罢,看了之后,简直无法宁静,大有"此仇不报枉为人"的动机和愤慨。
>
> 隔了几天,李、何两人又来了,一见面就说:"我们忘了东西在你这里,你见了吗?"当时我没有回答,听他们说下去,半晌无言,我才启齿很严肃的向他们说:"你们留下是让我看的。"他们二人笑着说:"看了有何意见?"我说:"这两天功课正忙,吃了你们这服强心剂,弄到不能安息,连应备的课也停止了。"他们非常惊讶,说:"何至于如此呢?"我说:"我一定要和屠城的人算一算账,不如此,就不能再算是黄氏咨询了。"他们听我说完,连赞了几声

---

① 梁钟汉:《我参加革命的经过》,见中国人民政治协商会议湖北省委员会编:《辛亥首义回忆录》第2辑,武汉:湖北人民出版社1957年版,第6页。
② 朱峙三:《辛亥武昌起义前后记》,见全国政协文史和学习委员会编:《亲历辛亥革命——见证者的讲述》中册,北京:中国文史出版社2010年版,第620—652页。
③ 邹永成口述,杨思义笔记:《邹永成回忆录(一)》,见李学通、孙彩霞:《辛亥革命资料选编》,第1卷《反清革命》,下册,北京:社会科学文献出版社2012年版,第784—786页。

好，书也没有再要，匆匆走了。①

表面上是因为朋友的无意疏漏，让同时代的革命党人阅读到了《扬州十日记》，实质上显然是李勤和何汝麟有意为之的结果——从这段记述甚至隐约可以看出，是否阅读《扬州十日记》成为当时革命党人身份认同的重要标志。与柏文蔚（1876—1947）"熊成基读《扬州十日记》，乃至流泪不止，与因之与订交焉"同出一辙。

由于"清代秘密社会具有反满的传统"，因此"容易与革命运动合流"，且"秘密社会深入群众的基层"，颇为革命党人所利用②，记载"反满"情绪的《扬州十日记》当然也就与秘密会社结合在一起。因此除了革命团体内部流传以外，辛亥革命非常倚重的传统会社（如哥老会），也在悄悄流传《扬州十日记》。早在光绪三十年（1904），华兴会就推刘道一（1884—1906）和万武（1882—1968）去策动哥老会首领马福益（1865—1905），就集中以"排满"为共同利益，并强调"扬州十日、嘉定三屠的血债，也到了清算的时候了"。马福益听后"肃然起敬"③。又如陕西岚皋厅城哥老会：

> 辛亥革命期间，以"反清复明"为宗旨的哥老会，从汉口、老河口一带扩展到兴安府各厅、县……清宣统元年，陈可庄从日本回国后，在烛峰书院任教，教唱同盟会领导人的《救国歌》。兴安哥老会首领，砖坪哥老会程子青、杨桂棠把兄谢治平，将《扬州十日

---

① 黄七五：《孙中山先生介绍我加入同盟会》，见中国人民政治协商会议江苏省南通市委员会文史资料研究委员会编：《南通文史资料选辑》第7辑，中国人民政治协商会议江苏省南通市委员会文史资料研究委员会，1987年，第164页。
② 张玉法：《清季的革命团体》，北京：北京大学出版社2011年版，第41页。
③ 万武：《策动马福益起义的经过》，见中国人民政治协商会议全国委员会文史资料研究委员会编：《辛亥革命回忆录（二）》，北京：中华书局1962年版，第246—247页。

记》、《嘉定三屠》、《天国覆灭记》送给砖坪哥老会三号首领胡玉棠。①

显然同样的阅读书籍和思想传播，拉近了革命团体和传统会社之间的距离。《扬州十日记》在当时能直接送达哥老会首领，也可见革命思想在传统秘密会社中早有传播。

由黄七五的回忆可以看到当时获取《扬州十日记》的另一种方式，即通过学校和师生传播。随着科举制度的废除，辛亥前后正是中国近代教育转型的重要时期。其时私塾、小学、文武学堂和高等教育杂相并有，而这些地方都成为获得《扬州十日记》的重要场所。朱峙三回忆口耳相传"扬州十日""嘉定三屠"的方式时，说道"在五路小学以及文武普通、湖堂，都是用这个办法。几个高等学堂中的学生，将粗浅的小册子阅后，即转送别人（小学或私塾学生）。当时虽说禁革命书报，尚不甚严，各县学堂也无向官厅告密的"②，可为例证。另马叙伦之阅读《扬州十日记》，也是在书塾中开始的：

> 当时书塾里的历史教员、有名的历史学家陈介石先生给学生们讲六朝五代和宋元明清的兴亡史，向学生介绍王夫子的《黄书》、黄宗羲的《明夷待访录》和《明季稗史》里的《扬州十日记》、《嘉定屠城记》一类的书，以及孟德斯鸠的《法意》和卢梭的《民约论》等译本。③

---

① 岚皋县志编纂委员会编：《岚皋县志》，西安：陕西人民出版社1993年版，第352页。
② 朱峙三：《辛亥武昌起义前后记》，见全国政协文史和学习委员会编：《亲历辛亥革命——见证者的讲述》中册，北京：中国文史出版社2010年版，第620—652页。
③ 安书芬、彭诗琅主编：《中华教育通史》第10卷，北京：京华出版社2010年版，第2128—2129页。

梁钟汉的回忆更为有趣:"(明新公学)授算术课时,以《嘉定三屠》、《扬州十日》为习题,屠一次屠多少人,杀一日杀多少人,三屠与十日,得数若干等。"① 梁钟汉所说算术老师已不得而知,疑或即殷子衡(1875—1957),后者在算术课中实行完全一样的做法②。连(具有现代性色彩的)算术课中也贯穿了《扬州十日记》的讲解和传播,可见当时革命党人的宣传策略。另外,当时在校学生也组织多种打着读书会、研究会或同学会之名,行阅读《扬州十日记》之实的团体。如贵州革命党人席正铭(1884—1920)组织的"历史研究会","声言专门研究近代历史,实际上是通过秘密传阅《民报》的方式,宣传《民报》的言论,结合向所联系的人们述说清朝统治者入关后惨杀国内各族人民的重大史实……"③ 安徽柏文蔚组织的"同学会","以最普通立名,而内容世研究革命排满之道","是时加入者,多淮上健者,所有宣传品如《猛回头》、《革命军》、《警世钟》、《扬州十日记》、《嘉定屠城记》、《中国魂》,每册散布皆达万余份"④。不难想象,受制于秘密流传的方式,这类团体在当时并不鲜见。

与私塾、书塾和学校联系在一起的,当然是家庭教育,这也构成了《扬州十日记》获取的重要方式。典型者如梁实秋(1903—1987),即在乃父梁咸熙(1887—1946)的影响下,接触、阅读并了解了《扬州十日记》。梁实秋在《我在小学》和《"岂有文章惊海内"》中两次提到当时的情景:

在剪辫子那一天,父亲对我们讲了一大套话,乎凤看的《大义

---

① 梁钟汉:《我参加革命的经过》,见中国人民政治协商会议湖北省委员会编:《辛亥首义回忆录》第2辑,武汉:湖北人民出版社1957年版,第6页。
② 王春霞:《"排满"与民族主义》,北京:社会科学文献出版社2005年版,第221—222页。
③ (佚名):《贵州陆军小学学生参加辛亥起义经过》,见贵州省政协文史与学习委员会编:《贵州文史资料选粹·政治军事篇》上册,贵阳:贵州人民出版社2010年版,第50页。
④ 柏文蔚:《柏文蔚自述(1876—1947)》,北京:人民日报出版社2011年版,第12页。

觉迷录》、《扬州十日记》供给他不少分开的资料,我们对于这污脏麻烦的辫子本来就十分厌恶,巴不得把它齐根剪去,但是在发动并州快剪之际,我们的二舅爹爹还忍不住泫然流涕。①

梳小辫儿是一天中第一件大事。我是在民国元年才把小辫儿剪了去。那时候我的辫子已有一尺多长,睡了一夜觉,辫子往往就松散了,匆匆的给我梳,梳得紧,揪得头皮痛。我非常厌恶这根猪尾巴。父亲读《扬州十日记》、《大义觉谜录》之类的书,常把满军入关之后"留头不留发,留发不留头"的故事讲给我们听,我们对于辫子益发没有好感。革命后把辫子一刀两断,十分快意。②

可见梁家正是在行"剪辫子"这一高度仪式化的活动中,趁机加上《扬州十日记》等"禁书",从而引起梁实秋"排满"的历史记忆,宣传革命的正当性。

除了通过革命团体、学校和家庭以外,书店和书摊也是获取《扬州十日记》的重要方式。"野鸡大王"徐敬吾得益于上海滩的独特优势,当然敢于摆摊公开售卖——庄禹梅(1885—1970)之获取《扬州十日记》,也是在上海读书时,通过地摊(公开)购买而得③,但其他地区的书店就远没有这么幸运,只能秘密进行。如徐锡麟(1873—1907)即是如此:

徐锡麟为了唤醒民众投身社会改革,筹集资金在绍兴闹市轩亭

---

① 梁实秋:《我在小学》,见梁实秋:《梁实秋散文集》,北京:中国社会出版社2004年版,第142页。
② 梁实秋:《"岂有文章惊海内"》,见梁实秋:《梁实秋杂文集》,北京:中国社会出版社2004年版,第271—272页。
③ 乐承耀:《宁波与辛亥革命》,宁波:宁波出版社2011年版,第124、138页。同时参见庄禹梅:《辛亥革命见闻一二》,见宁波市政协文史委员会编:《辛亥革命宁波史料选辑》,宁波:宁波出版社2011年版,第45页。

口开设了一家"特别书店",专门出售"逆书";如明清之际的思想家和史学家黄宗羲(字太冲,号南雷,又号梨洲)著述的《南雷文案》、《明夷待访录》、《明儒学案》、《扬州十日》、《嘉定屠城记》等作品。这些作品充满反清廷、反封建色彩;他还出售当时激进青年革命家的著作,如邹容的《革命家》、陈天华的《猛回头》、《警世钟》等等。①

由于记载稍简,徐锡麟当时创立的"特别书店"到底如何"特别",又如何专门出售"逆书"已不得而知,但以徐锡麟的性格和当时安徽的革命形势,肯定只能秘密进行。同样的情况存在于广西和四川等省份,其中以广西更具代表性。李任仁(1886—1968)回忆:

> 我是经常去订报,取报的。贩卖革命书报的机构除了上面提到的翰芳斋外,还有石渠书局。翰芳斋和石渠书局表面上是卖普通书籍文具,革命书籍是秘密卖的,必须是熟识的人或由熟识的人介绍晚间去才买得到。《民报》、《皇帝魂》、《革命军》、《天讨》、《扬州十日记》等书报都有。我是去买过的。②

翰芳斋和石渠书局"表面上是卖普通书籍文具",秘密卖革命书籍的做法,与前述读书会、研究会或同学会的做法如出一辙。而为了安全起见,书店"必须是熟识的人或由熟识的人介绍晚间去才买得到"的"潜规则"更见其宣传策略。因此在晚清政府管制仍严、《扬州十日记》

---

① 姜昆编著:《民国轶闻》,沈阳:春风文艺出版社1993年版,第145页。
② 李任仁:《同盟会在桂林、平乐的活动和广西宣布独立的回忆》,见中国人民政治协商会议全国委员会文史资料委员会编:《辛亥革命亲历记》,北京:中国文史出版社2001年版,第532—533页。四川方面参见任一民主编《四川近现代人物传》第4辑,成都:四川大学出版社1987年版,第177页。

仍为"逆书"的情况下，书店多只能秘密出售似可确定。

三、阅读《扬州十日记》的相关问题

尽管革命党人凭借灵活高超的传播技巧，借用《扬州十日记》这一晚明遗献有效宣传了革命，但是清政府并非完全毫无察觉，完全放任。就在前引冯自由《革命逸史》对"野鸡大王"徐敬吾的记载中，即说"苏报案发生后，敬吾依旧到处演说，志不少懈，事为清吏密探所闻，乃设法诱至南京，欲借以罗织党狱"①。《中国白话报》也因刊载《扬州十日记》及其他革命书籍，仅仅出版了 24 期就被迫停刊②。但是当时的总体舆论环境已有所松弛则无疑问，朱峙三的回忆可以佐证这种时代感受："当时虽说禁革命书报，尚不甚严，各县学堂也无向官厅告密的。"③这可从光绪三十年（1904）林白水在《中国白话报》连载《白话扬州十日记》的案语中得到证明。林白水提道，当时"我想这部《扬州十日记》，现在书坊里多得很，本来没有什么稀奇"④。因此尽管相关阅读仍在打击行列，但由于现代新式传媒和印刷革命带来的整体变革，清政府已经无法（完全）禁止《扬州十日记》的传播。正是在这种阅读环境欲紧还松、堪松时紧的时代背景下，阅读《扬州十日记》的相关问题值得细致梳理。本节将分两部分展开论述：首先，廓清阅读《扬州十日记》的外围层面，包括《扬州十日记》的阅读选择、读者身份、阅读时间和阅读地点等问题；其次，梳理阅读《扬州十日记》的内在心态，希望借

---

① 冯自由：《革命逸史》，北京：东方出版社 2011 年版，第 84 页。
② 赵山林：《中国近代戏曲编年（1840—1919）》，上海：华东师范大学出版社 2008 年版，第 217 页。
③ 朱峙三：《辛亥武昌起义前后记》，见全国政协文史和学习委员会编：《亲历辛亥革命——见证者的讲述》中册，北京：中国文史出版社 2010 年版，第 620—652 页。
④ 白话道人：《来稿》，载《中国白话报》1904 年第 17 期。

此改变过去学界较为简单同质的解释模式。

(一) 阅读《扬州十日记》的外围层面

以往记忆史的研究已经指出,"(《扬州十日记》) 在当时俨然已成为一种制造舆论之工具,扬州十日作为一种民族主义言说的'意义'与这一'事件'本身以及承载这一'事件'的'文本'相互剥离,'意义'凌驾于'事件'与'文本'之上"①,这种看法颇有见地。本来《扬州十日记》的内容并非单纯突出清军的残暴,其记载的相关历史事件也未必真的那么可靠,这已得到考证史系列研究的证实。然而《扬州十日记》在革命党人那里,却实实在在成了最重要的"制造舆论之工具"。庄禹梅甚至在《扬州十日记》和邹容《革命军》同时存在于地摊的情况下,先买了《扬州十日记》,第二天才买了《革命军》——《扬州十日记》在他心目中的地位俨然高于《革命军》!② 对此梁启超曾概括性地指出:"满汉两族并栖于一族之下,其互相猜忌者二百余年如一日,一旦有人焉刺激其脑蒂,其排满性之伏于其中者,遂不期而自发,此革命党之势力,所以如决江河,沛然而莫之能御。"③《扬州十日记》固然是"刺激其脑蒂"的重要文献,但是梁启超这种过于化约的说法并没有解释:为什么是《扬州十日记》?

本来,清末民初作为"过渡时代",与宋末元初、明末清初一样,充满朝代更迭和民族变迁的双重过渡,产生了大量的王朝遗民。后来的王朝遗民对前朝遗民著作的借用也仿佛司空见惯,理所当然。但是在晚

---

① 南渡录:《〈扬州十日记〉版本考》,刊于《积习待用》网。网络地址:http: //www.readannals. org/t-258538-1-1. html (访问日期:2014 年 8 月 11 日)。
② 庄禹梅:《辛亥革命见闻一二》,见宁波市政协文史委员会编:《辛亥革命宁波史料选辑》,宁波:宁波出版社 2011 年版,第 45 页。
③ 梁启超 (署名与之):《论中国现在之党派及将来之政党》,见张枬、王忍之编:《辛亥革命前十年间时论选集》第 2 集,下册,北京:生活·读书·新知三联书店 1963 年版,第 607—621 页。

清除了《扬州十日记》之外,实际上有多种著作可供借用,因为有关屠杀的历史记忆,早在"扬州十日"之前,就有唐末黄巢"血洗长安",同时期明末也有张献忠"屠杀川人",即使具体到清军入关的暴行上,也有"嘉定三屠""苏州屠城",即使到了晚清也早在革命党人的"革命活动"以前,就有"洪杨之乱"(太平天国起义),并有李圭(小池,1842—1903)《思痛记》留下了对江宁句容金坛一带的详细记载。① "为什么是《扬州十日记》?"的问题就变得尤为重要。对此秦牧(1919—1992)认为是"靠它(《扬州十日记》)的质朴,靠它的真切生动"②,然而这虽然是重要的原因,但显然并不构成充分条件。梁启超甚至曾经非常喜欢宋末遗民郑所南(郑思肖,1241—1328)的《心史》:

> 启超欲求郑所南《心史》,梦寐以求之者盖十馀年。乙巳四月,客有自署无冰者以家藏本见赠,穷日夜之力读之,每尽一篇,腔心辄腾跃一度……睡则呓诵"誓以匹夫抒国难,艰于乱世取人才。屡曾筹至难谋处,裂破肺肝天地哀"之句……启超读古人诗文词多矣,未有震荡予心若是书之甚者。③

但是在梁启超的心目中,《心史》的地位终究没有超过《扬州十日记》,以至于读完《扬州十日记》以后,"虽师友督责日至,曾不肯自变其说;即至今日,而此种思想,蟠结胸中,每当酒酣耳热,犹时或间发

---

① 李圭:《思痛记》,见沈云龙主编:《近代中国史料丛刊续编第二十九辑》,台北:文海出版社1976年版。
② 秦牧:《读〈扬州十日记〉》,见秦牧:《秦牧全集》,第10卷《集外集一》,广州:广东教育出版社2007年版,第96—99页。
③ 梁启超:《重印〈心史〉序》,转引自朱维之:《中国文艺思潮史略》,香港:纵横出版社1979年版,第124页。

而不能自制"①。因此这背后的阅读选择就更值得玩味儿。

依照笔者的意见,这里应该拈出《扬州十日记》的关键词进行分析,那就是"扬州(江南)""屠杀(十日、八十万)""满人(夷)"——无疑其中尤以"扬州(江南)"为最重要,因为江南在中国传统社会、扬州之在江南均具有不可替代的象征意义②,特别在清代经过李斗(生卒年不详)《扬州画舫录》的进一步勾画描摹,这种象征意义更臻极致③。可是"天下三分明月夜,二分无赖是扬州"的美好④,到了晚清民初变成了"莫羡扬州明月好,扬州明月今悲凉"的现实⑤,"扬州十日"的历史记忆,因两者之间的落差而带来更强大的仇恨力量。可见一旦拈出这三个关键词,就不难解释《扬州十日记》之所以被选择的原因。

除了这些内在原因以外,另外一个重要的外部原因尚未被揭示。鲁迅在《病后杂谈之余》中提道:"对于清朝的愤懑的从新发作,大约始于光绪中……到光绪末年,翻印的不利于清朝的古书,可是陆续出现了。"⑥问题是《扬州十日记》早在咸同时期就已复活,为什么鲁迅在记忆中特别强调"光绪"年间呢?显然"光绪"(朝)作为重要时间节点具有转折性或象征性意义。然而这个时间节点不是简单的"清末",而是"九世",即从顺治皇帝开始至光绪皇帝,清朝正好是"九世":顺治→康熙→雍正→乾隆→嘉庆→道光→咸丰→同治→光绪。在(汉人记忆中

---

① 梁启超:《申论种族革命与政治革命之得失》,见张枬、王忍之编:《辛亥革命前十年间时论选集》第2卷,上册,北京:生活·读书·新知三联书店1963年版,第196—240页。
② 梅尔清:《清初扬州文化》,第1—7页;赵园:《想象与叙述》,北京:人民文学出版社2009年版,第54—84页。
③ 李斗:《扬州画舫录》,王军点校,北京:中华书局2007年版。
④ 徐凝:《忆扬州》,见孙洙、吴战垒选编:《诗三百首·唐诗三百首续编》,杭州:浙江古籍出版社1997年版,第196页。
⑤ 龚隐轩:《龚隐轩诗词选集》,北京:中国国际广播出版社1989年版,第154页。
⑥ 鲁迅:《病后杂谈之余》,见鲁迅:《鲁迅全集》卷6,北京:人民文学出版社1995年版,第185—186页。

的）清王朝帝王的谱系中，光绪皇帝（朝）正好是清王朝的第九世①。章太炎在《正仇满论》中说"去岁西人之仇杀义和团者，比于扬州十日、嘉定三屠，尚为未减而未有增也，此则合于九世复仇之义，夫谁得而非之"②，似乎仍不太容易看出深意。但是如果说章太炎在这里的表达还非常委婉，那么魏元旷（1856—1935）《坚冰志》"梁启超之徒窜迹海外，心不忘乱，搜辑《扬州十日记》、《嘉定屠城纪略》，以畅春秋九世复仇之意"的记载就相当清楚③。那就是作为清王朝第九世的光绪朝，正好符合《春秋》"九世复仇"的微言大义。《公羊传·庄公四年》评齐襄公为报九世之前齐哀公被烹杀之仇灭纪一事时，记载"九世犹可以复仇乎？虽百世可也"④。由于《春秋》（三传）在儒家文化中至高无上的经典地位，这一充满"春秋笔法"的典故屡在后世上演。如汉武帝北伐匈奴之前，即表示"齐襄公复九世之仇，《春秋》大之"⑤。而早在光绪二十五年（1899），章太炎就在《菌说》中写道"九世之仇，百年之德，至于今而始报之子孙，即报者亦不知其所以"⑥，预示着革命（复仇）时机的到来。章太炎写作《菌说》时，正好是严复（1854—1921）翻译《天演论》后的第二年，"物竞天择，适者生存"的进化论观念正主导着那个时代和那个时代倾向革命的知识分子，有关"扬州十日"的历史记忆，就在这种情况下与"进化论"耦合在一起，以至于连一贯理

---

① 通常清代的帝王谱系从清太祖努尔哈赤和清太宗皇太极讲起，至光绪皇帝共计十一世，但在汉人的记忆中，1644年的甲申之变才是真正的转折点，因此当从清世祖顺治皇帝开始算起，至光绪皇帝共计九世。
② 章太炎：《正仇满论》，见张枬、王忍之编：《辛亥革命前十年间时论选集》第1卷，上册，北京：生活·读书·新知三联书店1960年版，第97页。
③ 魏元旷《坚冰志》，转引自王春瑜：《辛亥革命与明史研究》，载《文史知识》2011年第10期。
④ 蒋庆：《公羊学引论》，沈阳：辽宁教育出版社1995年版，第315—347页。
⑤ 班固：《汉书》，卷94下，列传64下《匈奴传》，颜师古注，长春：吉林人民出版社1992年版，第2537—2562页。相关讨论参见邱立波《汉代复仇所见之经、律关系问题》，载《史林》2005年第3期。
⑥ 章太炎：《章太炎诗文选注》上册，章太炎著作编注组注，上海：上海人民出版社1976年版，第85—139页。

性的宋教仁（1882—1913），也在目睹荆州满人的暴行后，发出"有仇必报，天演之理如是，况种族攸分乎？"的感叹①。可见"九世之仇"的典故，即使普通民众无法领会，至少在知识分子和革命党人那里，早已是不证自明、百定不移的真理，而且"古典"早已与"今典"缠绕在一起，成为一种相当激烈而深沉的心态。这种心态也体现在南社陈去病为《扬州十日记》绘图的工作中。他在《〈扬州十日记绘图〉题词》中写道："板荡芜城剧可哀，蒸黎百万尺成灰。奇冤十日休嫌惨，九世于今絷割来。"②在当时光绪登基成为清朝"九世"的历史背景下，革命党人纷纷感到"复仇"（革命）的时机已经到来，于是记载清朝统治者暴行的《扬州十日记》，就被拿来"刺激其脑蒂""制造舆论之工具"③。

解析完《扬州十日记》被选择阅读的深层次心理，可以继续分析当时《扬州十日记》的读者身份、阅读时间和阅读地点等外围层面。综览相关史料可以发现，《扬州十日记》在当时几乎是超越了政党派别和思想立场的书籍。无论是革命党人还是立宪派人（保皇党人），都有阅读《扬州十日记》的习惯和记载。笔者曾试图统计阅读过《扬州十日记》的革命党人名单，因史料及精力有限未果，不过据冯自由《革命逸史》的回忆，"兴中会初期，文人墨士极感缺乏，所用宣传工具，仅有《扬州十日记》、《嘉定屠城记》及选录《明夷待访录》内《原

---

① 宋教仁：《荆州满人惨杀汉人感言》，见陈旭麓主编：《宋教仁集》上册，北京：中华书局2011年版，第366页。
② 郭长海、郭君兮编：《陈去病诗文集·补编》，北京：社会科学文献出版社2009年版，第1116页。
③ 因刺杀"五大臣"而牺牲的革命党人吴樾（1878—1905），也曾在其遗书中写道"予愿同胞，宁为梦梦不醒之汉族愚民，而不为半睡不醒之满洲走狗，盖梦梦不醒之愚民，其天良为泯，虽认贼作父，亦苦于不自知，一旦梦醒，究未有不欲杀尽逆贼而复九世之仇也"。参见邹鲁编著：《中国国民党史稿》下册，北京：中国出版集团，东方出版中心2011年版，第1228页。需要说明的是，《扬州十日记》与清代"第九世"的这种"耦合"，与人类学家萨林斯《历史的隐喻与神话的现实》所讲库克船长的故事结构甚为相似。参见马歇尔·萨林斯：《历史的隐喻与神话的现实——桑威奇群岛王国早期历史中的结构》（刘永华译），见《历史之岛》，蓝达居等译，上海：上海人民出版社2003年版，第231—259页。

君》、《原臣》单行本数种……（对前者）则作小说读之，篇末之多尔衮、史可法二书，更能背诵不遗一字，"①几乎所有的革命党人都曾读过《扬州十日记》，似可肯定。除了从身份上看以外，从年龄阶段上看，由于学校和家庭构成重要的传播场所，同学（或学生）与父母构成重要的传播媒介，阅读《扬州十日记》的读者多为青年甚至少年。章太炎阅读《扬州十日记》时为十六七岁；朱峙三是在两湖总师范学堂期间；田汉（1898—1968）所写话剧《黄花岗》，主人公陈可均提到"那时我和愈心是十三岁，铸三才十一岁"②。结合梁钟汉和朱峙三有关《扬州十日记》散发式传播的回忆，甚至可以肯定：青年和少年是当时阅读《扬州十日记》的主要社会群体，甚至类似于"三百千"等童蒙著作③。

除了上层倾向于革命的知识分子以外，其他的读者当然还包括普通民众。随着现代媒体的出现和快速发展，有关《扬州十日记》的内容得以快速向普通民众传播。这一方面与革命党人的传播方式有关，另一方面也与《扬州十日记》的价格有关。就前者而言，除了前文提及的《中

---

① 冯自由：《革命逸史》，北京：东方出版社2011年版，第1页。
② 田汉：《黄花岗》，见田汉著作编辑出版委员会编：《田汉文集》第1卷，北京：中国戏剧出版社1983年版，第326页。
③ 梁钟汉《我参加革命的经过》（中国人民政治协商会议湖北省委员会编《辛亥首义回忆录》第2辑，武汉：湖北人民出版社1957年版，第6页）载"鸠译书舍乃印刷万余部，由同志黄楚玉、张佩绅、吴安吉等，用竹箱先后挑运来省，散发军学界，广事宣传。后来又有李在良，在英山亦翻印万余部，运往两广散发。西路南路高小学生黄桐生、熊礼方等，常集资购买三十部或五十部分赠同学，明新公学学生，购阅最为踊跃"。朱峙三《辛亥革命前后记》载"阅竣令人发指。有一次，我叫人背着一包袱革命书籍和传单，同我一路到乡村里分送"。当然作为学生的青少年之所以能阅读到《扬州十日记》这本"禁书"和"逆书"，除了革命党人不遗余力的宣传以外，其价格低廉也是重要原因。庄禹梅《辛亥革命见闻一二》（宁波市政协文史委员会编：《辛亥革命宁波史料选辑》，宁波：宁波出版社2011年版，第45页）是笔者所见唯一能反映出《扬州十日记》价格的史料，其载"1904年，我在上海学理科。……我走在青莲阁楼茶楼门前……我袋子里带的钱不多，花一角买了一本《思痛录》回来。《思痛录》是邹容编的，里面都是明遗老著作，主要是《扬州十日记》、《嘉定屠城记》"。在所带钱不多的情况下，只花费一角就买了邹容编的、合刊有《扬州十日记》和《嘉定屠城记》的《思痛录》，可见其单行本价格应比此更低。

国白话报》以外,民国初期《扬州十日记》还曾刊载于香港《中国日报》①,抗日战争时期刊载于《新民族》《战时中学生》《西风副刊》等报刊②。中国近现代史上,《扬州十日记》传播和阅读的两个高峰时期——辛亥革命时期和抗日战争时期——在形式上显然并不一样:辛亥革命时期以依托出版发行,其受众(预期读者)主要是受过教育的知识分子或革命党人;抗日战争时期依托报纸发行,其受众(预期读者)主要是普通民众(详后)。作家秦牧写于新中国成立前夕的《读〈扬州十日记〉》提道,"最近这书(《扬州十日记》)屡被记者们提起",可见当时的记者(及相应报刊)应对《扬州十日记》非常熟悉③。又辛亥革命时期的上海,有"程秋琴女士,将金环一对,金戒一只送助军饷",同时还写了赠诗一首:"千针万织苦勤工,积蓄金钗助军功。劝我同胞诸女士,大家灭满戮元凶。扬州十日记伤心,嘉定屠城痛至今。胡虏汉奸齐斩尽,共和速睹快胸襟。"④ 可见妇女也对"扬州十日"的历史记忆非常熟稔,不论其是否从阅读《扬州十日记》中来。由此可见,即使是在晚清民初仍未被解禁的情况下,由于革命党人的积极宣传等因素,《扬州十日记》成为超越地域、超越阶层、超越经济形态,甚至超越不同政治立场的读物。

(二) 阅读《扬州十日记》的内在心态

在理清了《扬州十日记》的流传和获取,以及阅读《扬州十日记》

---

① 徐续:《报人郑贯公二三事》,见徐续:《岭南古今录》,广州:广东人民出版社1992年版,第314页。
② 《新扬州十日记的一段》,载《新民族》1938年第2卷第2期,第11—12页;《扬州十日记(中英文对照)》,载《西风副刊》1940年第17—18期;《历代名家日记选辑——扬州十日记》,载《战时中学生》1940年第2卷第1期,第153—154页。
③ 秦牧:《读〈扬州十日记〉》,见秦牧:《秦牧全集》,第10卷《集外集一》,广州:广东教育出版社2007年版,第96—99页。
④ 上海社会科学院历史研究所编:《辛亥革命在上海史料选辑》,上海:上海人民出版社1966年版,第648页。

的外围层面（诸如阅读选择、读者身份、阅读时间和阅读地点）等问题以后，可以更好地梳理阅读《扬州十日记》的内在心态。如前所述，《扬州十日记》的内容本较复杂，甚至当时也隐隐有一种怀疑《扬州十日记》所载相关史事的声音——除了谢国桢所言"有学者如孟心史、冒鹤亭等人出来，对一些影响很大的不实的传说，加以辩证，有理有据，在读书节中颇奏廓清之功"以外，比孟森和冒广生更早，光绪二十七年（1901）的《清议报》上，就有署名为"挚挚者"的作者发表了《读〈扬州十日记〉》的诗作。诗歌写道"民命由来似戏儿，驱除漂卤斗雄雌。扬州十日诚何事？应有邹人孟子疑"①。但是这种声音毕竟非常微弱，绝大部分读者都无视这一层面，或者说在民族主义的先验情绪主导下，"扬州十日"所载史实是否是"信史"已经并不重要，也就没有了意义，所以舒芜也敏锐地察觉到当时孟森和冒广生等人的做法，"在一般社会传闻中收效还是很小"②。"收效还是很小"当然是有意无意选择的结果。

从阅读心态的角度来讲，在以"排满"为口号的民族主义革命宣传中，造成"在一般社会传闻中收效还是很小"的结果，自是那时代的真实写照。这里需要指出的是，造成当时读者这种心态的原因，很可能与邹容《革命军》有关。实际上，就革命党人以《扬州十日记》作为宣传而言，论影响无出邹容《革命军》，因为邹容在《革命军》中开篇即提道：

> 我同胞看者！我同胞听者！
> 吾读《扬州十日记》、《嘉定屠城记》，吾未尽，吾几不知流涕

---

① 挚挚者：《读〈扬州十日记〉》，载《清议报》1901年第77期。本资料承蒙师妹董丽琼代为搜集，谨此致谢。
② 舒芜：《"合理推论"未必真实》，见朱大路主编：《杂文300篇：1977—1998》，上海：文汇出版社1998年版，第112—114页。

之何自出也。吾为言以告我同胞曰：扬州十日，嘉定三屠，是岂非当日满人残戮汉人一州一县之代表哉？夫二书之记事，不过略举一二耳，想当日既纵焚掠之军，又严削发之令，满人铁骑所至，屠杀掳掠，必有十倍于二地者也。有一有名之扬州、嘉定，有千百无名之扬州、嘉定。吾忆之，吾恻动于心，吾不忍而又不能不为同胞告也！①

换而言之，邹容的《革命军》在某种程度上，正是阅读《扬州十日记》和《嘉定屠城记》的产物。更何况，邹容的这种表述似又直接袭自谭嗣同《仁学》。后者的评述是"《明季稗史》中之《扬州十日记》、《嘉定屠城纪略》，不过略举一二事，当时既纵焚掠之军，又严剃发之令，所至屠杀掳掠，莫不如是"②。邹容在《革命军》开篇即引述《扬州十日记》，而《革命军》在光绪二十九年（1903）出版以后，"后再版重印了20多次，销数达110万册之多，在清末革命书刊中占第一位"③。再加上《革命军》与《扬州十日记》甚至合刊发行，那么不仅《扬州十日记》的影响大大增加，连带邹容阅读《扬州十日记》的心态——"吾未尽，吾几不知流涕之何自出也"也被定格为标签，并被后来的读者所模仿。

这当然符合当时的历史事实，当时的大部分读者在读完《扬州十日记》后，都有类似的（集体）心态。如梁启超"每读《扬州十日记》、《嘉定屠城记略》，未尝不热血溢涌"，又"读《扬州十日记》尤令人发

---

① 邹容：《革命军》，见广来选编：《近代名家名人文库·章太炎邹容》，呼和浩特：内蒙古人民出版社2009年版，第161页。
② 谭嗣同：《仁学》卷下，见广来选编：《近代名家名人文库·梁启超谭嗣同》，呼和浩特：内蒙古人民出版社2009年版，第197页。
③ 吉少甫：《辛亥革命时期的出版和民报的报律》，见吉少甫：《书林初探》，上海：三联书店上海分店1995年版，第59页。

指眦裂,故知此杀戮世界非急以公法维之,人类几乎息矣"①;又如熊成基"读《扬州十日记》,乃至流泪不止"②;又如朱峙三"终夜未寝,恨豫酋南下,杀戮汉人如此之酷,反清革命,心不能忘";等等③。现有的史料反映出另外的一些心态,也只是体现在民国后期(1940年代)的学者群体中间。另有一些更为细致的史料,能体现出阅读《扬州十日记》前后的不同感受,但也非常少见。如张汇滔(1882—1920)"性本倜傥,不喜词章之学",在"偶读《扬州十日记》后","感愤泣下,后在日本加入同盟会成为革命志士"④。又作家秦牧讲述自己少年时期和青年时期读《扬州十日记》的不同感受:

> 另一本《扬州十日记》,本来已是老相识了,但儿时不过怀着读说部笔记的心情读它,只觉惊心怵目,却未曾体味到那么深的悱恻沉痛,最近这书屡次被记者们提起,因为外国人要查访南京屠城的遗迹,记者们免不了想起那么一本血书。因为怵目惊心,忍不住又买回来重读一遍。……人类的书中幸得有野史杂钞,有随手写成的书札日记,使得御用史家窜改历史的努力大半失败,薄薄一本《扬州十日记》,击退了清代修史的全体翰林的流言,靠它的质朴,靠它的真切生动,读了抚今思昔,激动不已。……我们有理由相信这本书没有一句谎言……⑤

---

① 梁启超:《申论种族革命与政治革命之得失》,见张枏、王忍之编:《辛亥革命前十年间时论选集》第 2 卷,上册,北京:生活·读书·新知三联书店 1960 年版,第 196—240 页。
② 柏文蔚:《柏文蔚自述:1876—1947》,北京:人民日报出版社 2011 年版,第 12 页。
③ 朱峙三:《辛亥武昌起义前后记》,见全国政协文史和学习委员会编:《亲历辛亥革命——见证者的讲述》中册,北京:中国文史出版社 2010 年版,第 620—652 页。
④ 转引自徐承伦:《辛亥革命在安徽失败的历史教训》,见徐承伦:《安徽近现代历史与人物论集》,合肥:安徽大学出版社 2009 年版,第 11 页。
⑤ 秦牧:《读〈扬州十日记〉》,见秦牧:《秦牧全集》,第 10 卷《集外集一》,广州:广东教育出版社 2007 年版,第 96—99 页。

因此虽反映出某些变化，但变化的结果仍表现出类似邹容的阅读心态。

造成这种集体阅读心态的原因，应与时人阅读《扬州十日记》的方式有关。从现有资料来看，读者阅读《扬州十日记》可以总结出以下五种（见表1）：

表1　晚清民初阅读《扬州十日记》的五种方式

序号	阅读方式	读者	具体描述
第一种	自读	冯玉祥	"没人的时候，你再拿出来看，千万不要叫别人看见，这可不是闹着玩的。"
第二种	夜读	朱峙三	"……又《扬州十日记》一册，《嘉定屠城记》一册……终夜未寝，恨虏南下，杀戮汉人如此之酷，反清革命，心不能忘。"
第三种	共读	柏文蔚	"在此一二年间，余创一同学会，以最普通立名，而内容实研究革命反清之道。是时加入者，多淮上健者。所有宣传品，如《猛回头》、《革命家》、《警世钟》、《扬州十日记》、《嘉定屠城记》、《中国魂》，每册散布皆达万余份，而熊成基读《扬州十日记》，乃至流泪不止，余因之与订交焉。"
第四种	半读	蒋翊武	"当时蒋翊武阅未终卷，便愤然指斥清朝推行民族压迫的政策……"
第五种	诵读	冯自由	"兴中会初期，文人墨士极感缺乏，所用宣传工具，仅有《扬州十日记》、《嘉定屠城记》及选录《明夷待访录》内《原君》、《原臣》单行本数种……（对前者）则作小说读之，篇末之多尔衮、史可法二书，更能背诵不遗一字。"

资料来源：(1) 冯玉祥：《冯玉祥自传》，第1部《我的生活》，北京：世界知识出版社，2006年，第80页；(2) 朱峙三：《辛亥武昌起义前后记》，见全国政协文史和学习委员会编：《亲历辛亥革命——见证者的讲述》中册，北京：中国文史出版社2010年版，第620—652页；(3) 柏文蔚：《柏文蔚自述：1876—1947》，北京：人民日报出版社2011年版，第12页；(4) 周星林：《蒋翊武刘复基》，北京：团结出版社2011年版，第14页；(5) 冯自由：《革命逸史》，北京：东方出版社2011年版。

需要说明的是，在这五种阅读方式中，"诵读"的情形非常少见，"半读"的出现或亦受到邹容的影响——"吾未尽，吾几不知流涕之何自出也"。同时"共读"的情形应亦不多见,革命团体和学校内部的"共读"毋宁是口头宣传(而非真正意义上的阅读)。而"夜读"当然是"自读"的一种方式,而"自读"也是最重要的方式。汪精卫(1883—1944)曾在《民报》上发表《论革命之趋势》,抱怨这种阅读方式的普遍性,"呜呼!古今天下,民命之贱,未有若中国人之甚者也。自满洲入寇以来,所至屠城,杀人如麻,留学被野。……尝怪今人读《扬州十日》、《嘉定三屠》诸记者,即甚驯静,亦未尝不作愤懑之色,而于虏每岁杀人之数,则不为约略以记之,何可胜数?!"① "即甚驯静"的表现,当然应当归结于"自读"的阅读方式。在当时流行的革命派小说《卢梭魂》中,怀仁(即张树桐,生卒年不详)描写主人公朱胄阅读《扬州十日记》的情形,谓"一日,朱胄在家无事,正是炎热天气,靠着槐树荫下放了一张藤榻,躺着乘凉,手里捧着一本《扬州十日记》看了几张,想起那时扬州人被杀的情形,便忍不住再往下看"②。造成这种阅读习惯的原因,大约在于《扬州十日记》禁书或逆书的属性,以至于朱胄"正自无精打采,呆呆躲在那里出身,蓦地一个人闪到面前,却吓朱胄不小,急摔开书本,立了起来"③。另外,广西革命党人去翰芳斋和石渠书局买《扬州十日记》时,"必须是熟识的人或由熟识的人介绍晚间去才买得到"④,依照买后即阅读的习惯,这种售书的途径也促成了"夜读"阅读方式的兴起。

从阅读心理上说,"自读"(含"夜读")的方式不仅导致了"即甚驯静"的结果,而且在独自品味这本记载"暴行"的野史著作中,更容

---

① 汪精卫:《论革命之趋势》,张栴、王忍之编:《辛亥革命前十年时间时论选集》,第3卷,北京:生活·读书·新知三联书店1997年版,第524—547页。
② 崔国光等校点:《枭鬼雄魂记》,沈阳:辽沈书社1992年版,第365页。
③ 崔国光等校点:《枭鬼雄魂记》,沈阳:辽沈书社1992年版,第365页。
④ 李任仁:《同盟会在桂林、平乐的活动和广西宣布独立的回忆》,见中国人民政治协商会议全国委员会文史资料委员会编:《辛亥革命亲历记》,北京:中国文史出版社2001年版,第532—533页。

易引起对那段历史记忆的回忆,从而也更容易触发对清政府的仇恨。因为在独身一人阅读此书的情形下,阅读环境容易与阅读主体交相互动,激发阅读主体的相关情绪。如怀仁《卢梭魂》中的朱胄阅读《扬州十日记》时"正是炎热天气,靠着槐树荫下放了一张藤榻,躺着乘凉"①,邓飞鹏(1885—1976)则"每于野外操演休息及暑天夜晚纳凉时,无意中闲谈满清入关,《嘉定三次屠》、《扬州十日记》"②。由于早在宣统元年(1909)"革命党负责同志决定:凡收到宣传品和往来密件,上下均由邓(飞鹏)专递"③。所以"野外操演休息及暑天夜晚纳凉"很可能构成许多革命党人的阅读环境。更遑论还有周作人(和鲁迅)的祖父周福清(1838—1904)在光绪十九年(1893)科场舞弊案被逮捕入狱以后,在牢狱中阅读《明季南略》《(明季)北略》《明季稗史汇编》(内收《扬州十日记》)和《徐灵胎四种》等书籍了④。回到冯玉祥(1882—1948)《我的生活》中的回忆,他在"自读"完《扬州十日记》后,"闭起眼来,看见鞑子们残酷狰狞的面目,听见数百万鸡犬不如的汉人的惨号,不由我咬牙切齿,誓志要报仇雪恨,恢复种族的自由"⑤。"自读"的阅读方式留给读者更多的想象空间和想象资源,易于引发历史记忆。阅读方式对阅读心态的影响由此可见。然而同时需要说明的是,这种阅读方式当然也就只能是"误读"——是否历史真实并不重要,重要的是读者相信历史是真实的。这种有意无意的"误读",却恰恰反映出晚清民初革命党人忽视了哪些内容,又放大了哪些内容,其背

---

① 崔国光等校点:《枭鬼雄魂记》,沈阳:辽沈书社1992年版,第365页。
② 武汉师范学院历史系等编:《辛亥革命论文集——纪念辛亥革命七十周年》,1981年,第341页。
③ 王真卿:《邓飞鹏在武昌起义中》,中国人民政治协商会议京山县委员会文史资料研究委员会编《京山文史资料》,第7辑《辛亥革命在京山》,内部资料,1988年,第87页。
④ 转引自王汎森:《权力的毛细管作用——清代的思想、学术与心态》,台北:联经出版事业股份有限公司2013年版,第638页。
⑤ 冯玉祥:《冯玉祥自传》,第1部《我的生活》,北京:世界知识出版社2006年版,第80页。

后反而更见其真实。所以夏丏尊（1886—1946）回忆，自己在光绪二十九年（1903，当时夏丏尊17岁）的情况："……当时青年……都把一切罪恶归诸满人，以为只要满人推倒，国事就有希望了。"①阅读后的这种强烈"排满"心态，造成人们对《扬州十日记》的双重误读：其一，将《扬州十日记》误读为"扬州十日屠城记"。这其中一部分原因当然是人们习惯将《扬州十日记》与《嘉定屠城记》相提并论，读者对于两者难免出现先验式的"互文"（intertextuality）。另一部分原因也与读者的"半读"方式有关——"半读"容易断章取义，且《扬州十日记》恰恰是前半部分内容，记载满人暴行最多。若依照前后阅读顺序，"半读"所阅读的只是前半部分②。其二，将《扬州十日记》误读为"满洲屠杀汉人记"。陈天华《狮子吼》中提道"（《嘉定屠城纪略》）所叙满人的残酷，与《扬州十日记》不相上下，其余各处可想，只是不曾有人做记，不得其详罢了"③。"其余各处可想"的说法，实际上是自我坐实了这种历史想象（即"误读"）。连孙中山也未能免俗，所谓"他当初灭汉族的时候，攻城破了，还要大杀十日，才肯封刀，那就不是人类所为，我们决不为此"④，这里的信息来自《扬州十日记》无疑，只是孙

---

① 夏丏尊：《我的中学生时代》，夏丏尊：《平屋杂文》，上海：平明书店1947年版，第115页。
② 当时将《扬州十日记》读为《扬州十日屠城记》的，不仅相当普遍，而且似有一种书籍即题为《扬州十日屠城记》，参见萧三：《我青少年时代的回忆片段》，见陈冰夷、王政明编辑整理：《萧三诗文集·散文篇》，北京：北京图书馆出版社1996年版，第343页；房学嘉：《岭东志士陈敬岳刺杀李准的史实考辨》，见房学嘉、曾宪恒：《辛亥革命在岭东》，广州：暨南大学出版社1993年版，第66页；孙昉、刘旭华：《海外洪门与辛亥革命（外一种）——辛亥革命时期洪门人物传稿》，北京：中国致公出版社2011年版，第159页；朱明：《温生才》，见政协广东省梅州市委员会学习文史委员会编：《梅州文史》，第15辑《孙中山与梅州》，政协广东省梅州市委员会学习文史委员会，2001年，第108页。
③ 陈天华：《狮子吼》，见广来选编：《近代名家名人文库·李大钊陈天华》，呼和浩特：内蒙古人民出版社2009年版，第179—180页。
④ 孙中山：《在东京〈民报〉创刊周年庆祝大会的演说》，见中国社科院近代史所等编：《孙中山全集（1890—1911）》第1卷，北京：中华书局2011年版，第323—331页。

中山有意无意中略去了"扬州"的字样，只留下满人（他）和汉人。

这里并不是要以"后见之明"去"纠正"前人的误读，而是要说明这种有意的"误读"对于当时的革命党人及其革命活动，具有重要的历史意义。传统的资源如何被挪用到现实，建构的记忆如何拿来为革命服务，都在《扬州十日记》的阅读选择、阅读方式和阅读心态中得到典型反映。

四、康章论辩中的《扬州十日记》及其他

由于革命党人强烈的"排满"民族主义情绪，《扬州十日记》所记载的"史实"被逐渐忽略，而选择性放大的"意义"却被大为凸显。甚至从柏文蔚回忆自己与熊成基的交游——所谓"熊成基读《扬州十日记》，乃至流泪不止，余因之与订交焉"中——似乎可以看出在当时的革命氛围中，是否接触/阅读过《扬州十日记》，甚至成为革命党人身份认同的重要标志。由于当时革命形势和时代环境的复杂性，即使阅读的心态表现出相当程度的统一性，其背后也多多少少有差异。不要说有些读者在辛亥革命期间抱观望的态度，直到革命胜利后才敢购买和阅读《扬州十日记》——如瞿蜕园（1894—1973）："午后至小东门，商铺已有悬白旗者。自邑庙出新北门至法租借、英租借，则白旗招展，有书光复大汉者，有书还我河山者，颇觉气象一新。至望平接遇周允文君自制造局来，云一切已解决，南市可无事，乃购《扬州十日记》、《嘉定屠城记》各一册而归。"① 一个"乃"字，已将其背后观望、犹豫、迟疑的心态表露无遗。实则单从当时读者身份的复杂性（革命党人读，立宪派

---

① 陆康主编：《瀞安藏札·陆瀞安文存》，上海：上海锦绣文章出版社2011年版，第343页。

人也读）来看，不同的读者因其对待"排满"和革命的立场并不相同，阅读的心态难免彼此各异。再加上"《扬州十日记》的内容，其实不尽然是反清的"①，因此本段重新审视章太炎与康有为、梁启超的革命论辩，解析不同立场背后的不同阅读心态，同时澄清相关问题。

（一）康章论辩中的《扬州十日记》

无论在经学态度上，还是革命态度上，康有为和章太炎都针锋相对：康有为主今文经学，章太炎主古文经学；康有为主改良，章太炎主革命。不同的政治立场，既影响了《扬州十日记》的阅读，同时《扬州十日记》的阅读也反过来加深了他们政治立场的沟壑。早期的章太炎本甚敬佩康有为，为此还曾匿名给康有为写过信②。后因经学立场和政治立场的不同，加之在上海《时务报》期间的龃龉，彼此之间"论及学派，辄如冰炭"③。因此这里所说的"康章论辩"，指的是章太炎与康有为及其弟子（保皇派核心人物）之间的论辩，主要包括两篇重要文献：其一，《正仇满论》（1901），其二，《驳康有为论革命书》（1903）。前者是对梁启超的批驳，后者是对康有为的批驳，但由于后者在辛亥革命前后影响更大，学界以往对《驳康有为论革命书》的研究较多，而对《正仇满论》对梁启超的批驳关注较少。为此本段拟先从《正仇满论》中的《扬州十日记》开始讲起。

《正仇满论》的写作背景，是"戊戌政变"以后，流落日本的梁启超在横滨刊发《清议报》，以尊皇保皇为宗旨，宣传光绪帝是"爱民忘位"的"圣君"，因此只要光绪帝复位，中国就能得救等保皇思想。为

---

① 黄克武：《史可法与近代中国记忆及认同的变迁》，见王笛主编：《时间·空间·书写》，杭州：浙江人民出版社2006年版，第248页。
② 彭春凌：《章太炎致康有为的一封佚信》，载《文史知识》2011年第3期。
③ 章太炎：《与谭献书》（1897年4月20日），见马勇编：《章太炎书信集》，石家庄：河北人民出版社2003年版，第3页。

驳斥梁启超及其保皇思想，章太炎写了《正仇满论》，其中有部分内容就涉及《扬州十日记》。然而饶有兴味的是，梁启超之传播和阅读《扬州十日记》，早期甚至要比章太炎的影响更大。前已述及早在湖南长沙时务学堂期间（1897），梁启超就"窃印《明夷待访录》、《扬州十日记》等书，加以案语，秘密分布，传播革命思想"，影响甚大，以至于"信奉者日众，于是湖南新旧派大哄"。① 因此，此时的梁启超实表现出革命的倾向。然而"戊戌政变"流亡海外以后，梁启超就开始转向君主立宪。创办《清议报》后，梁启超先后发表了《立宪法议》和《中国积弱溯源论》等有影响力的文章②。后文将会指出，梁启超在主张君主立宪政体的情况下，从情感上"排满"，而从理智上并不"排满"——也就是说，阅读《扬州十日记》并未让梁启超转向"排满"的"革命"。

针对梁启超的立宪保皇主张，章太炎撰写了《正仇满论》。在《正仇满论》的开篇，章太炎就写道"梁子既主立宪政体，又为积弱溯源论，曰真有爱国心而具特识者，未有仇视满洲人者也"③，显然正是针对梁启超前两文而言。两者论辩的主题，当然主要是革命和立宪而言。不过在当时的时代背景下，讨论革命和立宪将不可避免地涉及满汉关系，因此章太炎实际上主要针对的是梁启超所说的"仇满"（或"排满"）观念，这也是全文标题及主题的由来。所以从一开始就抛开跟"扬州十日""嘉定三屠"有关的"屠剿之惨，焚掠之酷，钳束之工，聚敛之巧"等历史事件，将讨论拉到"当下"，即从当时清政府"进不知政、退不知农商"的腐朽现状出发，论证"革命"的合法性。章太炎指出"排满"是当时（汉）人的共同要求，所谓"吾以为今人虽不尽以逐满

---

① 梁启超：《清代学术概论》，见梁启超著，朱维铮校注：《梁启超论清学史二种》，上海：复旦大学出版社1985年版，第69页。
② 董方奎：《梁启超与立宪政治》，武汉：华中师范大学出版社2011年版。
③ 章太炎：《正仇满论》，见张枬、王忍之编：《辛亥革命前十年间时论选集》第1卷，上册，北京：生活·读书·新知三联书店1960年版，第94页。

为职志，或有其志而不敢讼言于畴人，然其轻视鞑靼以为异种贱族者，此其种性，根于二百年之遗传，是固至此未去者也"①。这样一来，实际上还是回到了历史记忆当中，接着写道：

> 夫苟奋然切齿于前日屠侩焚掠、钳束聚敛之怨，则将犁其廷、扫其闾、鞭其墓、潴其宫，积骴成阜，喋血为渠，如去岁西人之仇杀义和团者，比于扬州十日、嘉定三屠，尚为未减而未有增也，此则合于九世复仇之义，夫谁得而非之。②

显然是以"九世复仇"的古典，"去岁西人之仇杀义和团"的今典，共同烘衬"扬州十日""嘉定三屠"的历史记忆，并由此得出"日亲满疏"的结论。

王汎森在《章太炎的思想及其对儒学传统的冲击》中指出，章氏"排满"思想的形成时间当在光绪二十三年至二十六年（1897—1900）之间③。因此在写作《正仇满论》时，其"排满"观念尚不及两年后的《驳康有为论革命书》，而《驳康有为论革命书》曾与邹容《革命军》"同时刊出，不及一月，数千册销行殆尽"，再加上同年6月在《苏报》上以《康有为与觉罗君之关系》为题继续发表，加上其后爆发并持续发酵的"苏报案"，其影响远逾《正仇满论》。《驳康有为论革命书》所针对的，正是康有为写于此前一年（1901）的《答南北美洲诸华裔论中国只可行立宪不能行革命书》。康有为此文是主动向革命派及革命思潮发起攻击的著作，将"戊戌变法"的失败及晚清政府的腐朽完全归结于慈

---

① 章太炎：《正仇满论》，见张枬、王忍之编：《辛亥革命前十年间时论选集》第1卷，上册，北京：生活·读书·新知三联书店1960年版，第96页。
② 章太炎：《正仇满论》，张枬、王忍之编：《辛亥革命前十年间时论选集》第1卷，上册，北京：生活·读书·新知三联书店1960年版，第97页。
③ 王汎森：《章太炎的思想——兼论其对儒学思想的冲击》，台北：联经出版社1985年版，第72页。

禧太后（1835—1908）和荣禄（1836—1903），同时极力宣传其立宪保皇的主张。在讨论保皇立宪的主张时，善于从历史中寻找资源的康有为一再提到各种历史记忆，如"李自成之入燕京""黄巢之破长安"和"刘、项之入关中"等①，他将这些历史事件作为革命之危害的证据。随后针对革命者动辄提"排满"口号表示不满，认为"夫夷夏者，出于春秋。然孔子《春秋》之义，中国而为夷狄则夷之，夷而有礼仪则中国之"，继续倡导传统的"夷夏之辩"，同时由于"国朝入关二百余年，合为一国，团为一体"，因此"所谓满、汉者，不过如土籍、客籍，籍贯之异耳"，随后更一再指出"国朝之制，满汉平等"，试图调和当时激烈的满汉矛盾②。这就必然要具体澄清革命党人对"扬州十日""嘉定三屠"的宣传，对此康有为认为：

> 或者动引扬州十日之记、两主入粤之事，皆当时之涂毒，若思复九世之仇者，此盖古时文明未开、敌国相攻之常。项羽、白起亦中国人也，而项羽坑秦新安降卒且二十四万，白起坑赵长平降卒且四十万矣。故在开国之时、万国未通之日，分别内外，犹之可也。方今大地既通，诸种并遇，若匈牙利、土耳其，说者方引而亲之，以为同宗，况满之与汉，虽非谓同母之兄弟，当亦比于同父异母之兄弟，犹为一家也。③

将"扬州十日"比于项羽坑秦新安降卒、白起坑赵长平降卒，从而

---

① 康有为：《答南北美洲诸华裔论中国只可行立宪不能行革命书》，见康有为撰，姜义华、张荣华编校：《康有为全集》第6集，北京：中国人民大学出版社2007年版，第316页。
② 康有为：《答南北美洲诸华裔论中国只可行立宪不能行革命书》，见康有为撰，姜义华、张荣华编校：《康有为全集》第6集，北京：中国人民大学出版社2007年版，第327—328页。
③ 康有为：《答南北美洲诸华裔论中国只可行立宪不能行革命书》，见康有为撰，姜义华、张荣华编校：《康有为全集》第6集，北京：中国人民大学出版社2007年版，第27—328页。

将三者同归于"古时文明未开、敌国相攻之常",而晚清民初早已是"大地既通,诸种并遇",因此满汉之间"虽非谓同母之兄弟,当亦比于同父异母之兄弟,犹为一家也"。

针对康有为的这种论调,章太炎主动出击,针锋相对地对其进行驳斥。一针见血地指出"长素大旨,不论种族异同,惟计情伪得失以立说"①。这当然并不错,因为早在《正仇满论》中,章太炎就曾提到"人情谁不爱其种类,而怀其利禄"②。但是种族的分界有"历史民族"和"天然民族"两大标准(实则与陈寅恪"种族—文化"二元论不谋而合),而"近世种族之辨,以历史民族为界,不以天然民族为界",因此康有为的种种论调都不成立。故而满人与骆越、闽、广等南方少数民族并不相同:

> 不知骆越、闽、广,皆归化汉人而非陵制汉人者也。五胡代北,始尝宰制中华,逮乎隋、唐统一,汉族自主,则亦著土傅籍,同为编氓,未尝自别一族,以与汉人相抗,是则同于醇化而已。日本定法,夙有蕃别,欧、美近制,亦许归化。此皆以己族为主人,而使彼妥吾统治,故一切可无异视。今彼满洲者,其为归化汉人乎?其为陵制汉人乎?堂子妖神,非郊丘之教;辫发璎珞,非弁冕之服;清书国语,非斯、邈之文。徒以尊事孔子,奉行儒术,崇饰观听,斯乃不得已而为之,而即以便其南面之术,愚民之计。若言同种,则非使满人为汉种,乃适使汉人为满种也。③

---

① 章太炎:《驳康有为论革命书》,见张枬、王忍之编:《辛亥革命前十年间时论选集》第1卷,上册,北京:生活·读书·新知三联书店1960年版,第148页。
② 章太炎:《正仇满论》,见张枬、王忍之编:《辛亥革命前十年间时论选集》第1卷,上册,北京:生活·读书·新知三联书店1960年版,第95页。
③ 章太炎:《驳康有为论革命书》,见张枬、王忍之编:《辛亥革命前十年间时论选集》第1卷,上册,北京:生活·读书·新知三联书店1960年版,第148—149页。

从"历史民族"而非"天然民族"的角度来讲，满汉关系也就不同于骆越、闽、广与汉人之关系。同样的道理，"扬州十日""嘉定三屠"自与白起坑赵、项羽坑秦不可同日而语：

> 其言曰：扬州十日之事，与白起坑赵、项羽坑秦无异。岂不曰秦、赵之裔未有报白、项之裔者，则满洲亦当同例也。岂知秦、赵、白、项，本非殊种，一旦战胜而击坑之者，出于白、项二人之指麾，非出于士卒全部之合意。若满洲者，固人人欲尽汉种而屠戮之，其非为豫酋一人之志可知也。是故秦、赵之仇白、项，不过仇其一人；汉族之仇满洲，则当仇其全部。且今之握图籍、操政柄者，岂犹是白、项之胤胄乎？三后之姓，降为舆台，宗支荒忽，莫可究诘，虽欲报复，乌从而报复之？至于满洲，则不必问其宗支，而全部自在也；不必稽其姓名，而政府自在也。此则枕戈剸刃之事，秦、赵已不能施于白、项，而汉族犹可施于满洲，章章明矣。明知其可报复，犹复饰为喑聋，甘与同壤，受其豢养，供其驱使，宁使汉族无自立之日，而必为满洲谋其帝王万世祈天永命之计，何长素之无人心一至于是也！①

可见章太炎引入群己之辨，认为"秦、赵、白、项，本非殊种，一旦战胜而击坑之者，出于白、项二人之指麾，非出于士卒全部之合意。若满洲者，固人人欲尽汉种而屠戮之，其非为豫酋一人之志可知也"，因此将"仇满"（或"排满"）的对象，从慈禧太后和荣禄等个人转向满洲（皇室）这一整体——与康有为恰恰相反。

在这一论述基础上，章太炎进一步用天演进化的理据，驳斥了康有为借"李自成之入燕京""黄巢之破长安"和"刘、项之入关中"等历

---

① 章太炎：《驳康有为论革命书》，见张枬、王忍之编：《辛亥革命前十年间时论选集》第1卷，上册，北京：生活·读书·新知三联书店1960年版，第150页。

史事件申说革命的危害观点,指出这些历史事件与当时(革命党人)的革命并不相伴:

> 李自成者,迫于饥寒,揭竿而起,固无革命观念,尚非今日广西会党之俦也。然自声势稍增而革命之念起,革命之念起而剿兵救民、赈饥济困之事兴。岂李自成生而有是志哉?竞争既久,知此事之不可已也。虽然,在李自成之世,则赈饥济困为不可已;在今之世,则合众共和为不可已。是故以赈饥济困结人心者,事成之后,或为枭雄;以合众共和结人心者,事成之后,必为民主。民主之兴,实由时势迫之,而亦由竞争以生此智慧者也。征之今日,义和团初起时,惟言扶清灭洋,而景廷宾之师,则知扫清灭洋矣。今日广西会党,则知不必开衅于西人,而先以扑灭满洲、剿除官吏为能事矣。唐才常初起时,深信英人,密约漏情,乃卒为其所卖。今日广西会党,则知己为主体而西人为客体矣。人心进化,孟晋不已。以名号言,以方略言,经一竞争,必有胜于前者。今之广西会党,其成败虽不可知,要之继此而起者,必视广西会党为尤胜,可豫言也。①

两者之间的差别在于结果上:李自成等人起事"事成之后,或为枭雄",而革命党人的革命在"事成之后,必为民主"。由此也可见章太炎论辩的技巧:以天演进化论为基础的民主革命将以"排满"为主题的民族革命勾连起来,加剧了说服力,进而提出"公理之未明,即以革命明之;旧俗之俱在,即以革命去之"的主张,也就彻底阐明了革命的合法性,认为"革命非天雄大黄之猛剂,而实补泻兼备之良药矣"②。

---

① 章太炎:《驳康有为论革命书》,见张枬、王忍之编:《辛亥革命前十年间时论选集》第1卷,上册,北京:生活·读书·新知三联书店1960年版,第156页。
② 章太炎:《驳康有为论革命书》,见张枬、王忍之编:《辛亥革命前十年间时论选集》第1卷,上册,北京:生活·读书·新知三联书店1960年版,第158页。

回顾完康章之间的论辩,重新回到梁启超上来。梁启超有相当深刻的时代意识(所谓"过渡时代"论),思想观念常处于变化之中。唯对《扬州十日记》,其态度难得一见的一以贯之的坚持。然而即使仍然对《扬州十日记》所引发的历史记忆,主张某种程度的"排满",但梁启超并不赞成革命,而仍主张立宪。他在《申论种族革命与政治革命之得失》中写道:

> 诚非有所爱于满洲人也。若就感情方面论之,鄙人虽无似,抑以一多血多泪之人也。每读《扬州十日记》、《嘉定屠城纪略》,未尝不热血喷涌。故数年前主张排满论,虽师友督责日至,曾不肯自变其说;即至今日,而此种思想,蟠结胸中,每当酒酣耳热,犹时或间发而不能自制。苟使有道焉,可以救国,而并可以复仇者,鄙人虽木石,宁能无歆焉!其奈此二者决不能相容。复仇则必出于暴动,暴动革命则必继以不完全的共和,不完全的共和则必至于亡国。①

可见梁启超虽然坚持原有态度,所谓"故数年前主张排满论,虽师友督责日至,曾不肯自变其说;即至今日,而此种思想,蟠结胸中,每当酒酣耳热,犹时或间发而不能自制"。但由于"排满"与"复仇"两者"决不能相容",原因是"复仇则必出于暴动,暴动革命则必继以不完全的共和,不完全的共和则必至于亡国"。背后所主张的,仍然是乃师康有为害怕流血牺牲,因此也就害怕革命暴动的思想理路。

重审康章之间的论辩可知,即使是在晚清民初民族主义勃兴的历史背景下,阅读《扬州十日记》也不必然走向革命。由于读者身份的不同,政治立场的分歧,甚至阅读书籍时环境的差异,尽管都处在"民族

---

① 梁启超:《申论种族革命与政治革命之得失》,见张枬、王忍之编:《辛亥革命前十年间时论选集》第2卷,上册,北京:生活·读书·新知三联书店1960年版,第196—240页。

主义最发达时代"①,而康有为、梁启超和章太炎等知识精英,尽管都阅读过《扬州十日记》——梁、章之阅读《扬州十日记》有明确的记载,康有为之讨论"扬州十日"虽无确切来源,但定当读过此书当大致不差——尽管都熟稔"扬州十日"的历史记忆,但阅读后的心态和主张却各不相同:康有为认为"扬州十日之事,与白起坑赵、项羽坑秦无异",主张立宪保皇;梁启超"诚非有所爱于满洲人也。若就感情方面论之,鄙人虽无似,抑以一多血多泪之人也",甚至"每读《扬州十日记》、《嘉定屠城纪略》,未尝不热血喷涌",但并未影响其立宪保皇的政治主张;章太炎则主张"扬州十日"与白起坑赵、项羽坑秦完全不可同日而语,而是早在十六七岁时即"读蒋氏《东华录》、《明季稗史》,见夫扬州、嘉定、戴名世、曾静之事,仇满之念固已勃然在胸",加入光复会、同盟会和南社以后,更是把"勃然在胸"的"仇满之念"借《扬州十日记》不断传播。也就是说,阅读《扬州十日记》并不必然导致"排满"情绪之产生(如康有为),更不必然走向革命(如梁启超)。戊戌变法失败以后,康有为和梁启超师徒之间的貌合神离,此亦可为表征②。而不同读者运用因同一书籍建构起来的同一历史记忆,很可能有不同的运用③。

(二)"扬州十日"的建构与运用

康有为、梁启超和章太炎阅读《扬州十日记》,建构出"扬州十日"的历史记忆,并对当时的时代形势产生了不同的认识,已如前述。这里

---

① 丁文江、赵丰田编:《梁启超年谱长编》,上海:上海人民出版社1983年版,第286—287页。
② 李侃:《康梁思想异同述论》,见《近代传统与思想文化》,北京:文化艺术出版社1990年版,第178页。
③ 王汎森曾借用英国哲学家约翰·贾斯汀(John Austin)的概念,指出近代中国存在思想"形形色色的使用"的普遍情况,此亦为显例。参见王汎森:《关于中国近代思想文化史研究的若干思考》,见康乐、彭明辉主编:《史学方法与历史解释》,北京:中国大百科全书出版社2005年版,第75—86页。

需要进一步分析的是，对于晚明遗献的复活，王汎森曾指出"值得注意的是这批文献的复活，如何与现实局势相互激荡，最后将清代历朝官定的君臣之分高于华夷之分的顺序颠倒过来，回到顾炎武《日知录》'管仲不死子纠'条所说的'君臣之分犹不敌华夷之防'"①。这与王明珂强调"建构的历史如何被运用于当下"②的方法论若合符节。印刷、出版、传播和阅读《扬州十日记》是晚明遗献在晚清民初复活的整体历史的一部分，其背后当然离不开传统"王朝国家"向现代"民族国家"转型的时代背景，也就无一例外地属于整体历史记忆建构的一部分③。而早在辛亥革命之前，以及辛亥革命以后，在"历史"与"现实"、"过去"与"当下"的交织缠绕中，《扬州十日记》及其所承载的"扬州十日"历史记忆，被一再拿来与当时的历史事件相互勾连。分析这些勾连在一起的历史事件及其心态，也构成革命之阅读史研究的重要组成部分。

从近代各种资料来看，《扬州十日记》所承载的历史记忆，每逢重要的历史时刻都会被重新提起。也就是说，早在辛亥革命以前，"扬州十日"的历史记忆就"与现实局势相互激荡"。在辛亥革命以后，"记忆"的"涟漪"仍在不断扩散。其中拿来与"扬州十日""嘉定三屠"相比较的是太平天国起义。其中的契机，与李圭留下《思痛记》有关。周作人和胡适等人都曾多次阅读此书，周作人更是情有独钟，三度购买、四十载阅读《思痛记》。其中在第三次购买《思痛记》以后，周作人写道：

> 我看这本书前后几四十年，大有韦编三绝之慨，每看时或不看而想起时辄发生许多感慨，因为太多而且深切了，所以觉得无从说起，只好不说。这回决心想写小文介绍，可是仍旧没法子抄录，我

---

① 王汎森：《权力的毛细管作用——清代的思想、学术与心态》，台北：联经出版事业股份有限公司2013年版，第636页。
② 王明珂：《历史事实、历史记忆与历史心性》，载《历史研究》2001年第5期。
③ 列文森：《儒教中国及其现代命运》，郑大华译，北京：中国社会科学出版社2000年版。

想这书是应该整本子的读下去的,加入有志士仁人肯出资刊印,我想这书应该与孙秀楚的《扬州十日记》、辛稼轩的《南渡录》——不问所说徽钦二帝的事真伪如何,或辛君的名字确系假冒,总之这三部书是值得合刻的,给中国人读一遍的。①

周作人认为阅读《思痛记》的印象比《扬州十日记》更深刻,胡适亦然。② 大约现实历史引起的思考自比历史记忆更为深刻。不过周作人仍认为《思痛记》"应该与孙秀楚的《扬州十日记》、辛稼轩的《南渡录》"合刻,"给中国人读一遍的",这当与其时周作人对中国国民性的认识有关。由于太平天国在当时更多地被认为是汉人反抗满人的起义,颇被辛亥革命党人引为同道,因此这种相互激荡也就不足为怪了。

与同时期发生在满人身上的另外两件事情相比,更见革命党人利用"扬州十日"宣传革命的意图。光绪二十四年(1898),"戊戌变法"失败以后,光绪皇帝被慈禧太后囚禁于中南海瀛台。对此章太炎在光绪二十六年(1900)的《杂感》诗中写道:"(一)万岁山边老树秋,瀛台今复见尧囚。群公辛苦怀忠愤,尚忆扬州十日否?(二)谁教两犬竞呀呀,貂尾方山总一家。恨少舞阳屠狗侣,扫除群吠在潼华。"③ 显然是在讥讽当时以康有为、梁启超为代表的立宪派(即"群公",原戊戌维新派,当时的保皇派),表示"群公辛苦怀忠愤"完全不必要,提醒大家时刻牢记"扬州十日"的历史教训。另一事件为辛亥革命时期,"武昌起义"发生以后,湖北荆州地区的满人屠杀汉人,宋教仁由此联想到

---

① 周作人:《〈思痛记〉及其他》,见陈子善、张铁荣编:《周作人集外文:1904—1948》,海口:海南国际新闻出版中心1993年版,第487页。
② 周作人:《书房一角》,北京:北京十月文艺出版社2012年版,第246—250页;胡适:《胡适日记》"1937年1月12日"条,转引自韦明铧:《扬州文化谈片》,扬州:广陵书社2004年版,第221页。
③ 广来选编:《近代名家名人文库·章太炎邹容》,呼和浩特:内蒙古人民出版社2009年版,第76页。

"扬州十日""嘉定三屠"。宋教仁将"荆祸"看作是"扬州十日、嘉定屠城之惨祸,再见于今日",但又无可奈何,发出"满人凶焰,犹可遏乎?何不达事务乃尔?"的感叹。虽然宋教仁对"共和政体"有相当理性深刻的认识,但也忍不住发出"种族攸分"的情绪。①

王汎森一再指出,"清代士人世界的禁毁活动是一个'涟漪效应',一颗石头投到湖心,涟漪往外一层一层地扩散出去"②。其实何止是清代中前期的"禁毁书"活动产生了"涟漪效应",清代后期"禁毁书"的重新复出,也同样产生了巨大的"涟漪效应"。满汉矛盾毕竟还是国内矛盾,"排满"的主题也在辛亥革命以后逐渐减淡,但当时中国与诸帝国主义国家的民族矛盾也极为深刻,尤其是在光绪二十五年(1899)八国联军侵华,占领北京并发生"义和团惨案"以后,章太炎就感慨"去岁西人之仇杀义和团者,比于扬州十日、嘉定三屠,尚为未减而未有增也"③,在这里"扬州十日""嘉定三屠"的历史记忆已经不再局限于国内,而是运用到中国—西方的范畴中来。因此尽管周予同表示"青年们在辛亥革命之后不看《扬州十日记》等小册子而看克洛泡特金、托尔斯泰的著作,也自有其时代的必然性"④,鲁迅也敏锐地感觉到"民国成立以后,汉满的恶感仿佛很是消除了,各省的界限也比先前更轻淡了"⑤,尽管学界也认识到五四以后的晚明意象,其重心已逐渐从《扬州十日记》等建构的"血腥与虐杀的晚明",转向"风花雪月、雅

---

① 宋教仁:《荆州满人惨杀汉人感言》,见陈旭麓主编:《宋教仁集》上册,北京:中华书局 2011年版,第366页。
② 王汎森:《权力的毛细管作用——清代的思想、学术与心态》,台北:联经出版事业股份有限公司2013年版,第641页。
③ 章太炎:《正仇满论》,见张枬、王忍之:《辛亥革命前十年间时论选集》第1卷,上册,北京:生活·读书·新知三联书店1960年版,第97页。
④ 周予同:《过去了的"五四"(1930)》,见杨琥编:《民国时期名人谈五四——历史记忆与历史解释(1919—1949)》,福州:福建教育出版社2011年版,第178—184页。
⑤ 鲁迅:《杂忆》,见鲁迅:《鲁迅散文》,北京:线装书局2009年版,第197—199页。

致幽韵的晚明"①,但是满汉矛盾的缓和并不影响"涟漪效应"的继续发生,"风花雪月、雅致幽韵的晚明"也无法完全遮盖"血腥与虐杀的晚明",每到民族主义高涨的时刻,《扬州十日记》就被重新提出,"扬州十日"成为现代中国人建构民族国家进程的重要部分。其中尤其以"抗日战争"期间最具代表性——从辛亥革命至抗日战争期间,在发生第一、二次国内革命战争的情况下,民族主义已让位于民主主义。

搜诸抗战时期有关《扬州十日记》的各类文献可以看出,在"历史是一面镜子"的历史观念深入人心的背景下,《扬州十日记》被不断地拿来引起历史记忆,并由历史记忆选择性地拿来为现实世界服务。其间当然充满想象,即使是身为西南联大教授的历史学家吴晗(1909—1969),也仿佛变成了社会活动家。就在1944年抗日战争即将进入决胜阶段的前夕,吴晗就充满想象地回忆三百年前的历史:

> 三百年前,当前方战区的民众,在被敌人残杀奴役,焚掠抢劫,辗转于枪刀之下,流离于沟壑之中的时候,后方的都市,后方的乡村,却像另一个世界,和战争无关,依然醉生梦死,歌舞升平。南京的秦淮河畔,盛极一时,豪商富贾,文人墨士,衣香鬓影,一掷千金,画舫笙歌,穷奢极欲。杭州的西湖,苏州的阊门,扬州的平山堂,都是集会的胜地。文人们结文社,谈八股,玩古董,捧戏子,品评妓女,研究食谱,奔走公堂,鱼肉乡里。地主们也在欢天喜地,到处迎神赛佛,踏青赏月,过节过年,戏班开演,万人空巷。商人依旧在讨较锱铢,拿斤拈两。在战区和围城中的,更会囤积居奇,要取厚利。大家似乎都不知道,也不愿意知道当前是什么日子,会发生什么变局。他们不但是神经麻木,而且患着更严重的萎痹症。敌人一到,财产被占夺了,妻女被糟蹋了,伸颈受

---

① 郝庆军:《两个"晚明"在现代中国的复活——鲁迅与周作人在文学史观上的分野和冲突》,载《中国现代文学研究丛刊》2007年第6期。

戮，似乎是应该的事情。《扬州十日记》和《嘉定三屠记》所描写的正是这些人物的归宿，糊里糊涂过活的结局。①

吴晗的想象当然旨在借古讽今，其出发点无疑在支援抗日战争。但是这段充满想象力的铺张描述同样并不是针对《扬州十日记》最重要的"反清"描写，而是针对南京、杭州和苏州等地的"文人"（暗讽蒋介石及其国民党），与黄华之放大"汉奸"的记载如出一辙。而总结起来说，黄华之放大"汉奸"也罢，吴晗之放大"文人"也罢，与辛亥革命之放大"反清"具有同样的历史心性。② 而只有透过"阅读"背后对"意义"的选择，才能把握其背后的时代脉络。

五、结语

由于冯自由《革命逸史》中"兴中会初期……所用宣传工具，仅有《扬州十日记》、《嘉定屠城记》及选录《明夷待访录》内《原君》、《原臣》单行本数种"的记载及其广泛而持久的影响，《扬州十日记》在辛亥革命研究中受到持续关注。正如谢文孙（Winston Hsien）所言，冯自由（及邹鲁、罗家伦和罗香林）是辛亥革命研究的正统派，其学术观点（尤其是对辛亥革命的肯定）影响甚大③。也正是这种简单的回忆，导致后来的史家——尤其是记忆史的研究路径，对两者之间的关系得出过于简单同质的结论，而忽略了背后更为广阔的研究空间，使得人们对《扬

---

① 吴晗：《三百年前的历史》，见吴晗著，张守常、常润华主编：《吴晗文集》，第3卷《杂文》，北京：北京出版社1988年版，第58—60页。
② 王明珂：《历史事实、历史记忆与历史心性》，载《历史研究》2001年第5期。
③ Winston Hsien, *ChineseHistoriography on the Revolution of 1911: A Critical Survey and a Selected Bibliography*, San Francisco: Hoover Institution Press, 1975, p. 23.

州十日记》与辛亥革命关系之理解趋于简单。实则恰如张仲民所说："更（要）意识到在近代中国这个有'多个世界'呈现的时空里，存在着或竞争或合作或利用或互不相关的各种表达，也存在着相应的多种实践，这些表达与实践体现在多种多样的场合及论域里，如果试图用比较单一的模式和现象、比较单一的分析维度来概括与书写它们，无疑就会把历史简单化、片面化。"① 书籍史和阅读史的视角和方法，不仅可以较好地克服研究起点，即史料的缺陷，而且能拓展研究结果，避免结论的简单化和同质化。

从书籍史的分析来看，辛亥前后《扬州十日记》的流行，既是道、咸以来晚明遗献复活的一部分，同时也镶嵌在晚清建构晚明历史想象的整体进程中。因此就《扬州十日记》的来源来说，主要有两个：一是来源于日本，二是来源于中国本土。由于清代中前期《扬州十日记》作为禁书存在，至晚清尚未被解禁，因此其（原生态）文本形态有多种：《荆驼逸史》《明季稗史》收录本，《扬州十日记》单行本，以及与《革命军》等革命书刊合刊本。在次生形态上，《扬州十日记》还因革命党人借用了现代化的出版和印刷形态，出现了案语、绘图、报刊、白话和戏曲等诸种文本，大大推进了它的通俗化和大众化进程。同时由于受到革命团体和革命党人出身籍贯、活动区域，以及现代出版、印刷技术的影响，《扬州十日记》在流传空间上表现为上海（含江浙）地区、两湖和广东地区最为流行，这与辛亥革命的整体形势相一致，也可以从侧面体现《扬州十日记》对辛亥革命的意义。这种文本形态和流传空间，也影响了《扬州十日记》的获取方式。从分析中可以看出，《扬州十日记》主要通过革命团体、学校（私塾、书塾、小学、中学、新式学堂）、家庭等传播，而书店和书摊也是获取的重要场所——书店以秘密方式为主，书摊则集中在上海等开放地区以公

---

① 张仲民：《从书籍史到阅读史——关于晚清书籍史/阅读史研究的若干思考》，载《史林》2007年第3期。

开方式售卖。

从阅读史的分析来看，晚清民初的《扬州十日记》之所以能成为革命党人的"制造舆论之工具"，有两个方面的原因：其一，从文本内部来看，《扬州十日记》的质朴和真切生动的文本性质，以及其在关键性问题上——体现在"扬州（江南）""屠杀（十日、八十万）""满人（夷）"等关键词上，比《心史》《思痛记》和《嘉定屠城纪略》等文本更能激发时人对清王朝的仇恨。其二，从外部环境来看，晚清光绪年间正值清王朝的"第九世"，这与《春秋》"九世复仇"的历史记忆若合符节，在这种情形下就被革命党人拿来作为革命宣传的重要工具。经由革命党人的积极宣传，加上《扬州十日记》价格低廉，其读者几乎囊括当时的所有阶层，既包括革命党人，也包括立宪派人；既包括上层知识精英，也包括下层普通民众。受制于当时的时代环境，这些读者在阅读《扬州十日记》时，也存在多种不同的阅读方式，如自读（含夜读、半读）、共读、诵读等，其中以自读为主。自读的阅读方式使得阅读环境更容易与读者的心态交互缩结，引起读者对"扬州十日"的历史记忆，激发"排满"革命的内在驱动力，从而出现对《扬州十日记》的两种"误读"：其一，将《扬州十日记》误读为"扬州十日屠城记"；其二，将《扬州十日记》误读为"满洲屠杀汉人记"。这当然是革命党人选择凸显其"意义"而忽视其"事实"的策略性结果。

书籍史和阅读史作为分析方法，其目的在于更详细具体地理解"扬州十日"历史记忆建构的过程及意义。以康有为、梁启超和章太炎有关立宪—革命的论辩为个案，可以看到由于阅读《扬州十日记》而走向"排满"和"革命"的说法史料记载和研究结论，尽管是当时的主流形态，但毕竟并非全部——章太炎阅读《扬州十日记》，既主张"排满"，也倒向"革命"；康有为阅读《扬州十日记》，既不主张"排满"，也不倒向"革命"；梁启超则处于中间形态，从情感上主张"排满"，理智上不主张"排满",从而继续鼓吹君主立宪。① 借助长时段对《扬州十日记》流传和阅读的分析,可以看到不仅同时代存在不同的阅读面向,不同的时代之间也存在很大的差异。在"前辛亥革命"时期,举凡太平天国、光绪被囚等重要历史事件发生时,"扬州十日"的历史记忆就被重新抬出,在不同的情境下被不同地运用。而在"后辛亥革命"时期,《扬州十日记》的流传和阅读都有所逊色,直到抗日战争时期,受到民族主义新高潮的刺激,《扬州十日记》再次成为极受国人欢迎的阅读书籍。通过《越风》《杂志》《闲书周刊》等报刊的传播,《扬州十日记》中的"汉奸"等关键词被凸显出来,在"中华民族"意识的建构中发挥了重要作用。《扬州十日记》在辛亥革命和抗日战争时期的流传和阅读,毋宁具有同样的历史心性。

由于"仇满"(或"排满")和革命宣传都相当复杂,在当时不仅不同立场的知识分子有不同的理解,即使是同为革命党人,其理解也千姿百态,甚至同一革命党人在革命的不同时期,也有相当不同的看法,因此有关《扬州十日记》对辛亥革命(革命宣传)的影响,也就不可泛泛而论。杨度(1875—1931)在给梁启超的信中就说"排满革命之理由,各异其言,有曰报仇者,有曰争政权者,有曰满人不能立宪者,有曰立宪不利于汉者"②,对于当时以"排满"为主题的民族革命之宣传,也就必须从书籍史和阅读史入手,作更细致的分析解读。法国学者古斯塔夫·勒庞(Gustave Le Bon)在《革命心理学》中也曾指出,"尽管革命的起源可能是纯粹理性的,但我们千万不能忘记,除非理性转化为情

---

① 梁启超的例子甚至与"列文森公式"多少有些冲突,列文森尝谓近代中国的知识分子"在理智上疏离而在情感上倾向他的传统"(intellectually alienated and emotionally tied to his tradition),而梁启超在情感上"排满",理智上并不"排满"。参见列文森:《儒教中国及其现代命运》,郑大华等译,桂林:广西师范大学出版社 2009 年版。
② 丁文江、赵丰田编:《梁启超年谱长编》,上海:上海人民出版社 1983 年版,第 398—399 页。

感，否则革命酝酿过程中的理性不会对大众有什么影响"①，《扬州十日记》正是在革命党人的理性革命中，被选择为"理性转化为情感"的媒介。经过革命团体、学校（私塾、书塾、小学、中学、新式学堂）、家庭、书店和书摊等的传播，案语、绘图、报刊、白话和戏曲等的宣传，自读（含夜读、半读）、共读、诵读等的方式，《扬州十日记》不仅成为当时的流行读物，而且唤起了人们的历史记忆，成为推动辛亥革命，构建现代民族国家的重要资源②。

---

① 古斯塔夫·勒庞：《革命心理学》，佟德志、刘训练译，长春：吉林人民出版社2004年版，第4页。
② 朱谦之（1899—1972）曾断言孙中山的"三民主义"学说中，"民族之说出于王船山"，此论虽嫌孟浪而大体不差，已指出孙中山革命思想与晚明遗献的关系。转引自秦燕春：《清末民初的晚明想象》，北京：北京大学出版社2008年版，第8页。

思想与学术

从"雅集吴门"到"由越而闽"
——南社与福建相关史事考述*

作为中国近代史上规模最大的文学社团,南社历来是中国近代文学史、思想史和革命史研究的重要热点。从20世纪20年代以来,国内外有关南社研究的资料和论著不断出现,这些研究或从整体、或从专题对南社进行了研究①。其中学界普遍将江南视为南社的地域文化背景,如栾梅健《民间的文人雅集——南社研究》就从"南社创社的地缘背景"说起,将其地缘背景定格在江南,并由此追溯江南历史上的晚明清初时期②。毋庸置疑,南社最早创立于苏州虎丘,其社员也以江浙七人居多,江南理应成为南社研究最主要的地缘背景。然而正如包天笑(1876—1973)所说,南社"各省人都有","因为它的基地在上海",很多是

---

* 本文原载福州市美术馆、潘主兰艺术研究会编:《素心》2015年第1期,总第5期。
① 有关南社研究论著可参见张俊才:《南社研究述评》,见马以君主编:《南社研究》第1辑,广州:中山大学出版社1991年版,第12—20页;徐漓溶辑:《南社研究资料索引(1980—1990)》,见马以君主编:《南社研究》第1辑,广州:中山大学出版社1991年版,第198—276页。近年来的研究总结可参看张春田《重访"近代"——南社研究及其反思》,载《枣庄学院学报》2012年第1期;陈东林《南社开创了中国特色的"文艺复兴"——必须站在中国历史和世界历史的宏观层面来重新审视南社》,载《南京理工大学学报(社会科学版)》2015年第2期。
② 栾梅健:《民间的文人雅集——南社研究》,上海:东方出版中心2006年版,第1—9页。

"侨寓上海的人"和"常常往来于上海的人"①。因此"南社的内容,实在是很复杂的"②,对南社的研究有必要放宽空间视野。在以往的研究中,学界也的确就南社与江浙③、南社与广东④、南社与湖南均有较多的研究⑤,但对南社与福建的研究却极少⑥。为此本文拟将福建地域文化置诸南社研究中,通过考述南社与福建的相关史事并梳理两者之间的互动关系,以此发覆对南社及其时代的复杂性的认知。

---

① 包天笑:《钏影楼回忆录》,香港:香港大学出版社1971年版,第353页。柳无忌也曾指出:南社那样庞大的文人组织,份子复杂,成就不同,兴趣互异,不可一概而论。参见柳无忌:《回顾与前瞻》,见马以君主编:《南社研究》第1辑,广州:中山大学出版社1991年版,第7页。胡怀琛曾在《南社的始末》中回忆,"社友的籍贯,以江苏、浙江两省为多。次则广东、湖南、福建、四川、安徽、江西,再次则山西、陕西、山东、湖北、广西、云南、贵州、河北、河南、甘肃、辽宁各省,均有人加入"。参见柳亚子:《南社纪略》,上海:上海人民出版社1983年版,第240页。
② 柳亚子:《南社纪略》,上海:上海人民出版社1983年版,第157页。
③ 孙之梅:《南社研究》,北京:人民文学出版社2003年版,第60—66页。
④ 陆丹林:《南社在广东的活动》,见中国人民政治协商会议广东省委员会文史资料研究委员会编:《广东文史资料》第9辑,广州:广东人民出版社1963年版,第27—34页;孙之梅:《南社研究》,广州:中山大学出版社1991年版,第66—73页;李坚:《柳亚子与南社广东社友》,见马以君主编:《南社研究》第6辑,广州:中山大学出版社1994年版,第21—40页。
⑤ 孙之梅:《湘籍作家再南社的地位》,见马以君主编:《南社研究》第7辑,香港:天马图书有限公司1999年版,第1—18页;孙之梅:《南社研究》,广州:中山大学出版社1991年版,第73—98页;萧晓阳:《湖湘诗派研究》,北京:人民文学出版社2008年版,第363—370页。
⑥ 对南社与福建相关问题的研究,最早可以追溯到朱剑芒《我所知道的南社》(中国人民政治协商会议江苏省常熟市委员会文史资料研究委员会编:《文史资料辑村》,第1辑,1961年,第54—65页),对其所参与的南社闽集作了简要回顾,为目前最重要的研究资料。其后尚文《南社在福建》和潘希逸《续谈南社在福建》先后于1982年8月和9月间发表于《福州晚报》。同时代有罗钟《"南社闽集"在永安》,刊于中国人民政治协商会议福建省永安市委员会文史资料研究委员会编:《永安文史资料》,第8辑《抗日战争时期永安史料专辑》,1989年,第139—143页,对南社闽集在永安的成立和发展作了概述。至1990年代马以君编《南社研究》时,王瑜孙的《南社闽集拾闻》发表于马以君主编的《南社研究》第7辑(香港:天马图书馆有限公司1999年版,第135—137页),对南社闽集作了细节描述。这些研究廓清了南社与福建的部分问题,但是未能将福建籍社员的南社活动与南社在福建的活动结合起来进行整体考察,割裂了两者之间的有机联系。

一、南社福建籍社友及其地域特点

南社成立于 1909 年 11 月 13 日，发起人为同盟会会员陈去病（巢南，1874—1933）、高旭（天梅，1877—1925）和柳亚子（弃疾，1887—1958）。其前身可以追溯到 1907 年 8 月 15 日陈去病和刘季平（1878—1938）等人在上海组织的神交社。经过两年的酝酿，于 1909 年 11 月 13 日在苏州虎丘张国维祠举行第一次雅集，于是南社宣告成立。据柳亚子《南社纪略》开列名单，其时参与集会的社友共有 17 人：陈去病、柳亚子、朱锡梁、庞树柏、陈陶遗、沈砺、朱少屏、诸宗元、景耀月、林之夏、胡颖之、黄宾虹、蔡守等①。陈去病：《南社杂佩》叙南社之缘起为："南社者，去病与吾苏高旭、柳弃疾三子所以继东林复社之志业而与焉者也。"盖与当时的民族主义思潮有关，"故其始之取友也尚狭，既而稍广之，亦不过数十人。既而革命军兴，南都建国，翳是四方贤豪，毕集吴会，而社友乃益盛遍中国矣"②。此说大抵符合南社的基本情况。

虽然南社成立于苏州，活动中心在上海，但由于南社入社条件要求极低——据虎丘雅集后公布的《南社例十八条》规定，"品行文学两优者许其入社"，"入社须纳入社金一元"，因此南社社友来源极为广泛而

---

① 柳亚子：《南社纪略》，上海：上海人民出版社 1983 年版，第 13—14 页。这 17 位最早的社友中，除胡颖之、黄宾虹和蔡守以外，均为同盟会会员。参见栾梅健：《民间的文人雅集——南社研究》，上海：东方出版中心 2006 年版，第 59 页。
② 陈去病：《南社杂佩》，见殷安如、刘颖白编：《陈去病诗文集》下册，北京：社会科学文献出版社 2009 年版，第 717 页。高旭在 1909 年发表的《南社启》中更作了详细阐述：然而社以南名，何也？《乐》："操南音不忘其旧"，其然，岂其然乎！南之云者，以此社提倡于东南之谓。"率土之滨，莫非王臣"，原无分于南北，特以志其始也云尔。参见高旭：《南社启》，见郭长海、金菊贞编：《高旭集》，北京：社会科学文献出版社 2003 年版，第 499 页。

复杂①。有关南社的社友情况,柳亚子《南社纪略》有确切记载:"南社的运命是到了1923年(民国十二年)12月以后才完全停止进行的。……我们根据现在所保存着的《入社书》上总数,确确已有1110人。再加上已经介绍而没有填写《入社书》的,又有72人,一共是1182人。"②温应时曾据此详细考述南社社友的人数及姓氏,矫正柳亚子的"误差",得出南社社友总数为1183人的结论。其中填写过《入社书》的社友1110人,未填写《入社书》的社友73人③。栾梅健则不仅详细开列这两类南社社友,而且在此基础上列出南社社友的地域分布表,人数位列前茅的省份依次是:江苏425人,浙江226人,广东175人,湖南119人,安徽55人,四川25人,福建23人,湖北21人,因此从绝对数量上说,南社福建籍社友并不算多。然而只要仔细考述福建籍社友,就不难发现其在南社前后扮演的重要角色。兹据柳亚子《南社纪略》等资料将南社福建籍社友列表如下(见表1):

表1 南社福建籍社友简表

填写过《入社书》的社友					
顺序	姓名	籍贯	入社时间地点	介绍人	人物关系
13	林景行(寒碧)	闽侯	1909年,苏州	陈去病	妻子徐蕴华
98	林万里(白水)	闽侯	1910年,上海		
111	陈子范(勒生)	闽侯			
128	林之夏(秋叶)	闽侯④	1909年,苏州	林知渊	妻子陈贞慧
160	丘复(荷公)	上杭⑤	1911年,上海⑥	丘逢甲	

① 柳亚子:《南社条例十八条》,见张明观、黄振业编:《柳亚子集外诗文辑存》,上海:上海人民出版社2011年版,第19—20页。
② 柳亚子:《南社纪略》,上海:上海人民出版社1983年版,第146页。
③ 温应时:《南社社友姓氏录考》,见马以君主编:《南社研究》第2辑,广州:中山大学出版社1992年版,第205—218页。
④ 《南社丛刊》第6辑作"南安",是误。参见上海图书馆编:《中国近代期刊篇目汇录》第2卷,上海:上海人民出版社1982年版,第3116页。
⑤ 陈去病:《南社杂佩》,见殷安如、刘颖白编:《陈去病诗文集》下册,北京:社会科学文献出版社2009年版,第719页,载其通信地址为"汕头峰市蓝家渡"。
⑥ 此处时间地点据是年南社雅集地点确定,参见栾梅健:《民间的文人雅集——南社研究》,上海:东方出版中心2006年版,第186页。

(续表)

填写过《入社书》的社友					
顺序	姓名	籍贯	入社时间地点	介绍人	人物关系
203	丘翊华（潜庐）	上杭①			
213	王少文（少文）	龙溪②			
219	林学衡（庚白）	闽侯	1912年，上海	柳亚子	
220	蒋信（幼士）	闽侯③			
306	苏南（宝乾）	南安④			
325	方声涛（韵松）	闽侯		林知渊	同学林知渊
357	郑权（仲敬）	闽侯	1913年，上海⑤		
518	陈光誉（穉兰）	长乐			
529	陈贞慧（兰因）	闽侯		林之夏⑥	丈夫林之夏
703	刘伯端（伯端）	闽侯⑦			
743	郑凤仪（佩秋）	闽侯			
896	包一（千谷）	上杭			
901	刘作华（香亭）	武平			
976	郑中炯（华中）	闽侯			
977	许庆炳（彪如）	闽侯			

① 陈去病《南社杂佩》，见殷安如、刘颖白编：《陈去病诗文集》下册，北京：社会科学文献出版社2009年版，第723页，载其通信地址为"汕头转中都忠实小学"。

② 陈去病《南社杂佩》，见殷安如、刘颖白编：《陈去病诗文集》下册，北京：社会科学文献出版社2009年版，第721页，载其通信地址为"南洋泗水商会"。

③ 陈去病《南社杂佩》，见殷安如、刘颖白编：《陈去病诗文集》下册，北京：社会科学文献出版社2009年版，第721页，载其通信地址为"福州文儒坊三官堂尾"。

④ 陈去病《南社杂佩》，见殷安如、刘颖白编：《陈去病诗文集》下册，北京：社会科学文献出版社2009年版，第722页，载其通信地址为"福州西关外洪山桥郭厝里"。

⑤ 此处时间地点据是年南社雅集地点确定，参见栾梅健：《民间的文人雅集——南社研究》，上海：东方出版中心2006年版，第187页。

⑥ 此处介绍人据林有成的《南社诗人林之夏与柳亚子的诗文交往》补充，参见吴江市政协文史工作委员会编：《吴江文史资料》第20辑，2003年，第52页。

⑦ 陈去病《南社杂佩》，见殷安如、刘颖白编：《陈去病诗文集》下册，北京：社会科学文献出版社2009年版，第723页，载其通信地址为"香港华民政务司署"。

(续表)

填写过《入社书》的社友					
顺序	姓名	籍贯	入社时间地点	介绍人	人物关系
1109	姚琴如（琴如）	宁德			
未填写《入社书》的社友					
4	林拾穗（拾采）	闽侯	1910年，杭州		
37	郑守馨（季明）	闽侯①			

资料来源：(1) 栾梅健：《民间的文人雅集——南社研究》，上海：东方出版中心2006年版，第259—305页；(2) 柳无忌、殷安如编：《南社人物传》，北京：社会科学文献出版社2002年版；(3) 柳亚子：《南社纪略》，上海：上海人民出版社1983年版；(4) 温应时：《南社社友姓氏录考》，见马以君主编：《南社研究》第2辑，广州：中山大学出版社1992年版，第205—218页。

需要说明的是，表1中所列籍贯只代表社友的出生地或祖籍地。可以想见，在近代社会跨界流动甚大的时代背景下，福建籍社友加入南社很可能有不同的机缘。总体上表1可以看出，南社福建籍社友具有以下地域特点：第一，就社友的籍贯而言，以闽侯（即福州）最多，达到16人，近70%；其次则闽西（包括上杭、武平）居多，达到4人，近20%；再次则闽南，达到2人，近8%；其余较为分散。第二，就入社的时间而言，有两个时期较为集中，分别是辛亥革命前后两年（1909—1911，入社号从13号到160号）和辛亥革命后两年（1912—1914，入社号从203号到357号），其余较为分散。其中第一个高峰时期似与林景行、林学衡和林之夏等闽侯籍社友有关，第二个高峰时期似与丘复和丘翊华等闽西籍社友有关。第三，就入会的方式而言，明显以血缘（家族）、地缘（籍贯）和业缘（师承/交游）三种方式为主。如闽侯林氏

---

① 栾梅健《民间的文人雅集——南社研究》（上海：东方出版中心2006年版，第296页）只注明是"福建人"，未说明具体籍贯。此处参阅俞达珠编著：《说郑侠》，（出版者不详），2012年，第209页。原文如下：郑守馨，字诗馨，号源馨，笔名季明。原籍福建福清海口牛宅村，出生于闽侯江左里下屿（今乐乐犰屿）乡。毕业于福建马尾船政（前）学堂。同盟会员、辛亥革命老人，先后任福建去毒总社社长、福建诗社社长、福州桥南公益社社长等职。于1935年重刊《西塘先生文集》。

家族、上杭丘氏家族等。尽管林之夏、林景行等人并不是从遥远的福建"专程赶来，而是本身就在上海，或者正漂泊海上"①，但是背后的入社缘起又有显微差异，如在陈去病《南社杂佩》所开列南社社友名录中，有类似"通讯地址"栏目，其载丘复为"汕头峰市蓝家渡"、苏南为"福州西关外洪山桥郭厝里"等②。第四，就入会的契机而言，多数福建籍社友入社的介绍人为柳亚子或因结实柳亚子而入会。实则柳亚子与福建籍社友之间的交游非常重要，柳亚子甚至在《忆林庚白、陈巢南》诗中回忆，"平生交友遍天下，顾能在各方面予我以最大致影响者，惟林庚白、陈巢南二君耳"③，陈巢南即陈去病，林庚白即林学衡，可见与福建籍社友的交游对柳亚子的影响④。南社福建籍社友的这些地域特点，使得在学理层面上可以将其视为一个整体。这个整体是以闽侯"三林"（林之夏、林景行、林学衡，林氏家族）和闽西丘复（丘氏家族）为首，成员大多来自闽侯和闽西，借助血缘（家族）、地缘（籍贯）和业缘（师承/交游）等因素在南社内部形成的地域性知识共同体。

---

① 栾梅健：《民间的文人雅集——南社研究》，上海：东方出版中心2006年版，第59页。
② 陈去病：《南社杂佩》，见殷安如、刘颖白编：《陈去病诗文集》下册，北京：社会科学文献出版社2009年版，第724页。需要说明的是，丘复和丘翙华同为上杭丘氏家族的重要成员。参见高昌洙：《闽西客家宗族研究——以上杭丘氏宗族为例》，厦门大学人类学与民族学系硕士学位论文，2006年。陈去病之所以记载丘复及丘翙华入社时通信地址为汕头，与当时丘复及丘翙华在汕头活动有关。参见范书声：《丘复先生传略》，见中国人民政治协商会议福建省武平县委员会文史资料编辑室编：《武平文史资料》第5辑，1985年，第45—52页。
③ 柳亚子：《忆林庚白、陈巢南》，见中国革命博物馆编：《磨剑室诗词集》，上海：上海人民出版社1985年版，第1331页。
④ 柳亚子曾为多位福建籍社友撰写传记或墓志铭，并有多种和韵诗作，更可见两者之间的紧密关系。参见柳亚子：《林寒碧墓表》，见中国革命博物馆、上海人民出版社编：《磨剑室文录》上册，上海：上海人民出版社1993年版，第609—610页；柳亚子：《陈烈士勒生传》，见卞晓萱、唐文权编：《辛亥人物备传集》，北京：团结出版社1991年版，第263—264页；柳亚子：《更生斋随笔·记林庚白》，见柳亚子：《怀旧集》，上海：耕耘出版社1981年版，第45—49页。

二、福建籍社友参加南社活动考述

南社福建籍社友在数量上虽然并不算多,但对南社的影响却不可谓不大,盖其积极参与南社活动使然。前引陈去病对南社历程的叙述,实则局限于狭义上的南社。由于陈去病、高旭和柳亚子等南社领袖的倡导,其影响力和震撼力都超出了原有狭小的文人结社圈子,也超出江浙一带的地域范围①。因此就广义上的南社而言,一方面在空间上绝不仅限于江南(江苏和浙江),而是包括越社、辽社、广南社、淮南社等其他社团或支社;另一方面在时间上绝不仅限于1909年至1923年的15年间,而是包括1923—1924年的新南社,和其后成立的南社纪念会,以及在各省成立的地方性雅集社团②。为此,本文为讨论的便利起见,以1923年柳亚子和叶楚伧(1887—1946)等成立的新南社为参照,将南社分为旧南社(即狭义上的南社,1909—1923)、新南社(1923—1924)和后南社(1924—1949)三个历史时期。以下试考述福建籍社友参加南社活动的相关史事。

1. 参加南社雅集活动

南社虽然具有革命团体的性质,但是成立初期毕竟借以文学社团为名义,且因其主要参与者以文人士绅为主,因此雅集(以及在雅集基础上编纂《南社丛刻》)不仅是南社成立时期的主要活动形式,也是此后各时期、各分社最重要的活动。所谓"各社员散处,每以不得见面为恨,故定于春秋佳日开两次雅集。或于秣陵、吴门,或于云间、海上,临时再定","雅集费临时再行酌捐,社员既各因闻声相思而至,当无不

---

① 栾梅健:《民间的文人雅集——南社研究》,上海:东方出版中心2006年版,第54页。
② 栾梅健:《民间的文人雅集——南社研究》,上海:东方出版中心2006年版,第82—98页。

欣然乐从"①。这种条例规定，使得以江浙社员为主的南社能较容易组织起在"或于秣陵、吴门，或于云间、海上，临时再定"的雅集活动，同时也因为"雅集费临时再行酌捐"，必然受到雅集费用的限制，其他地区的社员要参加南社雅集活动，显然难度要比江浙社员大得多。

南社福建籍社友很显然也受到这种情况的影响，因此参加南社雅集的次数并不多。南社成立以后，从1909年至1923年共举行了十八次雅集活动，编辑过24集《南社丛刻》（其中第23集、第24集未刊）。在这些南社雅集活动中，福建籍社友只参加过四次，分别是林之夏（秋叶）参加第一次南社雅集（1909年，苏州虎丘）、林万里（白水）参加第三次南社雅集（1910年，上海张园）、郑权（仲敬）参加第九次南社雅集（1913年，上海愚园）、林学衡（庚白）参加第十四次南社雅集（1916年，上海愚园）②。遗憾的是，由于相关史料阙如，福建籍社员历次参加南社雅集的具体过程并不清楚。唯据南社骨干及后来南社闽集社长朱剑芒（1890—1972）回忆，"在南社骨干分子中，除上列三人（朱少屏、叶楚伧和姚石子）外，虽尚有山西景耀月，湖南宋教仁、宁太一，浙江朱宗良，福建林秋叶，安徽胡朴安、胡寄尘等，对于南社活动的发展，亦曾起过推动作用"③。因此林之夏参加第一次南社雅集活动显得尤为重要。攈诸史实，知林之夏参加苏州虎丘集会，得益于胞弟林知渊（1890—1969）的介绍④。其时林知渊正"奉陆军部令，派充南京陆军第四中学法文教习"，而林知渊亦由此前不久经同学方声涛介绍加入同盟会⑤。

---

① 柳亚子：《南社条例十八条》，见张明观、黄振业编：《柳亚子集外诗文辑存》，上海：上海人民出版社2011年版，第19—20页。
② 栾梅健：《民间的文人雅集——南社研究》，上海：东方出版中心2006年版，第185—189页。
③ 朱剑芒：《我所知道的南社》，见《文史资料辑村》第1辑，1961年，第63页。
④ 林国清：《林知渊传略》，中国人民政治协商会议福州市郊区委员会文史资料工作编《福州市郊区文史资料》第10辑，1995年，第77—82页。
⑤ 林知渊：《政坛浮生录——林知渊自述》，见中国人民政治协商会议福建省委员会文史资料委员会编：《福建文史资料》第22辑，1989年，第2页。

至于福建籍社友参加《南社丛刻》的情况,则似略有不同。南社成立初期,即在"南社例十八条"中规定,"社员须不时寄稿本社,以待刊刻""所刊之稿即署名《南社》""集稿稍多,即行付印,或一月或二月不局定",随后乃有《南社丛刻》的刊行①。由于"选稿之权悉操诸正副社长,余人不得顾问""社长每岁一易人,雅集时由众社员推举,如连任者听之",因此《南社丛刻》文稿的选编权力,集中在正、副社长手上,《南社丛刻》文稿的入选与否,就带有很浓重的个人色彩。虽然柳亚子在南社初期,只任书记员之职,但随着南社经费问题日渐严重,柳亚子个人资助力度日渐加大,使得柳亚子在《南社丛刻》的编选过程中权力越来越大,而《南社丛刻》的柳亚子印记也越来越显著。具体到福建籍社员来说,由于柳亚子与福建籍社员交游广泛而密切,福建籍社员在《南社丛刻》中的诗文数量和分量均较为可观。兹整理列表如下(见表2):

表2 《南社丛刻》福建籍社友作者及发文数量简表

集序	编辑	总数	福建籍社友作者及发文数量
第1集	高旭	2	林万里2篇
第2集	陈去病	3	林拾穗3篇
第3集	柳亚子	4	丘复3篇,林拾穗1篇
第4集	柳亚子	4	林万里1篇,陈子范3篇
第5集	柳亚子	46	丘复1篇,陈子范2篇,林学衡29篇,蒋信1篇,陈子范13篇
第6集	柳亚子	16	林之夏1篇,丘复3篇,林学衡9篇,蒋信3篇
第7集	柳亚子	0	
第8集	胡寄尘	0	
第9集	柳亚子	17	林学衡15篇,丘复1篇,林景行1篇
第10集	柳亚子	0	

---

① 柳亚子:《南社条例十八条》,见张明观、黄振业编:《柳亚子集外诗文辑存》,上海:上海人民出版社2011年版,第19—20页。

(续表)

集序	编辑	总数	福建籍社友作者及发文数量
第11集	柳亚子	14	林学衡14篇
第12集	柳亚子	8	林学衡5篇，丘复1篇，林景行2篇，
第13集	柳亚子	24	丘复14篇，林之夏1篇，苏南1篇，林学衡8篇
第14集	柳亚子	9	林之夏4篇，林景行2篇，丘翊华3篇
第15集	柳亚子	24	林之夏9篇，林学衡1篇，陈光誉4篇，丘复6篇，丘翊华4篇
第16集	柳亚子	7	林学衡1篇，蒋信4篇，陈光誉1篇，丘复1篇
第17集	柳亚子	1	林景行1篇
第18集	柳亚子	0	
第19集	柳亚子	21	丘复9篇，林景行11篇，蒋信1篇
第20集	柳亚子	0	
第21集	傅熊湘	1	方声涛1篇
第22集	陈去病 余十眉	39	丘复10篇，林之夏11篇，林景行6篇，林学衡10篇，刘伯端2篇
第23集	柳亚子	0	
第24集	柳亚子	365	林学衡42篇，丘复32篇，林之夏269篇，林景行11篇，方声涛2篇，刘伯端5篇，苏南4篇

资料来源：(1) 上海图书馆编：《中国近代期刊篇目汇录》第2卷下册，上海：上海人民出版社1982年版，第3009—3250页；(2) 柳亚子主编，马以君点校：《南社丛刻第23集第24集未刊稿》，北京：社会科学文献出版社1994年版。

由表2可见，在南社福建籍社友23人中，有11人前后在《南社丛刻》中发表诗文。其中尤其集中在林之夏（295篇）、林学衡（134篇）、林景行（34篇）和丘复（81篇）四人身上，更可进一步看到此四人的领袖地位。至于在各不同时期所刊刻《南社丛刻》的不同集子中，福建籍社友所刊诗文数量差别甚大——如第7集、第8集、第10集、第18集、第20集、第23集均没有福建籍社友诗文入选，而第5集有46篇，第22集有39篇，第24集有365篇诗文入选，其中原因当甚为复杂，既与参与南社雅集的福建籍社友数量有关，也与此时福建社友的社会活动有关。另据陆丹林（1896—1972）《南社的创立与停顿》所列《南社社友诗文集目录表》，南社福建籍社友出版过诗文集的有五人：陈子范《陈烈士勒生集》、林庚白《丽白楼自选诗》、刘伯端《沧海楼词》、林庚白与姚鹓鶵《太学二子集》等①。通过这种简单的统计，已经可以看出福建籍社友在《南社丛刻》中扮演了重要角色。

2. 参加广东支社活动

据姚光（1891—1945）《淮南社序》所说，"自长江以南首倡南社，为海内之先声，而后如越，如辽，如粤，闻风响应"，"淮又继起"②。姚光的这种论断，指的是1909年南社成立以后，在全国各地纷纷成立的支社。举其要者，主要有浙江成立的越社、辽宁成立的辽社、广东建立的粤社（广南社）、南京成立的淮南社，湖南成立的湘社等，均为南社分社/支社③。饶有兴味的是，由于南社成员的复杂性和流动性，福建籍社友不仅参与南社雅集和《南社丛刻》出版等活动，也积极参与到南社各分社的活动中来。除了辽社和淮南社未有福建籍社友参加外，在广南社（粤社）和南社湘集活动中，都有福建籍社友的烙印。

有关广南社（粤社）的情况，曾为南社社员的郑逸梅（1895—1992）回忆，"南社还有广东分社，一般人称为粤社，社友两百余人，倡始较早。一九一七年闰二月初三日，假座广州花塔街六榕寺举行第一次雅集……前后举行六次（雅集），得诗词六十七首，编写成一卷，寄姚石子，刊载《南社丛刻》二十一集后面，作为附录"④。当时参加粤

---

① 陆丹林：《南社的创立与停顿》，见中国人民政治协商会议全国委员会文史和学习委员会编：《文史资料选辑（合订本）》第15卷，总第43—44辑，北京：中国文史出版社2011年版，第31—43页。

② 姚光：《淮南社序》，见姚昆群、昆田、昆遗编：《姚光全集》，北京：社会科学文献出版社2007年版，第40页。

③ 柳亚子：《南社纪略》所载《南社社友姓氏录》，"仅限于南社旧社友，湘集不在其内"。参见郑逸梅：《南社丛谈——历史与人物》，北京：中华书局2006年版，第466页。

④ 郑逸梅：《南社丛谈——历史与人物》，北京：中华书局2006年版，第20页。

社雅集活动的福建籍社员主要是方声涛(1885—1934),《南社丛刻》第二十一集有福建籍社员诗作,即是方声涛参加粤社第一次雅集活动的诗作。全诗如下:"我本无力者,只手擎大厦。纵横万余里,宝剑与宝马。闲来访知己,知己有多寡?南地尽文人,烈士出我社。今日相会三十九,研文其次气节冶,冶来气数国真魂,便一醉乘风去也。"① 据诗中"闲来访知己,知己有多寡?南地尽文人,烈士出我社"句,可推断方声涛之参加粤社第一次雅集活动,与前往广东(广州)参访旧友(或即蔡守/哲夫)有关。

在南社福建籍社员中,方声涛是特例。因南社"终究还是一个文学团体,或者说有鲜明革命倾向的文学团体。它的结盟、发展、壮大、解体,文学始终是核心,是精神命脉"②,因此军人入社的情况较为少见,而方声涛恰为军人身份。方声涛传记最早见于民国二十六年(1937)厂民编《当代中国人物志》,其载"……(方声涛)早岁即有志于国事,在前清光绪末叶赴日本留学,毕业于日本士官学校……民国六年,南北再战的时候,先生在张开儒部下,旋因张氏有通敌嫌疑,广州护法政府命先生将张氏拘捕,因此滇军总司令一职,遂由先生所掌握了……"③又据方声涛参加粤社第一次雅集是在1917年(闰)2月,可知当时方声涛在护国战争结束以后,因担任护国第二军(后改编为驻粤滇军)第四师师长,驻于广州市区的机会,参加了粤社第一次雅集活动④。马以君(1942—)在《南天张一军——"粤社"述评》中形象地描述了方声涛参加粤社雅集的情况,"正当大家倾谈玩赏间,来了两个意想不到

---

① 蓝言编:《粤社第一次雅集诗》,见马以君主编:《南社研究》,第5辑,广州:中山大学出版社1994年版,第155页。
② 孙之梅:《南社研究》,广州:中山大学出版社1991年版,第28页。
③ 厂民编:《当代中国人物志》,见沈云龙主编:《近代中国史料丛刊》,第50辑,台北:文海出版社1995年版,第90—91页。
④ 福建省地方志编纂委员会编:《福建省志·人物志》,北京:中国社会科学出版社2003年版,第427页。

的人,一个是张开儒(藻林),一个是方声涛(韵松),都是滇军的师长。他们'下马一揖气如虹'惹起大家一种不可名状感觉"①,可见方声涛是与张开儒(1869—1935)一起参加粤社活动的。马以君循方声涛身份及时代背景理解其诗作的路径,所谓"(方声涛诗)快人快语,铮铮金石之声,无意求工而豪气迫人,不事雕琢而语意精警",却颇切中肯綮②。

3. 参加南社湘集活动

如果说粤社因其组织涣散,且对南社的认识肤浅,以至于"根本没意识到这是个革命团体,而仅将它视作一般的文学组织"③,最后没能发挥应有的历史作用的话,那么南社的另一分社——湘社雅集活动就完全不同,而且福建籍社友参与的人数更多,参与的程度更广更深。南社湘集本成立于1923年4月18日,与新南社前后成立,但其源头可以追溯到南社长沙分社。而南社长沙分社成立于1912年9月25日,几乎是南社最早的分社。在经过多次雅集活动以后,乃于1924年4月1日借长沙刘园雅集的时机,设立湘社雅集④。由于湘社雅集的成立在新南社刚成立后不久,所以因柳亚子等成立新南社而被剥离在外的南社社员(一般思想较为保守,以与宣称迎合新思潮的新南社对抗)就纷纷加入南社湘

---

① 马以君:《南天张一军——"粤社"述评》,《南社研究》,第5辑,广州:中山大学出版社1994年版,第112页。
② 马以君:《南天张一军——"粤社"述评》,《南社研究》,第5辑,广州:中山大学出版社1994年版,第112页。
③ 马以君:《南天张一军——"粤社"述评》,《南社研究》,第5辑,广州:中山大学出版社1994年版,第112页。
④ 陈晋圭:《南社湘集》,见中国人民政治协商会议长沙市北区文史资料研究委员会编:《长沙市北区文史资料》,第6辑,1992年,第148页。据此可知南社湘集经历过三次重建:(1)第一时期为1924年至1931年,因社长傅尃客死安徽安庆而止,可称为傅尃时期;(2)第二时期为1934年至1937年,因抗日战争而止,可称为刘鹏年时期;(3)第三时期为1945年至1949年,因长沙解放而止,可称为柳敏泉时期。另外,据郑逸梅《南社丛谈》中附《新南社社员录》,新南社共有社员216人,规模上小于南社湘集的280人。参见郑逸梅《南社丛谈——历史与人物》,北京:中华书局2006年版,第464—466页。

集。南社湘集因此在运行时间和规模上都要超过新南社①。

湘社雅集成立后，由傅専（屯艮、熊湘，1883—1930）拟定《湘社雅集简章》，宣称"本社以提倡气节、发扬国学、演进文化为宗旨"，以继承（旧）南社精神为旗帜。又因"社友入社，不限省籍"，因此"这个团体名为湘集，实际上是一个全国性组织"②，在此过程中，南社福建籍社员也积极参与到湘社雅集活动中来。据1936年3月出版的《南社湘集》第6期中所附材料，南社湘集共有社员280人，分省份依次是湖南153人，广东60人，江苏32人，浙江13人，江西5人，福建4人，安徽4人，其余省份9人。其中福建籍4人分别是：上杭邱翊华（瀣山）、上杭丘复（1874—1950）、南平陈守治（瘦愚，1897—1990）、尤溪洪聿干（祖迈）③。更重要的是，旧南社"三巨头"中的陈去病和高旭均加入南社湘集中，大大加强了南社湘集的号召力和影响力。南社湘集的活动也因此从20世纪20年代初持续到40年代末。柳亚子"偏安长沙的南社湘集，到一九二六年四月第三次姓氏录出版后，也停止活动了"的回忆显然带有个人情绪④。

在南社湘集的四位福建籍社员中，当以丘复和陈守治最具有代表性。南社湘集本以固守中国传统文学为主臬，拒绝接纳新潮以与新南社对抗，认为"进化自有程途，言论归于适当"⑤，因此南社湘集社友中复古和守旧倾向非常明显，此已为学界所指出。在南社湘集社友中，福建籍社友丘复的思想倾向最为明显，文字中间提倡妇节，宣扬封建伦理道

---

① 新南社的宗旨是"整理国学，引纳新潮，提倡人类的气节，发挥民族的精神"，转引自曾景超：《新南社在南社历史上的地位》，载《民国档案》2014年第1期。
② 李海珉：《南社兴衰纪略》，吴江市政协文史委员会《吴江文史资料（内部资料）》，第22辑，2008年，第2—29页。
③ 栾梅健：《民间的文人雅集——南社研究》，上海：东方出版中心2006年版，第220—230页。
④ 柳亚子：《柳亚子自述续编（1887—1958）》，北京：人民日报出版社2012年版，第131页；柳亚子：《南社纪略》，上海：上海人民出版社1983年版，第110—111页。
⑤ 栾梅健：《民间的文人雅集——南社研究》，上海：东方出版中心2006年版，第215页。

德时常可见，以至于后来编纂《上杭县志》，也将如火如荼的闽西革命说成是"赤祸""赤匪"①。至于陈守治，据其孙陈用苏的回忆，陈守治之加入南社湘集，得益于林之夏的引荐。最初加入的是柳亚子的新南社，不久后与丘复、丘翙华、洪祖迈等福建籍社员一并加入南社湘集②。显然是在不认同新南社理念的情况下，转而加入南社湘集。由于南社湘集的建制处处模仿（旧）南社，故从1924年至1949年前后进行过二十二次雅集活动，出版过八集《南社湘集》③。作为南社湘集的机关刊物，《南社湘集》"均以文言为准"④，与当时的《学衡》《甲寅》两杂志鼎足而三，成为保守主义的阵地⑤。加之由于《南社湘集》发行量非常小，在当时"新文化运动"方兴未艾的历史潮流中，影响力相当有限。另外还需要说明的是，在参加南社湘集的同时，福建籍社友林庚白（学衡）、林众可（林景行之弟）、丘翙华还参加了1933年成立的南社纪念会，同时参加的还有非南社社员王孝英（福建闽侯人，1899—?）、陈炳煌（福建思明人）等，因篇幅所限，兹不赘述⑥。

三、由越而闽：抗战时期的南社闽集

如果说（旧）南社时期，福建籍社员积极参与南社雅集等活动是因

---

① 范书声：《丘复先生传略》，见中国人民政治协商会议福建省武平县委员会文史资料编辑室编：《武平文史资料》，第5辑，第45—52页。
② 陈用苏：《先祖陈守治先生往事闻见录》，见南平市政协文史资料委员会编：《南平文史资料》，第12辑，1991年，第103—119页。
③ 陈晋圭：《南社湘集》，见中国人民政治协商会议长沙市北区文史资料研究委员会编：《长沙市北区文史资料》，第6辑，1992年，第148页。
④ 《南社湘集简章》，杨天石、王雪庄编：《南社史长编》，北京：中国人民大学出版社1995年版，第588页。
⑤ 甚至当时著名的清遗老们也在《南社湘集》上发表诗文，如福建籍遗老陈衍（石遗，1856—1937）等。参见栾梅健：《民间的文人雅集——南社研究》，上海：东方出版中心2006年版，第231页。
⑥ 郑逸梅：《南社丛谈——历史与人物》，北京：中华书局2006年版，第453—463页。

寓江南而"雅集吴门",参与粤社和湘集也是寓羊城和湖南的结果,使得南社与福建本地域的关系稍嫌疏远的话,那么到了抗日战争时期,南社闽集成立并进行了系列活动,南社与福建的关系就进一步拉近了。早在此前南社支社——越社成立时,陈去病就在《越社叙》中相当乐观地表示,"庸敢陈其鄙陋,为越社助,且以蕲吾南社,将由越而闽、又粤,以迄南海之南,北海至北,则天下事倘有济乎,抑又有南社之庆也"①,南社"将由越而闽又粤"是陈去病对南社发展的希望。而抗日战争时期南社闽集的成立,正印证了陈去病的希望或预测。

有关南社闽集的成立过程,社长朱剑芒(慕家)在《我所知道的南社》中有详细回顾,兹引述如下:

  一九四一年初夏,我从浙江丽水碧湖镇迁到福建永安,第二年得悉南社旧友弘一法师(俗姓李,名凡,号叔同,河北天津人,出家后名演音)在泉州开元寺逝世,写有挽诗四绝在报上发表。第三首后半有"廿载神州南社史,更天人继第三僧"两句,原系兼吊南社诗僧苏曼殊,因闻另一方外社友铁禅(广州六榕寺僧)已当了汉奸,所以有这样说法。这几首诗很引起了社会上注意,过去爱读南社刊物上作品的,知道我与南社有关系,常有人来访问我,也有从外埠写信给我,无非要我谈一点有关南社的材料。因之我就答应在《人报》(浙江人杨仲持主办,杨与当时流亡在西南各地的一班文化人都有联系)上连续发表了《南社感旧录》。直到我和罗稚华、朱六炎两位朋友自己创办《长风报》,才把《感旧录》的约稿停止。这时亚子已从香港逃难回到国内,留届桂林,经几次通信,才知道在福建的社友只剩福州林秋叶、上杭丘荷公(名复)、丘潜庐(名翙华)三人。最初仅与荷公通信联系,当时有十多位同住在永安的

---

① 陈去病:《越社叙》,见殷安如、刘颖白编:《陈去病诗文集》,上册,北京:社会科学文献出版社2009年版,第244页。

诗友（大都是闽南籍，也有来自江浙及其他各省的），一再要我组织南社闽集，在永安这座山城里辟一爱好文学者的活动场所。最初我因国难如此严重，自己尚在度流亡生活，又没有亚子那样才力和声望，也不足以号召。还想到南社结束已久，今天再来个继承南社的组织，那真是所谓开倒车了。后来在接近日德意法西斯集团日暮途穷，即将全面崩溃，再没有空袭警报，彼此经常聚集在罗稚华的寓所——燕尾楼．又谈到组织南社问题。大家认为，从日寇侵略中国以来，不少知识分子丧失气节，甘心当汉奸，做顺民，留下了历史上极大污点。吾辈在流离迁播中，虽没有上马杀贼、下马草露布的力量，而洁身自好，始终保持清白，也是可贵的。南社以提倡气节为主，在此时期将一心一德的同志组织起来，相互砥砺，还是有必要。这些话打动了我，也就高兴起来，因之在一九四三年旧历五月初五（当时称为"诗人节"，系纪念屈原投汨罗江的一天），在永安桥尾成立了南社闽集。当时参加的共有十七人，和旧南社在虎丘成立时的人数恰恰相同。十七人中除我之外，只有南平陈守愚（为"陈瘦愚"之误——引者）曾参加南社湘集，所以就公推我和罗稚华当了正副社长。①

可知南社闽集成立于抗战后期（1943）福建永安②，其时永安是福建省府所在地，全国各地来永安的知识分子非常多，一时成为东南地区的思想文化中心。身为江苏吴江人的朱剑芒，也是在福建抗战内迁的背景下来到山城永安。组织南社闽集的起因则与弘一法师李叔同（1880—

---

① 朱剑芒：《我所知道的南社》，见中国人民政治协商会议江苏省暨南京市委员会文史资料研究委员会编：《江苏文史资料选辑》第3辑，南京：江苏人民出版社1964年版，第28—30页。
② 许多论著将南社闽集成立的时间定为1945年，如葛留青、张占国《新编中国文学史》（下册《中国民国文学史》，北京：人民出版社1995年版，第9页），是误。

1942）逝世有关，由挽诗"廿载神州南社史，更天人继第三僧"联想到整个南社的历史，遂引发了对（旧）南社历史的整理。朱剑芒先后撰写或拟撰写的文稿包括：《南社感旧录》《南社诗话》《南社人鬼录》。其中《南社感旧录》刊载于《人报》，《南社诗话》刊载于《罗汉莱》杂志，而模仿柳亚子：《南社姓氏录》的《南社人鬼录》"一再因循，未曾成为事实"①，直到新中国成立以后为《文史资料辑存》写的这篇《我所知道的南社》，才算告一段落。朱剑芒曾谓其对《南社人鬼录》的写作想法，有"并非以现今尚生存的或已经亡故的作为人和鬼的区分，如经过时代动荡和政局变易，能保持正气，没有丧失人格，身虽死亡，可以说精神永远不死，就当称之为人。否则人尚存在，而人格丧失，即无灵魂，就得目之为鬼"②。这段话写于南社闽集成立初期，似另有所指。因为"辛亥革命"以后，南社社员内部分化极为明显，汪精卫（1883—1944）为最典型的例子。以当时南社福建籍社友为例，林万里（白水）即担任袁世凯大总统秘书和众议院议员等职③。到了抗日战争时期，受到民族主义的进一步驱动，朱剑芒等南社成员乃有感于此，遂创立南社闽集，与湘集一样宣称继承南社的革命精神，以至于参加人数也与虎丘雅集相同。

除朱剑芒和罗丹（1904—1983）分别担任南社闽集正副社长以外，其余细节因没有更多的资料，无法详细考述。陈用苏回忆乃祖陈守治时，提到"抗战结束，省政府迁回福州，雅集吟咏更盛，南社闽集曾发展至四十多人。1947年，社长朱剑芒离闽赴上海任职后，扩充社友范围，由何扬烈将南社闽集改组为后乐社"④，由此可知南社闽集经历过两

---

① 郑逸梅：《南社丛谈——历史与人物》，北京：中华书局2006年版，第132页。
② 朱剑芒：《我所知道的南社》，见中国人民政治协商会议江苏省暨南京市委员会文史资料研究委员会编：《江苏文史资料选辑》第3辑，南京：江苏人民出版社1964年版，第31页。
③ 李海珉：《南社兴衰纪略》，见吴江市政协文史委员会：《吴江文史资料（内部资料）》第22辑，2008年，第2—29页。
④ 陈用苏：《先祖陈守治先生往事闻见录》，见南平市政协文史资料委员会编：《南平文史资料》第12辑，1991年，第109页。

个发展阶段：永安时期（1943年5月至1945年9月）和福州时期（1945年9月至1947年5月）。虽然陈用苏的回顾未必准确（如对南社闽集成立的时间就有误），但其所说"南社闽集曾发展至四十多人"大体可信，盖由最初参加雅集的十七人，加上此后"历一年半，新社友又发展二十余人"①。然迄今为止，南社闽集的社友名单已不可考，郑丽生曾提道"或云中多闽省政府僚属所组织之后乐吟社中人，湘集居多"，则大致可以复原南社闽集的成员②。揆诸史料可知，南社闽集社员主要由三个部分组成：一是福建籍人士，以旧南社时期的福建籍社友和福建省政府僚属为主；二是湖南籍人士，当与福建籍南社社友参加湘集的交游有关；三是其他省籍人士，由朱剑芒号召所致。据此可以罗列南社闽集社友名单如下：罗丹（稚华）、丘复、丘翙华、林之夏、郑贞文（教育厅厅长）③、潘希逸、潘主兰（以上福建籍社友）④；罗尔瞻、张开琏、朱玖莹、何扬烈、吴江（以上湖南籍社友）⑤；朱剑芒、林霱民、胡孟玺、陈瘦愚、姚景堪、田子泉、高伯英、朱大炎、严家淦（财政厅厅长）（以上其他省籍社友）等⑥。社友籍贯分属福建、湖南、江苏、浙

---

① 郑丽生：《南社闽集》，见郑丽生撰著，福建省文史研究室编：《郑丽生文史丛稿》，福州：海风出版社2009年版，第217页。

② 郑丽生：《南社闽集》，见郑丽生撰著，福建省文史研究室编：《郑丽生文史丛稿》，福州：海风出版社2009年版，第217页。

③ 罗钟：《"南社闽集"在永安》，见中国人民政治协商会议福建省永安市委员会文史资料研究委员会：《永安文史资料》，第8辑《抗日战争时期永安史料专辑》，1989年，第139—143页。

④ 福州书画研究院、福州市美术馆编：《潘主兰纪念文集》，福州：福建美术出版社2002年版，第187页。

⑤ 陈用苏：《先祖陈守治先生往事闻见录》，见南平市政协文史资料委员会编：《南平文史资料》第12辑，1991年，第109页。

⑥ 王瑜孙：《南社闽集拾闻》，见马以君主编：《南社研究》第7辑，香港：天马图书馆有限公司1999年版，第135—137页；另据赵玉林撰《燕溪遗玉序》（见赵玉林选编：《燕溪遗玉》，北京：中国图书馆学会1989年版，第1页）可以补充一部分南社闽集社员，包括陈韵珊、杜幼泉、王孝泉、张如香、黄仲良、陈致虞、冯蛰斋、钱履周、郭组南、林仲谦、田谷士等。遗憾因相关资料阙如，这些人物未能细考。

江、安徽、江西、广西、广东等八个省份,真堪谓"南杜曾经创闽集,东南八省会群贤"①,以致出现"蕞尔山城,贤豪毕集,俨然文阵,少长同参"的盛况②。

尽管如此,由于南社闽集存在时间很短,期间又经历福建时局变化,省府回迁,社友各自返乡,其组织活动也就不免呈现出虎头蛇尾的现象。南社闽集成立后的社会活动至今已难考证,甚至南社闽集虽然"常雅集联吟"③,但前后到底举行过几次雅集活动亦不甚清楚,可以确定考证的只有两次:一是南社闽集成立时在永安燕尾楼举行的第一次雅集,二是回迁福州以后在城北龚氏花园中举行的最后一次雅集。朱剑芒后来回忆,"我留居福州,虽也有一年半的时间,由于胜利后的处境还是兀臬不安,工作又特别繁重,实在没有心情。稚华回到厦门,为了整顿风行印刷厂业务,不能常来福州,所以南社闽集的活动,更难进行"④,社长忙于政务(重建),副社长忙于工厂搬迁,社友又耽于各种世务,南社闽集活动自难进行。在社长朱剑芒离开福建以后,南社闽集乃由湖南醴陵人何扬烈(1888—?)改组为"后乐社",南社与福建之间的渊源宣告终结。本来最初组织南社闽集时,时已年近古稀(68虚岁)的林之夏(秋叶)作诗寄朱剑芒,有"韩僵飘零庾信哀。帷灯匣剑出奇才。即今南社消沉后,菱荜分工左海来",希望朱剑芒能通过组织南社闽集,继承旧南社的精神,恢复旧南社的气象⑤。然而南社闽集最后不

---

① 引自朱剑芒:《回忆南社闽集赠陈瘦愚社兄》诗,转自罗钟:《"南社闽集"在永安》,见中国人民政治协商会议福建省永安市委员会文史资料研究委员会编:《永安文史资料》,第8辑《抗日战争时期永安史料专辑》,1989年,第139—143页。
② 赵玉林撰:《燕溪遗玉序》,见赵玉林选编:《燕溪遗玉》,北京:中国图书馆学会1989年版,第1页。
③ 潘希逸:《孟晋斋诗存》,泉州:曙光印刷厂1985年版,第3页。
④ 朱剑芒:《我所知道的南社》,见中国人民政治协商会议江苏省暨南京市委员会文史资料研究委员会编:《江苏文史资料选辑》第3辑,南京:江苏人民出版社1964年版,第30页。
⑤ 转引自王瑜孙:《南社闽集拾闻》,见马以君主编:《南社研究》第7辑,香港:天马图书有限公司1999年版,第135—137页。

了了之的结局,终究未能完成南社元老林之夏的期望。与旧南社、新南社、广南社和南社湘集等文学团体一样,南社闽集在动荡的时局和多变的组织中星散瓦解,这似乎是近代中国文学社团的共同特点①。

四、结语

南社与福建的紧密关系,体现为从"雅集吴门"(柳亚子语)到"由越而闽"(陈去病语)的发展过程。这个过程从历时性的角度来看,贯穿于旧南社、新南社和后南社三个时期。在旧南社时期(1909—1923),福建籍社友不仅积极参与到南社的创立和发展中来,而且以家族、地域和师承/交游关系,出现了辛亥前后两个加入南社的高峰时期,从而形成以"三林"和丘复为首的福建籍南社社友群体。到了新南社时期(1923—1924),由于柳亚子新南社遭到许多(旧)南社社员的抵制,同时期的南社湘集成为许多南社社友的归宿,福建籍社友也受此驱动参与到南社湘集中来,新南社中没有留下福建籍社友的历史印记。到了后南社时期(1924—1949),除了福建籍社友林庚白和非南社社友王孝英等曾参与南社纪念会以外,到了抗日战争后期,南社真正"由越而闽",在山城永安成立了南社闽集,作为南社"最后的支社"②,成为南社在福建活动的最重要和最集中的表现。

具体到南社与福建关系的结构来说,既包括福建籍社友对南社及其支社活动的参与,也包括南社在福建地方社会的活动。就前者而言,南

---

① 代表性团体如"左联",最后在"国防文学"和"民族革命战争的大众文学"两个口号争论中逐渐瓦解。参见汪纪明:《文学与政治之间——文学社团视野中的左联及其成员》,北京:中国社会科学出版社2012年版。

② 郑丽生:《南社闽集》,见郑丽生撰著,福建省文史研究室编:《郑丽生文史丛稿》,福州:海风出版社2009年版,第217页。

社福建籍社友以不多的数量,但因寓沪、寓湘和寓粤等契机,借助血缘、地缘和业缘等途径,在南社内部形成了具有地方特色的知识共同体,在参加南社雅集、南社湘集和南社广东支社(粤社)的过程中,发挥了重要的历史作用,所以柳亚子在1934年仿照《东林点将录》和《乾嘉诗坛点将录》等传统做法,所开列的109人名单中,福建籍社友有两人位列天罡星(均为南社社友)行列。其中林庚白列第八位,为"天猛星霹雳火";丘潜庐列第二十七位,为"天寿星混江龙",其地位甚至超过后来担任南社闽集社长的朱剑芒(列第二十九位,为"天平星船火儿"),南社福建籍社员在南社中的地位由此可见①。就后者而言,受到抗日战争后期新勃兴的民族主义思潮所驱动,流寓福建的南社社友朱剑芒,联合南社福建籍社友共同成立了南社闽集。南社闽集虽然存在时间甚短,所办活动亦不多,但汇集了东南八省的群贤,对恢复旧南社的革命面貌和支援抗日战争有其贡献。

---

① 柳亚子:《南社纪略》,上海:上海人民出版社1983年版,第122—127页。钱仲联后来据此撰写《南社吟坛点将录》(原刊于《苏州大学学报》1994年第1期,现刊于马以君主编:《南社研究》第6辑,广州:中山大学出版社1994年版,第1—20页),修正了柳亚子的"点将录"。南社福建籍社友入选者包括:(1)林庚白(天猛星霹雳火秦明),评价是:我诗第一,杜甫第二。丽白楼中,大言惊世。要其千秋,舍生取义。炉峰火焰,长烛霄际。(2)林景行(地煞星镇三山黄信),评价是:寒碧闽人诗之特异者,五古学谢康乐者,得其神采,馀体则宋人,盖李宣龚为其巾表,《寒碧诗》即李所刊。死于车祸,其女北丽适林庚白。或称其自云"余于闽派实无所知",不可信。(3)林之夏(地捷星花项虎龚旺),评价是:凉笙为南社首集十七人之一。诗数千首,有《海天横涕楼集》。"兰芷飘零楚水滨,九歌焦悴屈灵均。高丘今日应无女,薄采藤芜赠美人。""仙娥听说貌倾城,窈窕应堪百辆迎。我尚未婚君莫嫁,秦楼他日共吹笙。""天际真人未可期,春风红豆更相思。他年检点缥缃客,泪墨迷离十幅诗。"兴寄高远。(4)陈子范(地恶星没面目焦挺),评价是:讨袁军起,勒生有所计划,制爆烈弹,不慎自炸死。有古近体诗一卷,收于《陈烈士勒生遗集》。

"凡是和我有关的事情总使它和自己愿意研究的学问发生些脉络"

——从《古史辨自序》看顾颉刚的学术自觉

费孝通曾经指出:"一代有一代的学术,在这个斗智的世界上,学术自觉不仅事关学术竞赛和文化建设的竞赛,而且关系到民族和人类存亡的生死较量。"① 可见学术自觉的重要性。近些年来,随着"构建中国特色哲学社会科学"命题的提出,学界对学术自觉的讨论逐渐热烈,不仅热衷于讨论政治学、社会学、民族学等学科的本土化,而且在学术史研究中对罗振玉、费孝通等学者的学术自觉,甚至还对当前研究生学术自觉培养问题进行讨论②。顾名思义,学术自觉是学术主体(个体或群体)对自身学术活动中各种学术要素的自我感知、自我认识和自我觉

---

① 费孝通:《重建社会学与人类学的回顾和体会》,载《中国社会科学》2000 年第 1 期。
② 主要参见余三定:《学术的自觉与学者的自立——20 世纪八、九十年代中国学术一瞥》,载《开放时代》1998 年第 5 期;邹机忠:《从规范到创新:学术自觉的新动力》,载《学习与探索》2009 年第 1 期;奂平清:《费孝通学术历程的理论自觉及其意义》,载《天津社会科学》2013 年第 6 期;张国清、马丽:《从文化自觉到学术自觉——中国政治学建构的普遍主义进路》,载《云南社会科学》2017 年第 3 期;刘锐、杜园园:《论学术自觉——兼论如何传承费孝通的学术遗产》,载《广西民族研究》2013 年第 2 期;王文兵:《费孝通先生的学术自觉》,载《汕头大学学报》2004 年第 2 期;王建民:《社会调查与文化自觉——从中国现代学术建构看费孝通的学术转向》,载《河北学刊》2017 年第 4 期;周伟文:《呼唤学术自觉:人口社会学本土化思考》,载《河北学刊》2005 年第 6 期。

悟,是主体自我意识和研究对象意识的反思、综合和运用①。具体而言,学术自觉包括对研究的问题、使用的概念、利用的材料和文献、研究的立场等诸方面的自觉②。换而言之,学术自觉只能通过学术主体(即学者)的学术实践得到落实,在此基础上逐渐形成群体性和时代性的学术风格。在这方面,顾颉刚在《古史辨自序》上册(以下简称《古史辨自序》)③ 中回顾了个体学术成长所遭遇的时势、个性和境遇,表现出高度的学术自觉,为理解"构建中国特色哲学社会科学"的学术自觉提供了典型案例和重要启发。

一、学术自觉:"凡是和我有关的事情总使它和自己愿意研究的学问发生些脉络"

顾颉刚在《古史辨自序》中详细回顾了自己的学术成长历程,因此《古史辨自序》堪称是顾颉刚的心灵史。实际上,顾颉刚也有这种写心灵史的自觉,他说:"我读别人做的书籍时,最喜欢看他们带有传记性的序跋,因为看了可以了解这一部书和这一种主张的由来,从此可以判定它们在历史上占有的地位。现在我自己有了主张了,有了出版的书籍了,我当然也愿意这样做,好使读者了解我,不敢惊诧我的主张的断面。"④ 可见顾颉刚撰写《古史辨自序》时,仿佛胡适写日记一般,心里有非常明确的预期读者,想要向读者展现自己的成长历程,有意识地

---

① 丁华东:《增强学术自觉,推动学术发展》,见胡鸿杰主编:《轻舟万重山:纪念〈档案学通讯〉杂志创刊40周年》,济南:山东画报出版社2018年版,第169—170页。
② 苏长和:《学术自觉与社会科学自主创新》,见苏长和主编:《中国话语与国际关系》第12辑,上海:上海人民出版社2013年版,第1—11页。
③ 顾颉刚:《〈古史辨〉第一册自序》,见顾颉刚:《古史辨自序》,北京:商务印书馆2011年版,第18—118页。以下凡引该文均为此版本,不再另析出文献。
④ 顾颉刚:《古史辨自序》,北京:商务印书馆2011年版,第19页。

"约略做成一部分的自传"①。更可注意的是,顾颉刚在撰写《古史辨自序》时,"乐得其所,终日埋头在书房里,一天一天的从容不迫地做下去,心中想到什么就写什么,实足写了两个月,成了这篇长文——我有生以来的最长最畅的文"②。正是这样,这篇顾颉刚"有生以来最长最畅的文"就成为我们了解顾颉刚绕不开的内类文本(innerparatext)③。

在回顾自己走上学术道路的过程时,顾颉刚明确说:"一个人自幼年到成长原只不在彷徨觅路之中:走的路通,就可以永远走下去;走的路不通,也可以不再费力去走。惟其当时肯耗费觅路的功夫,才能在日后得到该走的大道。"④ 这可谓经验之谈,因为除了走学术道路成为一名学者以外,顾颉刚也曾尝试成为一名社会活动家甚至革命家——可以理解,在革命成为时代主题,特别是在辛亥革命以后革命情绪不断高涨的情况下,年轻的顾颉刚难免会有这样的设想,"我生于离乱之际,感触所及,自然和他人一样地有志救国"⑤。他甚至一度曾加入"社会党",只是这条路最终"走不通"⑥。这一方面跟自身的个性有关,顾颉刚说:

---

① 顾颉刚:《古史辨自序》,北京:商务印书馆2011年版,第19—20页。顾颉刚的这种做法,早在1921年为叶圣陶所作"序言"中就已有清晰的自觉:"历来的学问家、文艺家,别人替他作传,多在暮年或身后,所采集的材料,多半是享了盛名以后的;至于早年的思想行事,早已逸去,无从寻补。然而一生的基础,就在早年,我们是要深知一个人的性情学业,这早年的事实必不应轻略过。圣陶要是能勤勉地修养和工作下去的,将来的事实自为人所易见,必有为他做详传的人,我们不必预虑;单是现在以前的事,若不由我介绍,势将无人晓得。我做这序的第二义,便是搜集他早年的思想行事,来备将来的文献。"参见顾颉刚:《序》,见叶绍钧:《隔膜》,上海:商务印书馆1922年版,第15页。
② 顾颉刚:《古史辨自序》,北京:商务印书馆2011年版,第112页。
③ 类文本又译为衍生文本、准文本、副文本等,出自法国学者热拉尔·热奈特(Genette Gerard)。作者在《类文本:诠释的门槛》中,把标题、副标题、互联型标题;前言、跋、告读者、前边的话等;插图;请予刊登类插页、磁带、护封以及其他许多附属标志,包括作者亲笔留下的还是他人留下的标志称为类文本,并将类文本分为内类文本和外类文本两种类型。参见 Gerard Genette, *Paratexts: Thresholds of Interpretation*, Cambridge University Press, 1997。
④ 顾颉刚:《古史辨自序》,北京:商务印书馆2011年版,第96页。
⑤ 顾颉刚:《古史辨自序》,北京:商务印书馆2011年版,第101页。
⑥ 顾颉刚:《古史辨自序》,北京:商务印书馆2011年版,第32—33页。

· "凡是和我有关的事情总使它和自己愿意研究的学问发生些脉络" ·

"我既没有政治的兴趣,又没有社会活动的才能,我不能和他人合作。"另一方面则跟社会党内的其他成员有关,顾颉刚看到这些"政治家""革命家"学问毫无根底,虽然他也曾"对于他们屡屡有所规诫、有所希望",但是"他们几乎没有一个能承受的",所以顾颉刚据此认定:"这班人只能给人家当作喽啰小卒的,要他们抱着主义当生命般看待,计划了事业的步骤而进行是不可能的。"而且顾颉刚也认识到,"我既不愿做别人的喽啰小卒,也不会用了别人做我的喽啰小卒,那么我永在党中混日子也没有什么益处",于是"我就脱党了"①。对于这种转变,顾颉刚甚感欣喜:"可喜这一年半中乱掷的光阴,竟换得了对于人世和自己才性的认识。从此以后,我再不敢轻易加入哪个党会。这并不是我对于政治和社会的改造的希望歇绝了,我知道这种改造的职责是应当由政治家、社会家和社会活动家去担负的,我是一个没有这方面的发动的才力的人。我没有这方面的才力也不觉得有什么可耻,因为我本有自己能做的工作,一个人原不必件件事情都会干的。"②于是在经历了实践及反思以后,顾颉刚希望"用了这个问题的研究做我的唯一的救国事业,尽我国民一分子的责任"③。因此,尽管坦承自己在中学时代"爱好山水,爱好文学,爱好政治活动"④,尽管认识到自己生活在"民不聊生的中国"⑤"民兵穷乱的国家"⑥,但是顾颉刚最终走上了学术研究的道路。

在顾颉刚这篇"带有传记性的序跋"中,除了顾颉刚对时代的深刻观察以外,最令人感到惊讶的是顾颉刚对自身剖析和反思之深刻,比

---

① 顾颉刚:《古史辨自序》,北京:商务印书馆2011年版,第32—33页。
② 顾颉刚:《古史辨自序》,北京:商务印书馆2011年版,第33页。
③ 顾颉刚:《古史辨自序》,北京:商务印书馆2011年版,第101页。在念私塾时,顾颉刚因读书有热情及收获,也说过:"只觉得杀身救人是志士的唯一的目的,为政济世是学者的唯一的责任。"参见顾颉刚:《古史辨自序》,北京:商务印书馆2011年版,第26页。
④ 顾颉刚:《古史辨自序》,北京:商务印书馆2011年版,第31页。
⑤ 顾颉刚:《古史辨自序》,北京:商务印书馆2011年版,第95页。
⑥ 顾颉刚:《古史辨自序》,北京:商务印书馆2011年版,第73页。

如,他可以很理性地把自己的成长历程概括为"原来是由于我的时势、我的个性、我的境遇的凑合而来"①。在后来的总结中,顾颉刚又说:"我能承受我的时势,我敢随顺我的个性,我肯不错过我的境遇:由这三者的凑合,所以我会得建立这一种主张。"② 在"时势""个性""境遇"三者中,"时势"指向外在的宏观时势,"个性"指向自己的内在性格,"境遇"则指向个体的微观生活。对于三者之间的关系,顾颉刚用了相当形象的比喻:"我的个性固然适于研究学问,我的环境固然已经指给我一个研究的新方向,但个性和环境原只是学问的凭借而不即是学问的实质。譬如造屋,个性是基础,环境是梁柱,实质是砖石。虽则有了基础和梁柱可说具备了屋子的规模,但尤要紧的是砌成墙壁的砖石。倘使四壁洞然,这空架子要它干么,翻不如穴居巢处的可以得到简陋的实用了!"③ 顾颉刚在《古史辨自序》中,不下十余次地提到"我的个性""我的生性""我的内心""我的行事""我的本性""我的根性""我的才性""癖性"等表达,相应的修饰词则包括"平常""桀骜不驯""执拗""热烈""倔强""二重人格""极富于好奇心""坚强""坚硬",等等,特别是"桀骜不驯",顾颉刚前后三次用到④,可见他对自身个性反思之强烈。所幸这种性格并未对学术研究起反作用,在"既不把别人看作神秘,也同样的不把自己看作神秘"以后,顾颉刚发现:"我知道我是一个有二重性格的人:在一切世务上,只显得我的平庸、疲乏、急躁、慌张、优柔寡断,可以说是完全无用的;但到了研究学问的时候,我的人格便非常墙固,有兴趣,有宗旨,有鉴别力,有自信力,有镇定力,有虚心和耐心:所以我为发展我的特长计,愿意把我

---

① 后来顾颉刚又说:"从以上我所写的看来,我的时势、个性、境遇,都可以得到一个结论了。"顾颉刚:《古史辨自序》,北京:商务印书馆2011年版,第88页。
② 顾颉刚:《古史辨自序》,北京:商务印书馆2011年版,第91页。
③ 顾颉刚:《古史辨自序》,北京:商务印书馆2011年版,第94页。
④ 顾颉刚:《古史辨自序》,北京:商务印书馆2011年版,第22、27、90页。

的全生命倾注于学问生活之内，不再旁及它种事务。"① 这既是顾颉刚权衡时势、个性、境遇的结果，也是顾颉刚学术自觉的首要表现。

然而，即使不论外部宏观时势的影响，转向用学术研究的办法"曲线救国"（即所谓"用了这个问题的研究做我的唯一的救国事业，尽我国民一分子的责任"），学术研究毕竟对个体的微观境遇依赖太大。顾颉刚在《古史辨自序》中反复提到两者之间的张力带来的苦恼，对于生计的忧虑、生活的忙碌、对奔波的厌烦情绪，始终贯穿在《古史辨自序》中：顾颉刚一开篇就抱怨"我的生活太忙了"②，总是祈祷着生活的安定③。但是在那个"民兵穷乱""民不聊生"的时代并不容易，以至于顾颉刚常感"境遇的不如意""觉得以有涯之生长日飘荡于牵掣的生活中"，很难作"严守秩序的研究"④。特别是从民国六年至十三年（1917—1924）期间，在"先妻得疾，中经先妻的丧，自身的续娶，祖母的病，祖母的殁，自身的职业的变更，居住地的迁移"的情况下，顾颉刚深感"生活完全脱去了轨道"，甚至因为"精神的安定既不渴求"，"影响到身体上就起了种种病症"⑤。在这种情况下，顾颉刚"急要得到一个安身立命的境界"，以便"从事于按日程功的专门的工作"，以至于每每想到"这样牵掣的生活"就不免"怨恨"⑥。

好就好在，尽管"生计的不安定"逼得顾颉刚"不能安心治学"，但是顾颉刚最终选择忠实于学问，把学术研究作为自己"意志的最后的决定"⑦。在顾颉刚看来，"只觉得必须从我的才性上建设的事业才是我的真实的事业，我只应当受自己的支配于事业的工作上，若迁就了别人

---

① 顾颉刚：《古史辨自序》，北京：商务印书馆2011年版，第93页。
② 顾颉刚：《古史辨自序》，北京：商务印书馆2011年版，第16页。
③ 顾颉刚：《古史辨自序》，北京：商务印书馆2011年版，第68页。
④ 顾颉刚：《古史辨自序》，北京：商务印书馆2011年版，第72页。
⑤ 顾颉刚：《古史辨自序》，北京：商务印书馆2011年版，第68页。
⑥ 顾颉刚：《古史辨自序》，北京：商务印书馆2011年版，第68—69页。
⑦ 顾颉刚：《古史辨自序》，北京：商务印书馆2011年版，第107页。

就是自己的堕落",所以"无论怎样受生计的逼迫,只是不能溶解我的坚硬的癖性,看来我的长者斥责我的话是要应验的了!"① 在"经过了长期的考虑"以后,顾颉刚"始感到学的范围原比人生的范围大得多",最终走上了学术研究的道路,产生了对"学者"这个身份的坚定认同:"年来称我为'学者'的很多。我对于这个称谓决不辞让,因为它可以用来称有学的人,也可以用来称初学的人:初学是我的现在,有学是我的希望中的将来,他们用了这个名词来称我,确是我的知己。"② 所以即使在"(民国)十二年夏间""身体最坏的时候",顾颉刚也深感"假使我没有学问上的安慰,我真要颓废了"③。这表明顾颉刚在历经曲折后终于完成了学术认同。不仅如此,顾颉刚还产生了更高层次的学术自觉,在民国三年至六年(1914—1917)间,他几乎把所有"闲工夫都耗费在"这四个问题上:(1)何者为学?(2)何以当有学?(3)何以有今日之学?(4)今日之学当如何?④ 对于一位学者来说,这些问题可能永远没有确定性的答案,但是无疑为学者的成长提供了自觉性,所以顾颉刚说:"我将来如能在学问上有所建树,这一个觉悟决是成功的根源。"⑤

二、学科自觉:"知道最合我性情的学问乃是史学"

除了学术研究的自觉以外,顾颉刚还有强烈的学科自觉,即对于自己到底要研究哪个学科、哪个领域的自觉。这对于顾颉刚这种处于传统

---

① 顾颉刚:《古史辨自序》,北京:商务印书馆2011年版,第107—108页。
② 顾颉刚:《古史辨自序》,北京:商务印书馆2011年版,第104页。
③ 顾颉刚:《古史辨自序》,北京:商务印书馆2011年版,第66页。
④ 顾颉刚:《古史辨自序》,北京:商务印书馆2011年版,第39页。
⑤ 顾颉刚:《古史辨自序》,北京:商务印书馆2011年版,第39页。

·"凡是和我有关的事情总使它和自己愿意研究的学问发生些脉络"·

向现代过渡的学者来说并不容易，因为传统学术只有经史子集的分类，并无现代学科划分；即使是内部的经史子集分类，有时也显得相当混乱，并无统一标准。对此，顾颉刚在从事目录学工作时，就深感"中国的学问是向来只有一尊观念而没有分科观念的"，因此"很不满意前人目录学的分类，例如《四库全书总目》为要整齐书籍的量，把篇帙无多的墨家和纵横家一起并入杂家"①。而当"传统的文史哲部分的'通人之学'"向"现代分科性质的'专门治学'"转变的时候②，甚至学科划分明细的现代学术已然兴起时，选择研究哪个学科、哪个领域成为考量学术自觉的重要维度。在这方面，顾颉刚同样经历了挣扎。

在《古史辨自序》中，顾颉刚说道："我自己最感兴趣的是文学，其次是经学。"③ 概括起来，顾颉刚在学科自觉上主要经历了文学、哲学、经学和历史学之间的挣扎。对于文学来说，顾颉刚幼年受祖父影响，"最感兴味的是文学"。后来在中学时代又颇受叶圣陶的同化，"想致力于文学"，当时和叶圣陶组建了诗社，甚至还"偶然得到几句佳句"，顾颉刚也感到"有许多形势，我已学像了"，但是最终"自省没有'烟士披里纯'——文艺作品的灵魂"，所以"怀了创作的迷梦约有十年，经过了多少次的失败，方始认识了自己的才性，恍然知道我的思想是很质直的，描写力是极薄弱的，轻茜美妙的篇章和□奇豪壮的作品本来都没我的分儿，从此不再妄想'天鹅肉'了"④。这样的自省使得顾颉刚认识到，"我的研究文学的兴味远不及我的研究历史的兴味来得浓厚"，以至于在后来的歌谣研究中，"也不能在文学上有所主张，使得歌谣在文学领土里占得它应有的地位；我只想把歌谣作我的历史的研究

---

① 顾颉刚：《古史辨自序》，北京：商务印书馆2011年版，第42页。
② 王桧林：《探寻近代中国学术转型的轨迹》，载《光明日报》2005年2月3日。
③ 顾颉刚：《古史辨自序》，北京：商务印书馆2011年版，第29页。
④ 顾颉刚：《古史辨自序》，北京：商务印书馆2011年版，第31页。

的辅助"①。用"历史"研究原本属于"文学"的"歌谣",不能不说是顾颉刚的学科自觉。

如果说文学只是兴趣爱好的话,那么哲学就是顾颉刚的大学专业。在回顾当初的专业选择时,顾颉刚说:"革命的潮流既退,又长日处于袁世凯的暴虐和遗老们的复古的空气之中,数年前蕴积的快感和热望到此只剩了悲哀的回忆,我的精神时时刺促不宁,得不到安慰,只想在哲学中求解决。但我是一个热烈的人,不会向消极方面走而至于信佛求寂灭的,我总想以心理学和社会学为基础而解决人生问题。……只有研究哲学是可以办到的。因此,我进大学本科时就选定了哲学系。"② 但是很显然,顾颉刚并不认为这种"专业"可以成为自己的"志业"。一方面在顾颉刚看来,"人之所以为人,本只要发展他的内心的情感;理智不过是要求达到情感的需求时的一种帮助,并没有独立的地位"③。也就是说,哲学本身并不足以成为一个自足的学科。另一方面,顾颉刚认为"过去的哲学"并不是"科学的哲学",因为其基础是"建设于玄想上的""其中虽有许多精美的言论,但实际上只是解颐之语而已,终不成以此谓论定"。换句话说,顾颉刚并不是认为哲学并不重要,而是认为"我们要有真实的哲学,只有先从科学做起,大家择取了一小部分的学问而努力;等到各科平均发展之后,自然会有人出来从事于会通的工作而建设新的哲学的"。这样一来,顾颉刚就放弃了哲学,"再不当宣传玄想的哲学"以免"阻碍了纯正科学的发展"④。

与放弃文学和哲学相比,顾颉刚在经学上的道路更为曲折。在《古史辨自序》中,顾颉刚多次提到过自己成为经学家的可能性,说"要是

---

① 顾颉刚:《古史辨自序》,北京:商务印书馆2011年版,第88页。
② 顾颉刚:《古史辨自序》,北京:商务印书馆2011年版,第46页。
③ 顾颉刚:《古史辨自序》,北京:商务印书馆2011年版,第47页。
④ 顾颉刚:《古史辨自序》,北京:商务印书馆2011年版,第48页。

我能够从此继续用功，到现在也许可以做成一个专门的经学家了"①，又说"我当时愿意在经学上做一个古文家"②。追溯起来，顾颉刚对待经学及经学家（古文家）的态度始终受到章太炎的影响。顾颉刚说："只因听了太炎先生的话，以为古文家是合理的，今文家则全是写妄人。"③ 尽管顾颉刚"没有崇拜偶像的成见"，但是章太炎对顾颉刚来说，在相当长时间内，几乎都是偶像般的存在。早在小学翻读《国粹学报》时顾颉刚就"颇惊骇刘申叔、章太炎诸先生的博洽"④，后来到了中学时代现场聆听了章太炎在苏州的国学演讲，极为服膺古文家"把孔子当作哲学家和史学家看待，我深信这是极合理的"，甚至"愿意追随太炎先生之风"，"用了看史书的眼光去认识'六经'，用了看哲人和学者的眼光去认识孔子"⑤。这种"崇拜"不免有几分"盲从"的意味。于是在"改不掉的博览的习性总想着寻找今文家的著述"，特别是在翻览了康有为《新学伪经考》《孔子改制考》以后，顾颉刚深感"古文家的话毁今文家大都不过为了党见，这件事情原是经师做的而不是学者做的。我觉得在我没有能力去判断他们的是非之前，最好对于任何一方面也不要帮助。于是我把今古文的问题暂时搁起了"⑥。由此顾颉刚认为"他（章太炎）只是一个从经师改装的学者!"⑦ 随着"对于太炎先生的爱敬之心更低落了"，顾颉刚逐渐放弃了经学走向了史学。

纵观顾颉刚的学术成长历程，可以看出顾颉刚产生历史学科的自觉，与先后放弃文学、哲学和经学几乎同时并行。这种历史学的自觉在很小的时候就隐隐约约萌芽了：回忆自己的本生祖父、嗣祖母及仆人幼

---

① 顾颉刚：《古史辨自序》，北京：商务印书馆2011年版，第29页。
② 顾颉刚：《古史辨自序》，北京：商务印书馆2011年版，第39页。
③ 顾颉刚：《古史辨自序》，北京：商务印书馆2011年版，第39页。
④ 顾颉刚：《古史辨自序》，北京：商务印书馆2011年版，第28页。
⑤ 顾颉刚：《古史辨自序》，北京：商务印书馆2011年版，第38页。
⑥ 顾颉刚：《古史辨自序》，北京：商务印书馆2011年版，第40页。
⑦ 顾颉刚：《古史辨自序》，北京：商务印书馆2011年版，第41页。

时所讲故事时，顾颉刚仍然感觉到"一种很可眷恋的温煦"，自忖说："我的意识中发生了历史的意味，我得到了最低的历史的认识：知道凡是眼前所见的东西都是慢慢儿地积起来的，不是在古代已尽有，也不是到了现在刚有。"想到这点，顾颉刚不免有些自豪，因为"这是使我毕生受用的"①。他甚至在看到饭碗上的图画，见到"孔子有师七人"等话时，都会习惯性地运用历史思维加以考证②。根本性的转变则来自在北大听完胡适的《中国哲学史》课以后。当时胡适接替陈汉章讲授《中国哲学史》，其"截断众流""丢开唐禹夏商，径从周宣王以后讲起"的做法，"把我们这班人充满着三皇五帝的脑筋骤然作一个重大的打击，骇得一堂中舌挢而不能下"③。自此开始顾颉刚认为胡适"虽没有伯弢先生读书多，但在裁断上是足以自立的"，而且认为胡适"有眼光，有胆量，有断制，确是一个有能力的历史家"，开始"对于适之先生非常信服"。后来"适之先生发表的论文很多。在这些论文中他时常给我以研究历史的方法，我都能深挚地了解而承受；并使我发生一种自觉心，知道最合我的性情的学问乃是史学"④，从而真正完成了历史学的学科自觉。

在有了历史学的学科自觉以后，顾颉刚又以自觉的态度进入古史研究，体现出研究领域的自觉。顾颉刚坦言："我又是一个历史兴味极浓重的人，欢喜把一件事情考证得明明白白，看出它的来踪和去迹。"⑤ 对事情"来踪和去迹"进行考辨的过程中，顾颉刚逐渐树立了"上古史靠不住的观念"，并且这种观念在读了康有为《孔子改制考》及听了胡适《中国哲学史》课程之后，变得愈发强烈⑥。只是与康有为"拿辨伪做

---

① 顾颉刚：《古史辨自序》，北京：商务印书馆2011年版，第20—21页。
② 顾颉刚：《古史辨自序》，北京：商务印书馆2011年版，第23—24页。
③ 顾颉刚：《古史辨自序》，北京：商务印书馆2011年版，第50页。
④ 顾颉刚：《古史辨自序》，北京：商务印书馆2011年版，第53页。
⑤ 顾颉刚：《古史辨自序》，北京：商务印书馆2011年版，第90页。
⑥ 顾颉刚：《古史辨自序》，北京：商务印书馆2011年版，第50、56页。

手段，把改制做目的，是为运用政策而非研究学问"不同，顾颉刚认为"我们正有我们自己的工作在，我们的手段和目的是一致的！"① 后来从看戏中悟得故事演变的道理，进而得出"研究古史也尽可以应用研究故事的方法"的结论②。至编写《古史辨》第一册时，顾颉刚已形成相当执拗的古史研究观念，解释书名"仍用古史署名之故"，"只因我的研究的目的总在古史一方面，一切的研究都是要归结于古史的"③，则这种古史研究的自觉已牢牢可见。即使常感人生短促、生活掣肘、为学困难，顾颉刚仍坚持"辨明伪古史"和"认识真古史"的工作。有了这种研究自觉，即使是"五经"等经学著作也只是史料，即使是《诗经》等文学著作也有故事材料，这些都可辅助古史的考订④。

三、科学自觉："我们要用科学方法去整理国故"

顾颉刚学术自觉的第三个方面，体现为方法论上对科学方法的追求。科学（science）这个概念在近代中国曾产生相当大的影响力，郭颖颐（D. W. Kwok）甚至称之为唯科学主义（scientism）⑤。顾颉刚经历了

---

① 顾颉刚：《古史辨自序》，北京：商务印书馆2011年版，第56—57页。从这个角度来说，顾颉刚发动古史辨运动的目的，很显然并不像某些学者所说的那样，"有很强的政治目的"，"即利用学术批评的权威推翻作为当时中国'保守派'精英分子信念基石的正统'儒家'历史观"。参见鲁道夫·G. 瓦格纳：《现代中国学术困境的全球背景：疑古还是信古（上）》，李秋红译，载《国学学刊》2021年第3期。
② 顾颉刚：《古史辨自序》，北京：商务印书馆2011年版，第53页。
③ 顾颉刚：《古史辨自序》，北京：商务印书馆2011年版，第17页。
④ 顾颉刚：《古史辨自序》，北京：商务印书馆2011年版，第17页。王汎森据此指出："古史辨运动不是在史料上有了什么重大发现所引发的，而是处理史料的方法与心理有了重大的不同才导出的。"参见王汎森：《古史辨运动的兴起：一个思想史的分析》，台北：允晨文化实业股份有限公司1987年版，第215页。
⑤ 郭颖颐：《中国现代思想中的唯科学主义（1900—1950）》，雷颐译，南京：江苏人民出版社2010年版。

五四运动的洗礼,自然熟稔这套系统。虽然对于"科学"到底是什么意思,恐怕连顾颉刚自己也并不清楚,可能跟同时代许多知识人一样只有一种笼统的观念,所以顾颉刚自己也坦承:"我常说我们要用科学方法去整理国故,人家也就称许我用了科学方法而整理国故。倘使问我科学方法究竟怎样,恐怕我所知远不及我所标榜的。我屡次问自己:'你所得到的科学方法到底有多少条基本信条?'"① 这一扪心自问当然无法自问自答。在接着介绍完自己的具体研究方法以后,顾颉刚甚至产生了疑惑,再次扪心自问说:"科学方法是这般简单的吗?只消有几个零碎的印象就不妨导出应用的吗?"同样,"在这种种疑问之下,我总没有作肯定的回答的自信力"。在这种情况下,顾颉刚"很想得到些闲暇,把现代科学家所用的方法,弘纲细则,根本地审量一下,更将这审量的结果把自己的思想和作品加以严格的批判,使得我真能用了科学方法去作研究而不仅仅是标榜一句空话"②。所以即使对"科学"的理解仍甚模糊,但这种"科学方法"的自觉却相当明显。

或因如此,顾颉刚只得在《古史辨自序》中,多次从对立范畴来理解科学。先是将"科学"同"家学"对举,说:"旧时士夫之学,动称经史词章。此其所谓统系乃经籍之统系,非科学之统系也。惟其不明于科学之统系,故鄙视比较会合之事,以为浅人之见,各首其家学之壁垒而不肯察事物之会通。夫学术者与天下共之,不可以一国一家自私。凡以国与家标识其学者,止可谓之学史,不可谓之学。执学史而以为学,则其心志囚拘于古书,古书不变,学亦不进矣。为家学者未尝不曰家学所以求一贯,为学而不一贯是滋其纷乱也。然一贯者当于实事求之,不当于一家之言求之。今以家学相高,有化而无观,徒令后生择学莫知所从,以为师之所言即理之所在,至于宁违理而不敢背师。是故,学术之不明,经籍之不理,皆家学为之也。今既有科学之成法矣,则此后至学

---

① 顾颉刚:《古史辨自序》,北京:商务印书馆2011年版,第105页。
② 顾颉刚:《古史辨自序》,北京:商务印书馆2011年版,第105—106页。

·"凡是和我有关的事情总使它和自己愿意研究的学问发生些脉络"·

术应直接取材于事物,岂犹有家学为之障乎!……自今以后不复以学史之问题为及身之问题,而一归于科学。"① 把"经史词章"等"旧时士夫之学"视为"家学",以与当时的"科学成法"相对举,虽然"科学"概念仍甚模糊,但从中却可见其观念源流。后来谈到哲学时,又将"科学"同"哲学"对举,说"幻想的与造物者游,还不及科学家的凭了实证",又说:"我们要有真实的哲学,只有先从科学做起,大家择取了一小部分的学问而努力;等到各科平均发展之后,自然会有人出来从事于会通的工作而建设新的哲学的。所以我们在现在时候,再不当宣传玄想的哲学,以致阻碍了纯正科学的发展。"② 这里就更为明确,把"玄想"和"科学"相对,跟陈独秀在《敬告青年》中用"想象"和"科学"相对如出一辙③。

然而,尽管只有"一点粗略的科学观念"④,但是顾颉刚对自己采用的科学方法却相当自信,说:"我固然说不上有什么学问,但我敢说我有了新方法了"⑤,后来又说,自己辨伪古书古史(整理国故)所用的"新主张"——"先把世界上的事物看成许多散乱的材料,再用了这些零碎的科学方法实施于各种散乱的材料上,就喜欢分析、分类、比较、实验,寻求因果,更敢于作归纳、立假设,搜集证成假设的证据而发表

---

① 顾颉刚:《古史辨自序》,北京:商务印书馆2011年版,第45—46页。
② 顾颉刚:《古史辨自序》,北京:商务印书馆2011年版,第48页。
③ 陈独秀:《独秀文存》上册,北京:首都经济贸易大学出版社2018年版,第6页。
④ 顾颉刚:《古史辨自序》,北京:商务印书馆2011年版,第111页。
⑤ 顾颉刚:《古史辨自序》,北京:商务印书馆2011年版,第90页。具体地说,顾颉刚把当时古史辨中"分了三项事情着手去做":第一,要一件一件地去考伪史中的事实是从哪里起来的,又是怎样地变迁的。第二,要一件一件地区考伪史中的事实,这人怎样说,那人又怎样说,把他们的话条列起来,比较看着,同审官司一样,使得他们的谎话无可逃遁。第三,造伪的人虽彼此说得不同,但终有他们共同遵守的方式,正如戏中的故事各各不同,但戏的规律却是一致的,我们也可以寻出他们的造伪的义例来。参见顾颉刚:《古史辨自序》,北京:商务印书馆2011年版,第55—56页。后来胡适把这种方法形象地概括为"剥皮主义"。参见胡适:《古史讨论的读后感》,见俞吾金编选:《疑古与开新——胡适文选》,上海:上海远东出版社1995年版,第604—612页。

新主张"——"也可以算得受过科学的洗礼了"①。在总结自身个性时，顾颉刚甚至说："哪里知道我到了近数年，会得发见我的性情竟与科学最近!"② 仔细检视顾颉刚自述成长历程，他所说"纯正科学"亦并非无辙迹可循。这可以从两个线索看出：一是对姚际恒等清代朴学家的辨伪成绩的论述，顾颉刚"知道现代以前，学术界上已经断断续续地起了多少次攻击伪书的运动"，"只因从前的人信古的观念太强，不是置之不理，便是用了强力去压服它，因此若无其事而已"③。从"（我们）正可接收了他们的遗产"来看，顾颉刚无疑认为清代朴学具有某种科学方法④。二是对罗振玉和王国维的评价，虽然顾颉刚认为两者受到"传统学说的包围"，但是仍然肯定"他们的求真的精神，客观的态度、丰富的材料、博洽的论辩"，认为"这是以前的史学家所梦想不到的"。其中的"求真""客观""丰富""博洽"等措辞至少部分代表了科学方法。

除了对姚际恒、罗振玉、王国维等前辈学者的评价以外，顾颉刚自身的论述也透露出科学自觉的端倪。其中，最重要的关键词当属"系统"——"系统"一词甚至在《古史辨自序》中前后出现过四处⑤。追溯起来，顾颉刚这种主张的建立其实相当早，在《中国近来学术思想界的变迁观》中，开篇就谈道："吾没有学问，不能用学问去运思，所以思想没有统系，察物不能明确。"⑥ 在《古史辨自序》的开篇，顾颉刚又说："我并不是没有把我的研究构成一个系统的野心；如果我的境遇

---

① 顾颉刚：《古史辨自序》，北京：商务印书馆2011年版，第105页。
② 顾颉刚：《古史辨自序》，北京：商务印书馆2011年版，第106页。
③ 顾颉刚：《古史辨自序》，北京：商务印书馆2011年版，第55页。
④ 顾颉刚：《古史辨自序》，北京：商务印书馆2011年版，第55页。这点很可能是受到胡适影响的缘故。参见房列曙、吴云峰：《论胡适与乾嘉考据学派》，载《安徽史学》2007年第6期。顾颉刚自己也说："后来听了适之先生的课，知道研究历史的方法在于寻求一件事情的前后左右的关系，不把它看作突然出现的。"参见顾颉刚：《古史辨自序》，北京：商务印书馆2011年版，第105页。
⑤ 顾颉刚：《古史辨自序》，北京：商务印书馆2011年版，第18、23、64、67页。
⑥ 顾颉刚：《顾颉刚经典文存》，上海：上海大学出版社2003年版，第1页。

真能允许我作继续不断的研究,我到老年时一定要把自己的创见和考定的他人之说建立一个清楚的系统。"①"建立一个清楚的系统"既是顾颉刚的治学目标,也应视为一种方法论自觉。后来在"凡是和我有关的事情总使它和自己愿意研究的学问发生些脉络"的过程中,虽然"不致完全埋没了自己",但是总觉得"所做的工作总是'鸡零狗碎'的,得到的成绩决不是我的意想中的成功"②。这倒是真正应验了他的自怨自艾,"我即使把研究的范围损之又损,损到只研究一个问题,也怕未必能达到我的愿望"③——同原来"把古今的神话与传说作为系统的叙述"④的设想相去甚远。正是从把"鸡零狗碎"拈出可知,顾颉刚对系统性的追求是科学自觉的一部分。

应当看到,这种方法论上的科学自觉,一方面的确使得顾颉刚受益匪浅。最重要的表现在对待材料(史料/文献)的态度上。顾颉刚回忆,与钱玄同讨论古史使他"把数年来的庞杂的间接汇聚了一下,成了一个系统,我就再从这个系统上生出若干题目,依了这些题目着手搜集材料",竟然实现了"向时所要求而未得实现的'由博返约''执简御繁'的境界",此时"有了一种新的眼光再去看书时就满目是新材料了"⑤。在这种情况下,原来不被重视的"歌谣"也成为一种新史料。顾颉刚从胡适那里领悟到"研究历史的方法在于寻求一件事情的前后左右的关系"⑥,以至于在搜集歌谣时"自然地把范围扩张得很大:方言、谚语、谜语、唱本、风俗、宗教各种材料都着手搜集起来"。而一旦扩大了歌谣的搜集范围,顾颉刚深感"对于民众的东西,除了戏剧以外,向来没有注意过,总以为是极简单的;到了这时,竟愈弄愈觉得里面有复杂的

---

① 顾颉刚:《古史辨自序》,北京:商务印书馆2011年版,第18页。
② 顾颉刚:《古史辨自序》,北京:商务印书馆2011年版,第98页。
③ 顾颉刚:《古史辨自序》,北京:商务印书馆2011年版,第73页。
④ 顾颉刚:《古史辨自序》,北京:商务印书馆2011年版,第72页。
⑤ 顾颉刚:《古史辨自序》,北京:商务印书馆2011年版,第67页。
⑥ 顾颉刚:《古史辨自序》,北京:商务印书馆2011年版,第105页。

情状，非经过长期的研究不易知道得清楚了"，认为"这种的搜集和研究，差不多全是开创的事业，无论哪条路都是新路，使我在寂寞独征之中更激起拓地万里的雄心"①。有了这种科学方法上的自觉，也就无怪乎顾颉刚能成为中国现代民俗学的奠基者了。

另一方面，顾颉刚这种方法论上的科学自觉，跟他对时势的体察密切相关。在《古史辨自序》的最后，顾颉刚主张在评价"学者"时，"正要把一时代的人物还给一时代"，并在论列了汉代刘向、郑玄等人以后，转而写道："至于在二十世纪的学问界上，则自有二十世纪的成就的水平线，决不是像我这样的人所能滥竽充数。"② 这当然是顾颉刚的自谦，同时也是将自己放在20世纪的时代序列中，显示出高度的时代自觉。笔者曾指出，清末民初成长起来的那一代知识分子，普遍有强烈的"20世纪"的观念③。汪晖更是指出："'20世纪'既是一个时间性叙述，又是一个时势性判断，两者在相互纠缠中同时登场。"④ 顾颉刚的这种"20世纪"论述也不例外。而在更早的《中国近来学术思想界的变迁观》中，顾颉刚更是直接论断说："近三十年的中国叙述思想界是易旧为新的时期；是用欧变华的时期。"⑤ 这种强烈的时代自觉，使得顾颉刚虽然承认像崔述、姚际恒那样的乾嘉学人留下了重要的遗产，但那"只是儒者的辨古史，不是史家的辨古史"⑥，言外之意，从方法论的角度来说，乾嘉学人那种"求是主义"毕竟还只是"家法"，离"科学的

---

① 顾颉刚：《古史辨自序》，北京：商务印书馆2011年版，第52页。或因如此，余英时称顾颉刚的科学方法为"科学民众主义"，与傅斯年的"科学精英主义"迥然有别。参见余英时：《未尽的才情——从〈日记〉看顾颉刚的内心世界》，台北：联经出版事业股份有限公司2007年版，第32页。
② 顾颉刚：《古史辨自序》，北京：商务印书馆2011年版，第104页。
③ 朱新屋：《由爱乡而爱国——从王毓英看晚清民初的地方自治》，载《唐都学刊》2013年第2期。
④ 汪晖：《世纪的诞生》，北京：生活·读书·新知三联书店2020年版，第94页。
⑤ 顾颉刚：《顾颉刚经典文存》，上海：上海大学出版社2003年版，第1页。
⑥ 顾颉刚：《古史辨自序》，北京：商务印书馆2011年版，第1页。

成法"相去甚远。因此，顾颉刚这种方法论上的科学自觉，同样是时势、个性、境遇的综合产物。

四、结语

在理解顾颉刚的学术自觉方面，《古史辨自序》提供了一个独一无二的范本。正如学者所言，这篇自序既是"学者自传"，又是"成长小说"①，堪称顾颉刚的心灵史。在回顾个体学术成长所遭遇的时势、个性、境遇的过程中，表现出顾颉刚本人高度的学术自觉。具体而言，顾颉刚敏锐地坚持"凡是和我有关的事情总使它和自己愿意研究的学问发生些脉络"，克服外在宏观时势的影响，顺从个体性格对抗生活的微观境遇，转向用学术研究的办法"曲线救国"，建立对"学者"身份的认同并思考何者为学？何以当有学？何以有今日之学？今日之学当如何？等问题。在此过程中，顾颉刚先后放弃最初的文学爱好、早年的经学训练和大学时期的哲学专业，最终"知道最合我性情的学问乃是史学"，建立起对历史学的和古史研究的学科自觉。以这种学术自觉和学科自觉为基础，那种对"20世纪"的时代自觉推动着顾颉刚对科学方法的追寻，强调"我们要用科学方法去整理国故"，从而在学术方法上表现出对科学的自觉。顾颉刚这种高度的学术自觉，既为推动中国现代学术的建立和发展作出了重要贡献，也为今天"构建中国特色哲学社会科学"的学术自觉提供了重要启示。

---

① 李浴洋:《在"学者自传"与"成长小说"之间——顾颉刚〈古史辨第一册自序〉的一种读法》，载《文艺争鸣》2017年第4期。

以"避世"求"事业"
——论顾颉刚的"事业心"和"避世心"

顾颉刚(1893—1980)是我国现代著名的历史学家、民俗学家,古史辨学派创始人,现代历史地理学和民俗学的开拓者、奠基人,在中国现代学术形成过程中扮演着非常重要的角色。近年来随着《顾颉刚全集》[1],特别是《顾颉刚日记》的出版[2],学界出现一股顾颉刚研究的热潮。在为《顾颉刚日记》所写的序言中,余英时以《未尽的才情——从〈顾颉刚日记〉看顾颉刚的内心世界》为题,提出顾颉刚的"事业心"在"求知欲"之上的观点[3]。与此同时,丘文豪则从《古史辨自序》[4]及《顾颉刚日记》早期记载中,发覆顾颉刚并不具有"事业心",提出至少在1927年以前顾颉刚毋宁带有强烈的"避世心",认为"余氏断然以'事业心'在'求知欲'之上,'事业取向的社会活动家'为顾颉刚

---

[1] 参见顾颉刚:《顾颉刚全集》,北京:中华书局2010年版。
[2] 《顾颉刚日记》目前有两个版本:台湾版为台湾联经出版公司2007年版;大陆版为中华书局2011年版。本文的引用以后者为准。
[3] 余英时:《未尽的才情——从〈日记〉看顾颉刚的内心世界》,台北:台湾联经出版公司2007年版,第3—4页。
[4] 《古史辨》前后出过7册,顾颉刚为除第六册以外的6册写作序言,此处统称《古史辨自序》,在直接引用时则标注具体册名。参见顾颉刚:《顾颉刚全集》第1册,北京:中华书局2010年版,第1—148页。

的生命形态，未免忽略了其最初的人生追求、向往所在"①。那么，怎样理解这两种看起来截然对立的观点呢？实际上，顾颉刚在日记中对此略有记录。1934年4月26日，顾颉刚在日记中说："噫！看我太浅者谓我是书呆，看我过深者谓我是政客。某盖处于材不材之间，似是而非也。"② 此处所说"书呆"与"政客"，几等同于"避世心"与"事业心"，顾颉刚自谓"材"与"不材"之间，"似是而非"，显然是说单纯强调其中任何一面都有失偏颇。因此，要理解顾颉刚的"事业心"和"避世心"的紧张，必须把顾颉刚置于中国现代学术形成过程中考察，从现代学术研究作为一种新的知识生产方式，对顾颉刚个体职业和志业选择产生的影响，进而理解顾颉刚以"避世"求"事业"的必然性、可能性及其意义。

一、顾颉刚的"事业心"

有关顾颉刚的"事业心"，余英时率先举证《顾颉刚日记》"1942年5月31日"条的记载，"许多人都称我为纯粹学者，而不知我事业心志强烈更在求知欲之上。我一切所作所为，他人所毁所誉，必用事业心说明之，乃可以见其真相"③。这段顾颉刚的夫子自道，当然具有相当程度的可信度。所可注意的是，顾颉刚虽然揭橥"求知欲"与"事业心"对峙，并不满足于"纯粹学者"的身份，但是连余英时也承认，顾颉刚

---

① 丘文豪：《"自立"的焦虑：1927年前顾颉刚的人生追求与关怀》，见复旦大学历史学系、复旦大学中外现代化进程研究中心编：《多维视野下的思想史研究》，上海：上海古籍出版社2019年版，第352—379页。鉴于以上观点，本文的讨论侧重引用1927年以前的材料，兼顾1927年以后的材料。
② 顾颉刚：《顾颉刚日记》第3卷，1934年4月26日，第182页。
③ 顾颉刚：《顾颉刚日记》第4卷，1942年5月31日，第689—690页。按：本段系顾颉刚1942年6月7日补记。

的"事业心"的"根基仍在学术",其事业"都是从学术领域延伸出来的文化事业"。换而言之,顾颉刚"并没有任何政治野心,也未尝企图发展政治或社会势力"①。即使有时不得不"辗转奋斗于学界、政界和商界",归根到底还是为了学术事业本身。不得不说,余英时的这种观察敏锐且准确。然而,余英时接着指出,顾颉刚不满足于做一个"纯粹的学者",主要受到五四新文化运动、抗日战争及与傅斯年决裂的影响②。因此,余英时一方面把顾颉刚的"事业心"溢出"学术事业"之外,另一方面认为顾颉刚"事业心"的建立时间是在同傅斯年决裂(1929)并受到抗日战争影响以后。

实际上,讨论顾颉刚的"事业心"必须限定在"学术事业"范围内,即余英时"所说以学术研究为根基"。只要仔细检视《古史辨自序》和《顾颉刚日记》就可以发现,顾颉刚的"事业心"很早就已确立。在《顾颉刚日记》中,1919年1月10日,顾颉刚就明言:"我的职业是学问。"③后来在《古史辨第一册自序》中,更明确地说:"年来称我为'学者'的很多。我对于这个称谓决不辞让,因为它可以用来称有学的人,也可以用来称初学的人:初学是我的现在,有学是我的希望中的将来,他们用了这个名词来称我,确是我的知己。"④可见至迟至顾颉刚写《古史辨第一册自序》(1926)时,顾颉刚已实现了对"学者"身份的认同。在成为一名学者之前,顾颉刚跟同时代的青年一样,也曾尝试走上革命救国的道路,一度加入过中国社会党,只是这条路最终"走不通"⑤。后来回顾这

---

① 余英时:《未尽的才情——从〈日记〉看顾颉刚的内心世界》,台北:联经出版事业股份有限公司2007年版,第4页。
② 余英时:《未尽的才情——从〈日记〉看顾颉刚的内心世界》,台北:联经出版事业股份有限公司2007年版,第3—4页。
③ 顾颉刚:《顾颉刚日记》第1卷,1919年10月10日,第53页。
④ 顾颉刚:《古史辨第一册自序》,见顾颉刚:《顾颉刚全集》第1册,北京:中华书局2010年版,第82页。
⑤ 顾颉刚:《古史辨第一册自序》,见顾颉刚:《顾颉刚全集》第1册,北京:中华书局2010年版,第16页。

段经历时，顾颉刚总结说："我有我自己的事业，何必为这种无聊的人累住呢。"① 虽然顾颉刚在这里并没有点出"我自己的事业"到底是什么，但是把加入党会参加社会革命视为"无聊"，以与"自己的事业"对举，其言外之意已甚为明了。考虑到在写《古史辨第一册自序》时，顾颉刚就仿佛乃师胡适写日记一般，心里就有意识地想向读者展现自己的成长历程，把"自序""约略做成一部分的自传"②，用了足足两个月的时间完成了这篇"有生以来的最长最畅的文"③，那么顾颉刚自认是"学者"堪称其"事业心"的真实写照。

回顾起来，顾颉刚这种以学术研究为根基的"事业心"，恰恰是综合自身所遭遇的时势、个性、境遇的结果：一是就时势而言，顾颉刚清楚地意识到当时所处时代的学术，历有三层次的积累，包括清代钱嘉学派"敢于摆脱应用的束缚"、清末今文家和古文家"各各尽力揭破对方的弱点，使得观战的人消歇了从信家派的迷梦"、西洋的科学传进来以后使中国的学者"对于治学的方法有了根本的觉悟"④。二是就个性而言，顾颉刚拈出自己的三种性格，包括"桀骜不驯""历史兴味极浓重""好奇心极发达"等，这种个性使他"敢于怀疑古书、古史""敢于推倒数千年的偶像""敢于在向来不发生问题的地方发生出问题"⑤。三是

---

① 顾颉刚：《再论救国与工作》，《宝树园文存》第6卷，见顾颉刚：《顾颉刚全集》第38册，北京：中华书局2010年版，第224页。
② 顾颉刚：《古史辨第一册自序》，见顾颉刚：《顾颉刚全集》第1册，北京：中华书局2010年版，第4页。
③ 顾颉刚：《古史辨第一册自序》，见顾颉刚《顾颉刚全集》第1册，北京：中华书局2010年版，第89页。
④ 顾颉刚：《古史辨第一册自序》，见顾颉刚：《顾颉刚全集》第1册，北京：中华书局2010年版，第68页。
⑤ 顾颉刚：《古史辨第一册自序》，见顾颉刚：《顾颉刚全集》第1册，北京：中华书局2010年版，第74页。顾颉刚反思说："倘使我早生了若干年，处于不许批评又没有研究方法的学术社会中，或者竟要成了一个公认的妄人，如以前人对于刘知几、郑樵们的看法。"参见顾颉刚：《古史辨第一册自序》，见顾颉刚：《顾颉刚全集》第1册，北京：中华书局2010年版，第69页。

就境遇而言，顾颉刚在《古史辨第一册自序》中连用 14 个"要是"来反推个人境遇对人生道路的影响①，最后总结说："若是我不到北京大学来，或是孑民先生等不为学术界开风气，我的脑髓中虽已播下了辩论古史的种子，但这册书是决不会有的。"② 因此顾颉刚之所以有此"事业心"，乃是顾颉刚"能承受我的时势""敢随顺我的个性""肯不错过我的境遇"等三者凑合的结果③。

可见顾颉刚早期的"事业心"，是相当具体的"古史辨"的事业。1943 年 8 月 31 日，顾颉刚在日记中写道："渠（即贺昌群）谓予古史工作已告一段落，盖此前为运动时期，予尽瘁于此，业已取得公众之承认。现在运动时期过，予可以卸此责任，此后则为他人专精之研究矣。"贺昌群（1903—1973）的话深为顾颉刚所赞同，所以才"爱记

---

① 顾颉刚说："要是我不生在科举未废的时候，我的幼年就不会读经书。要是我的祖父不给我随处讲故事，也许我的历史兴味不会这样深厚。要是我不进新式学校，我也未必会承受这一点浅近的科学观念。要是我在幼年没有书籍的嗜好，苏州又没有许多书铺供我闲游，我也不会对于古今的学术知道一点大概，储藏着许多考证的材料。要是我到北京后不看两年戏，我也不会对于民间的传说得到一个大体的领略。要是我不爱好文学、哲学和政治运动，在这种方面碰到多少次的失败，我也不会认识自己的才性，把我的精力集中于考证的学问上。要是不遇见孑水和太炎先生，我就是好学，也不会发生自觉的治学的意志。要是不遇见孟真和适之先生，不逢到《新青年》的思想革命的鼓吹，我的胸中积着的许多打破传统学说的见解也不敢大胆宣布。要是北京大学中不征集歌谣，我也不会因写录歌谣而联带得到许多的风俗材料而加以注意。要是我没有亲见太炎先生对于今文家的痛恨，激励我需求今文学著述的好奇心，我也不会搜读《孔子改制考》，引起我对于古史的不信任的观念。要是我不亲从适之先生受学，了解他的研究的方法，我也不会认识到自己最尽情的学问乃是史学。要是适之、玄同两先生不提起我的编集辨伪材料的兴趣，奖励我的大胆的假设，我对于研究古史的进行也不会这般的快速。要是我发表了第一篇文字之后没有刘楚贤先生等把我痛驳，我也不会定了周密的计划而预备作毕生的研究。要是我不到北京大学研究所国学门服务，没有《歌谣周刊》等刊物替我作征求的机关，我要接近民众的材料也不会这样的容易。"参见顾颉刚：《古史辨第一册自序》，见顾颉刚：《顾颉刚全集》第 1 册，北京：中华书局 2010 年版，第 69—70 页。
② 顾颉刚：《古史辨第一册自序》，见顾颉刚《顾颉刚全集》第 1 册，北京：中华书局 2010 年版，第 70 页。
③ 顾颉刚：《古史辨第一册自序》，见顾颉刚《顾颉刚全集》第 1 册，北京：中华书局 2010 年版，第 70 页。

于此,以供他年之省察"①。随后顾颉刚又在当日日记中记载同陶希圣(1899—1988)的交谈,赞同后者所说"每人均有一开花之时期,此时精神充沛,发表力特强,一过此期则思想及发表力均渐即于干涸"的观点,并比照自身的经历说:"我在民国十年至廿五年一段时期,即我之开花期。"② 可见至少在 1943 年以前,顾颉刚都把"古史辨"当作自己的"事业"③。这样一来,对顾颉刚"事业心"的考察就有了更加聚焦的抓手。不过"怀疑古书、古史"之事业注定任重道远,"诚使鸡鸣而起,惟日不足,到了老死,尚难做完"④,所以顾颉刚常感"生命的短促""人智的短浅"。为了做好古史辨事业,顾颉刚只好"竭力节缩欲望"⑤。只是"事业心"之强烈往往无法"节缩",由此则带来痛苦。1930 年 4 月 27 日,顾颉刚在日记中反思自己的学术风格:"于病床上得一联曰:'好大喜功,永为怨府;贪多务得,何有闲时。'此切中予病也。"⑥ 从中不难看出在"事业心"的驱使下,顾颉刚对自身反思之深刻。这种"事业心"如此强烈,以至于即使在功成名就以后,顾颉刚仍"夜梦与梁启超讲话,谈及我之学问,我不禁大哭,以为有志而莫

---

① 顾颉刚:《顾颉刚日记》第 5 卷,1943 年 8 月 31 日,第 139 页。
② 顾颉刚:《顾颉刚日记》第 5 卷,1943 年 8 月 31 日,第 140 页。按:本段系顾颉刚 1943 年 10 月 14 日补记。
③ 余英时认为,"大体言之,从抗战开始,在颠沛流离的生活中,他的事业心渐渐超过了古史研究的专业心"。参见余英时:《未尽的才情——从〈日记〉看顾颉刚的内心世界》,台北:联经出版事业股份有限公司 2007 年版,第 8 页。同时更具体地指出:"顾先生治史薛分前后两期是他个人生命史上最应大笔特书的一大关节。'古史辨'为前期,他为文往往思如泉涌而'下笔不能自休'。……后期约始于 1939 年撰写《浪口村随笔》(《史林杂识》即其中一部分)。他从绚烂归于平淡,论学文字转向'谨严精湛'。"参见余英时:《未尽的才情——从〈日记〉看顾颉刚的内心世界》,台北:联经出版事业股份有限公司 2007 年版,第 24—25 页。
④ 顾颉刚:《顾颉刚日记》第 1 卷,1919 年 1 月 10 日,第 53 页。
⑤ 顾颉刚:《古史辨第一册自序》,见顾颉刚《顾颉刚全集》第 1 册,北京:中华书局 2010 年版,第 76 页。
⑥ 顾颉刚:《顾颉刚日记》第 2 卷,1930 年 4 月 27 日,第 396 页。

由达也"①。

既然顾颉刚具有强烈的"事业心",顾颉刚的"事业心"又是以"学术研究"为根基的,那么顾颉刚是怎样规划他的"学术事业"的呢?对此余英时更具体地从两个方面做了论述:"一方面认定学术不能限于少数人的专门绝业,只有普及到广大的社会以后才算是尽了它的功能;另一方面,他则坚持普及化的知识必须以最严肃的学术研究为其源头活水。"② 综观《古史辨自序》和《顾颉刚日记》可以看出,终其一生,顾颉刚都在追求一种有"计划"、有"系统"和有"宗旨"的学术事业,希望"真能成学术界之重镇"③。首先是有"计划"。1924年3月26日,顾颉刚就写了《我的研究古史的计划》。在计划中说:"我是一个喜欢定计划的人。""我终觉得计划是应当定的,一个人必须有了计划才可使生活有意味。"④ 到了抗战后期,在古史研究计划完成以后,顾颉刚又说:"抗战以来,得书不易,偶有新著便得倾销,予有此人望,有此同人,正可抓住机会,在出版事业上贡献心力,作有计划、有系统之进行,而招致同人分工合作,使中国史学得上轨道"⑤,随后不久又起草了《中国通史编辑计划》⑥。其次是有"系统"。在《古史辨第一册自序》

---

① 顾颉刚:《顾颉刚日记》第1卷,1921年6月8日,第129页。即使直到1953年(时顾颉刚已60岁),顾颉刚仍没有"功成名就"的感觉,"越三十年,翻览此册,觉得三十年中只有刚到燕京大学时稍有安定生活,余均在焦虑、彷徨、纷乱、困苦中度过,卅年前置祈求,迄今还是一个渴望而不可即的神山,然而年则已老矣。生于此世,只不死已是厚幸,敢望成学乎!"又说自己"平生志业,百不一遂,今乃如此,我生其已"。不得不说顾颉刚因有强烈的"事业心",把事业上的目标定得太高太大。参见顾颉刚:《顾颉刚日记》第7卷,1953年1月31日,第341页。按:此条系顾颉刚1953年2月11日补记。
② 余英时:《未尽的才情——从〈日记〉看顾颉刚的内心世界》,台北:联经出版事业股份有限公司2007年版,第4页。
③ 顾颉刚:《顾颉刚日记》第5卷,1943年4月26日,第26页。
④ 顾颉刚:《我的研究古史的计划》,见顾颉刚:《顾颉刚全集》第1册,北京:中华书局2010年版,第291页。
⑤ 顾颉刚:《顾颉刚日记》第5卷,1943年4月30日,第64—65页。
⑥ 顾颉刚:《宝树园文存》卷2,见顾颉刚:《顾颉刚全集》第34册,北京:中华书局2010年版,第311—324页。

中，顾颉刚开篇就说："我并不是没有把我的研究构成一个系统的野心；如果我的境遇真能允许我作继续不断的研究，我到老年时一定要把自己的创见和考定的他人之说建立一个清楚的系统。"① 到了写《古史辨第二册自序》时，顾颉刚对别人说他没有系统感到很不满意，认为尽管"数年前，我专作小问题的研究，原没有组织系统的亟望"，但是这几年"逼得我不能不在短时期内建设一个假设的古史系统"。不过顾颉刚认为，"系统的完成不是一朝一夕的事，哪里可以像木架般一搭就搭起来的"②。最后是有"宗旨"。王汎森注意到，明末清初思想家即喜欢揭橥"宗旨"一词③。或亦受此传统学术的影响，"宗旨"一词在顾颉刚的学术著作中所见多有。比如，《古史辨第一册自序》中说："我惟一的宗旨，是要依据了各时代的时势来解释各时代的传说中的古史。"④ 恰因顾颉刚追求一种有"计划"、有"系统"和有"宗旨"的学术研究，若说顾颉刚没有"事业心"则定不成立，只是这种"事业心"乃是以学术研究为根基的。

二、顾颉刚的"避世心"

在具有"事业心"的同时，顾颉刚具有很强的"避世心"。丘文豪指出，顾颉刚的"事业心"可能是在1927年以后才开始出现的。为此

---

① 顾颉刚：《古史辨第一册自序》，见顾颉刚：《顾颉刚全集》第1册，北京：中华书局2010年版，第3页。
② 顾颉刚：《古史辨第一册自序》，见顾颉刚：《顾颉刚全集》第1册，北京：中华书局2010年版，第93页。
③ 王汎森：《明末清初思想中之"宗旨"》，见王汎森：《晚明清初思想十论》，上海：复旦大学出版社2004年版，第107—116页。
④ 顾颉刚：《古史辨第一册自序》，见顾颉刚：《顾颉刚全集》第1册，北京：中华书局2010年版，第57页。

他详细梳理了1927年以前顾颉刚日记所呈现的人生态度及其关怀,从专心投入学问的向往、对交际应酬的严重排斥两个方面说明顾颉刚的"避世心"①。特别关键的一条资料,来自顾颉刚自述:"孟真家有祖父母,有寡母,有病妇,我劝他暑假回去,他只是不去。我校暑假,足有三月,胡先生家有病母,不但不回去,只托人接妻子出来。他们二人学问为我所最钦服的;他们将来的事业,实是未可限量;但是他们这样对付家庭,总不是我所愿闻。他们对于学问事业兴味过高了,自然家庭一方面渐渐的淡下去。……顾我终不愿以事业学问,而牺牲我他方面之责任。虽未能两全,或将两失,而在我直觉中终应如此行去。"②在这段自述中,顾颉刚把自己和傅斯年及胡适进行比较,"批评"后两者"对于学问事业兴味过高",而对"家庭一方面渐渐的淡下去",而他自己即使冒着"两失"的危险也要努力兼顾二者。单从与傅斯年和胡适的比较来看,顾颉刚似乎的确没有"事业心"。

不仅如此,不论是《古史辨自序》还是《顾颉刚日记》,都反复提示我们顾颉刚的确具有很强烈的"避世心"。在《古史辨第一册自序》中,顾颉刚自我剖析说:"我是一个有二重人格的人。在一切事务上,只显得我的平庸、疲乏、急躁、慌张、优柔寡断,可以说是完全无用的;但到了研就学问的时候,我的人格便非常顽固。"③遇见世俗琐事往往显得"平庸、疲乏、急躁、慌张、优柔寡断",觉得自己"完全无用",一旦从事学术研究,就变得人格"非常顽固"。前者隐隐指向外在的"事业",后者则指向自己的"避世"。所以在从事古史辨事业时,顾颉刚觉得"生平最可悲的事情是时间的浪费和社会上对于我的不了解的

---

① 丘文豪:《"自立"的焦虑:1927年前顾颉刚的人生追求与关怀》,见复旦大学历史学系、复旦大学中外现代化进程研究中心编:《多维视野下的思想史研究》,上海:上海古籍出版社2019年版,第352—379页。
② 顾颉刚:《顾颉刚日记》第1卷,1919年1月14日,第65—66页。
③ 顾颉刚:《古史辨第一册自序》,见顾颉刚:《顾颉刚全集》第1册,北京:中华书局2010年版,第72页。

责望"①。一面不愿意浪费时间去应付各种世俗琐事,另一方面又争分夺秒地开展学术研究,总是希望能够回归到个体独处的安宁的环境中,这不能不说顾颉刚的确相当"避世"。饶有意思的是,在《顾颉刚日记》中,顾颉刚记载祖母对他的评价,"祖母说我处事不精炼,是木;欢喜买物,是颟;动辄与人立异,是呆;不好与人交际,是戆"②。这里所用"木""颟""呆""戆"堪称是顾颉刚"避世心"的形象表达。由此可见,顾颉刚毫不忌讳表露自己的"避世心"。

这种"避世心"甚至表现出某种"社交恐惧症"的倾向。连顾颉刚自己也承认,虽然"一个人生在世上,应该同人交际的",但是"我有些癖性,不乐同人交往,是不完善的"③。1921年6月12日,在一次长达三小时的应酬以后,顾颉刚在日记中写道:"见人略多,到处敷衍,以至头昏脑胀,血复上升""茶馆中,人以为舒齐,而我徒见人头挤挤,憧憧往来,不胜其繁,目为之涩"④。每每跟其他人比较时,顾颉刚一方面有感于别人的"漂亮、伶俐、辟脱、强健、好爽的可羡",另一方面则有感于自己的"干枯、寂寞、沉郁、拘谨的可厌"⑤。这种性格让顾颉刚在社交应酬时"总觉甚苦",原因是"以既无事可作,不能不坐待时尽;而专以应酬遣生涯之人,盈庭满室,四顾无可语者也"⑥,则这种"避世"已近乎"孤僻"。这种"孤僻"的性格让顾颉刚对"社会"充满了某种恐惧,也充满对"社会"的不满:"可怜一般人生在社会,是专为吃饭、游戏、传种而来的。世界进化的观念,没有一毫一忽的存

---

① 顾颉刚:《古史辨第一册自序》,见顾颉刚:《顾颉刚全集》第1册,北京:中华书局2010年版,第74页。
② 顾颉刚:《顾颉刚日记》第1卷,1919年10月10日,第52页。
③ 顾颉刚:《顾颉刚日记》第1卷,1919年10月10日,第53页。
④ 顾颉刚:《顾颉刚日记》第1卷,1921年6月12日,第130页。
⑤ 顾颉刚:《古史辨第一册自序》,见顾颉刚:《顾颉刚全集》第1册,北京:中华书局2010年版,第85页。
⑥ 顾颉刚:《顾颉刚日记》第1卷,1919年1月10日,第51—52页。

在。自己陷落了不舒服，还要拉几个出众的学问佳、聪颖的天才，去同他们一炉融化。倘不遵守，便是刀锯鼎镬，众罚并下。"① 他深感"社会"的力量相比以往变得太大，大到"把个人束缚得厉害，把个人独立的遗传性，一层层的剥削，几乎没有了，连想也不想"。在以往"社会"的力量尚不太大时（比如战国时候），"保存天真的人还很多"，"有学问的人""不是佯狂的自污，便是闭门的深隐"，但到了现代社会，所有"现代的人"都只能"向社会姑息敷衍"②。在这种论述中，顾颉刚下意识地形成了一种对"社会"的对抗性心理，保持跟"社会"之间的疏离就在情理之中。

对抗"社会"、厌烦"社交"，必然会喜欢独处、家居等"无聊""烦闷"的生活。但是顾颉刚感觉到，"我在家中，未尝觉闷"，这"在人则然，在我殊非"③。家居或独处给了他自由的感觉，"以大部由我能做主，支配此一日光阴；心志所志，虽不能全然做到，总可做到其一部分"，所以如前所引，顾颉刚反感那种"专为吃饭、游戏、传种而来"的没有世界进化观念的人。这能部分地解释为什么顾颉刚对傅斯年和胡适光顾"学术事业"而不顾"家庭"有所不满。不过，更全面地来看，顾颉刚对家庭并非一味肯定。赵妍杰的研究指出，在当时的时代环境下家庭形象出现了负面化情况④。在五四新文化运动的风潮下，顾颉刚很难不受到家庭革命的影响。所以在顾颉刚看来，虽然"大概家庭也是社会的一部分，自然不能违现社会的趋势"，但是"所见之域，比他社会小。所关的厉害，比他社会大。眼界小，故用成例相绳更刻。责望深，故疑心猜想的地方多。……一个人在他社会上，有些厌倦之处，还可拂

---

① 顾颉刚：《顾颉刚日记》第 1 卷，1919 年 1 月 10 日，第 52 页。
② 顾颉刚：《顾颉刚日记》第 1 卷，1919 年 1 月 10 日，第 52 页。
③ 顾颉刚：《顾颉刚日记》第 1 卷，1919 年 1 月 7 日，第 45 页。
④ 赵妍杰：《家庭革命》，北京：社会科学文献出版社 2020 年版，第 31—35 页。

袖而去。那家庭里的心志不一，直是附骨之疽"①。可见即使居家时，顾颉刚仍觉得自己同祖母等家人不太一样——如果真如顾颉刚所说，"家庭"是"小的社会"，那么在现代强大的社会力量挤压下，原本作为私人空间的家庭也被"社会化"了，这使他不免对社会上种种世故、手段充满厌恶和恐惧，由此反过来加剧了顾颉刚的"孤僻"。

那么，顾颉刚的这种"避世心"来自哪儿呢？如果单纯说来自顾颉刚天生的个性，似乎仍显迂阔而不确切——不然就没法解释为什么顾颉刚会去参加社会党，也没法解释顾颉刚在中学时代"爱好山水，爱好文学，爱好政治活动"②。归纳起来，顾颉刚的这种"避世心"可能跟两方面的原因有关：一是跟顾颉刚早期经历有关。在《古史辨第一册自序》中，顾颉刚谈到自己少时在私塾念书，因背书时被私塾先生用戒尺"威吓和迫击"，落下了口吃的毛病，"害得我的一生永不能在言语中自由发表思想"，这大概是顾颉刚后来"避世"的重要原因——一个有"口吃"毛病的学者，缺少必备的社交应酬技能，绝不可能喜欢烦琐的社交应酬③——当然也有可能，这种"口吃"的毛病是造成顾颉刚"木""颟""呆""戆"的重要原因。二是跟受到王国维（1877—1927）的影响有关。丘文豪观察到，顾颉刚以王国维为处世模范，认为顾颉刚"可能是被王国维那种以学问独立于世的安身立命之形态所吸引"④。这种观点毫无疑问是成立的。不过，丘文豪反而以此说明顾颉刚"事业心"之出现受到王国维的影响，则不免有避重就轻之嫌。就王国维的影

---

① 顾颉刚：《顾颉刚日记》第1卷，1919年1月10日，第52页
② 顾颉刚：《古史辨第一册自序》，见顾颉刚：《顾颉刚全集》第1册，北京：中华书局2010年版，第14页。
③ 顾颉刚：《古史辨第一册自序》，见顾颉刚：《顾颉刚全集》第1册，北京：中华书局2010年版，第6—7页。
④ 丘文豪：《"自立"的焦虑：1927年前顾颉刚的人生追求与关怀》，见复旦大学历史学系、复旦大学中外现代化进程研究中心编：《多维视野下的思想史研究》，上海：上海古籍出版社2019年版，第352—379页。

响而言，顾颉刚至少同样并重地吸收了其"避世"和"事业"的成分①。所以顾颉刚才会在王国维的悼词中，不无羡慕地肯定罗振玉（1866—1940）对王国维的帮助，认为前者为后者营造了"一个不问外事，专心读书的境界"，说王国维之所以能"成为学术界中唯一的重镇"，是因为他能禁受住"环境的压迫和诱惑"②。在给王国维所写的信中，顾颉刚也在反思自己"困于人事，未得专心向学"③，更可见王国维对顾颉刚学术心态的影响。

三、以"避世"求"事业"

顾颉刚身上同时存在"事业心"和"避世心"，看起来是相当矛盾

---

① 顾颉刚：《顾颉刚日记》第1卷（1924年3月31日，第471页；按：此条系顾颉刚1970年补记）记载："知我那时引为学术上之导师的，是王国维，不是胡适。而数十年来，人多诋我为'胡适门徒'，则以《胡适文存》销行之广，绝非《观堂集林》可比也。"这种说法顾颉刚在《我是怎样编古史辨的?》中也多有提到。参见顾颉刚：《我是怎样编古史辨的?》，见顾颉刚：《顾颉刚全集》第1册，北京：中华书局2010年版，第161—163页。但正如余英时所说，此时大陆不仅经历了批判胡适运动，而且当时正值"文化大革命"期间，当时顾颉刚的"政治立场和观点已彻底改变了"，自当不得真。参见余英时：《未尽的才情——从〈日记〉看顾颉刚的内心世界》，台北：联经出版事业股份有限公司2007年版，第21页。

② 顾颉刚：《悼王静安先生》，《宝树园文存》第1卷，见顾颉刚：《顾颉刚全集》第33册，北京：中华书局2010年版，第268—275页。需要说明的是，这里所说顾颉刚在"避世心"上受到王国维的影响，并不是说顾颉刚跟王国维一样是一个悲观主义者（换句话说，"避世"不等于"悲观"）。顾颉刚是一个非常自信的人，自信到"要整理国学就想用我一个人的力量去整理清楚，要认识宇宙和人生就想凭了一时的勇气去寻得最高的原理"。以至于连顾颉刚在回忆起来时，也觉得自己"真诚了'夸大狂'了!"参见顾颉刚：《古史辨第一册自序》，见顾颉刚：《顾颉刚全集》第1册，北京：中华书局2010年版，第29页。在后来跟傅斯年闹翻，给胡适写信时又说："自信力太强，各人有各人的主张而又不肯放弃。"参见余英时：《未尽的才情——从〈日记〉看顾颉刚的内心世界》，台北：联经出版事业股份有限公司2007年版，第11页。

③ 顾颉刚：《我是怎么编古史辨的?》，见顾颉刚：《顾颉刚全集》第1册，北京：中华书局2010年版，第162页。

的存在。那么，怎样理解顾颉刚的这种"事业心"和"避世心"呢？首先需要明确的是，即使不把顾颉刚身上的"事业心"和"避世心"对立起来，当我们拈出"事业心"和"避世心"两个概念时，实际上多少预设了一个理想型的"纯粹学者"的存在。实际上，理想意义上的"纯粹学者"在现实生活中是不存在的。德国学者费希特（Johann Gottlieb Fichte）在《学者的使命》中指出："人具有各种意向和天资，而每个人的使命就是尽可能地发挥自己的一切天资。尤其是人有向往社会的意向，社会使人得到新的、特别的教养，得到为社会服务的教养，使他得以非常轻易地收到教养。"[①] 不过人不可能完全在自然状态中发展自己的全部天资，"每一个个体都有权在社会中给自己选择一定的普遍发展的部门，而把其他部门留给社会的其他成员，并指望他们能使他分享他们的教养的优点"[②]。"学者"就是现代社会分工出现以后，形成的一个新阶层或新职业。因此，综合我们学者个人的人生体验及顾颉刚的夫子自道，可以发现两者并不相悖：顾颉刚恰恰是以"避世"求"事业"，两者高度统一在顾颉刚的学术规划和学术实践中。

具体而言，"避世心"和"事业心"是理解顾颉刚"内心世界"的两条主线，共同构成顾颉刚一生学术研究的一体两面。这可以从以下四个方面得到理解：首先，正是"避世心"推动着顾颉刚走上学术"事业"的道路。在《古史辨第一册自序》中，顾颉刚曾十余次提到"我的个性""我的生性""我的内心""我的行事""我的本性""我的根性""我的才性""癖性"等表达，相应的修饰词则包括"平常""桀骜不驯""执拗""热烈""倔强""二重人格""极富于好奇心""坚强""坚硬"等等（其中"桀骜不驯"一词凡三见），可见他对自身性格反

---

① 费希特：《论学者的使命·人的使命》，梁志学、沈真译，北京：商务印书馆2009年版，第38页。
② 费希特：《论学者的使命·人的使命》，梁志学、沈真译，北京：商务印书馆2009年版，第38页。

思之强烈。在剖析完自己的"二重人格"以后,顾颉刚得出结论说:"为发展我的特长计,愿意把我的全部生命倾注于学问生活之内,不再旁及它种事务。"① 这即是说,顺应自身个性、发挥自身特长的结果,是使得"避世心"成为实现学术"事业心"的基础。由此不难理解,为什么顾颉刚在《古史辨第一册自序》中总是强调"必须从我的才性上建设的事业才是我的真实的事业""我只应当受自己的支配于事业的工作上,若迁就了别人就是自己的堕落"②。陈春声指出,在人文学科研究中,"思想发明重于知识的创造""有价值的思想基本上源于学者个人的'孤独思考'"③。在某种意义上,"避世心"意味着跟浮华的现实"社会"保持一定的疏离,进而以沉潜的态度保持独立思考。

其次,"避世心"使顾颉刚走其他的"事业"道路行不通。在谈到人生道路的选择时,顾颉刚回忆说:"一个人自幼年到成长原只不在彷徨觅路之中:走的路通,就可以永远走下去;走的路不通,也可以不再费力去走。惟其当时肯耗费觅路的功夫,才能在日后得到该走的大道。"④ 在尚未认清楚自己的个性(性格)以前,顾颉刚也曾走过弯路。这里说的就是顾颉刚曾加入社会党,希望跟当时许多青年人一样成为革命家或社会活动家。在"辛亥革命后,意气更高涨,以为天下无难事,最美善的境界只要有人去提倡就立刻会实现"的情况下,顾颉刚醉心于一种当时他认为的"最高的理想"——"种族的革命算得了什么!要达到无政府、无家庭、无金钱的境界时方才尽了我们革命的任务呢",为此他加入了社会党。但是在"入党多时之后",顾颉刚"瞧着一班同党

---

① 顾颉刚:《古史辨第一册自序》,见顾颉刚:《顾颉刚全集》第 1 册,北京:中华书局 2010 年版,第 72 页。
② 顾颉刚:《古史辨第一册自序》,见顾颉刚:《顾颉刚全集》第 1 册,北京:中华书局 2010 年版,第 85 页。
③ 陈春声:《学术评价与人文学者的职业生涯》,载《开放时代》2009 年第 5 期。
④ 顾颉刚:《古史辨第一册自序》,见顾颉刚:《顾颉刚全集》第 1 册,北京:中华书局 2010 年版,第 96 页。

渐渐的不像样了",一方面"他们没有主义,开会演说时固然悲壮得很,但会散之后就把这些热情丢入无何有之乡了",另一方面他们学问毫无根底,而自己"对于他们屡屡有所规诫、有所希望"却又"几乎没有一个能承受"①。顾颉刚由此认定"要他们抱着主义当生命般看待,计划了事业的步骤而进行是不可能的"。这使他最终放弃了"对于政治和社会的改造的希望"。顾颉刚在回顾中总结说:"可喜这一年半中乱掷的光阴,竟换得了对于人世和自己才性的认识。……改造的职责是应当由政治家、教育家和社会运动家去担负的,我是一个没有这方面的发动的才力的人。"②

再次,正是学术研究"事业"满足并加剧了顾颉刚的"避世"性格。在顾颉刚的眼中,现代学术研究是在四种传统的"偶像"倒塌以后建立起来的:帝系(种族的偶像)、王制(政治的偶像)、道统(伦理的偶像)、经学(学术的偶像)③。这使得在现代学术研究中,学问的范围大为拓展。在开展"古史辨运动"时,顾颉刚常常深感学问之无涯、生命之有涯,比如在《古史辨第二册自序》中说:"学问的范围太大了,一个人就是从幼到壮永在学问上作顺遂的进展,然而到了老迈亦无法完全领略,因为我们人类的生命太短促了,有涯之生是逐步

---

① 关于这段经历及其反思,顾颉刚多次谈到过,如在《再论救国与工作》中说:"我在民国初元的时候,也曾热心于党会的事业。但我虽一团热心,而别人却满不是这回事,他们何尝懂得工作,他们只懂得有事时在狂叫乱跳,无事时戏谑消遣。在一个长桌子上围坐了许多人,你说一句,我驳你二句,他又驳我三句,有趣果然是有趣,可惜把设立党会的本意完全忘了。我经过了一年多的党会生涯,始觉得这样牺牲是不值得的,我自有我自己的事业,何必为这种无聊的人累住呢。所以从此以后,无论什么党会都不加入,我只勉力为我自己。"参见顾颉刚:《再论救国与工作》,《宝树园文存》第6卷,见顾颉刚:《顾颉刚全集》第38册,北京:中华书局2010年版,第224—225页。
② 顾颉刚:《古史辨第一册自序》,见顾颉刚:《顾颉刚全集》第1册,北京:中华书局2010年版,第16页。
③ 顾颉刚:《古史辨第三册自序》,见顾颉刚:《顾颉刚全集》第1册,北京:中华书局2010年版,第110—116页。

了无涯之知的。"① 学问范围的扩大促进了学术团体和学术分工的出现。在《古史辨第三册自序》中，顾颉刚说："我决不能把这一科学问内的事项一手包办。我不但自己只能束身在一个小范围里做深入的工作，而且希望许多人也都束身在一个小范围里做深入的工作。"所以"处于现在时代，研究学问除了分工之外再没有别的办法"，因为"分工的职业是无贵贱之别的，超人的奢望是不可能的"②。因为"偶像"的坍塌，使得学术研究不再是种族、政治、伦理等偶像的附庸，经学也日渐走出其神圣性特征；因为学术范围的扩大和学术分工的形成，使得一个有学术"事业心"的现代学者"岂有余暇来做无谓的应酬"③。

最后，现代学术研究"事业"需要顾颉刚保有"避世"之心。在《古史辨第三册自序》中，顾颉刚比较多地谈到了当时所处的学术环境，说："我们知道：我们的功力不但远逊于清代学者，亦且远逊于宋代学者。不过我们所处的时代太好，它给予我们以自由批评的勇气，许我们比宋代学者作进一步的探索——解除了道统的束缚；也许我们比清代学者作进一步的探索——解除了学派的束缚。它又给予我们许多崭新的材料，使我们不仅看到书本，还有很多书本以外的东西，可以作种种比较的研究，可以开出想不到的新天地。我们不敢辜负这时代，所以起来提出这些问题，激励将来的工作。"④"我们不敢辜负这时代"仿佛是某种

---

① 顾颉刚：《古史辨第二册自序》，见顾颉刚：《顾颉刚全集》第1册，北京：中华书局2010年版，第95页。后来又说："学问之大像一个海，个人之小像一粒粟。"参见顾颉刚：《古史辨第三册自序》，见顾颉刚：《顾颉刚全集》第1册，北京：中华书局2010年版，第102页。

② 顾颉刚：《古史辨第三册自序》，见顾颉刚：《顾颉刚全集》第1册，北京：中华书局2010年版，第102页。后来在谈到研究方法时，顾颉刚又说："一种学问的研究方法必不能以一端限，但一个人的研究方法则仅不妨以一端限，为的是在分工的学术界中自有他人用了别种研究方法以补充之。"参见顾颉刚：《顾颉刚全集》第1册，北京：中华书局2010年版，第104页。

③ 顾颉刚：《顾颉刚日记》第1卷，1919年1月10日，第53页。

④ 顾颉刚：《古史辨第三册自序》，见顾颉刚：《顾颉刚全集》第1册，北京：中华书局2010年版，第97页。

宣言。可是在社会分工出现以后形成的学院化研究,并非人间净土,顾颉刚看到:"学界争名太甚,予虽不与人争,而人则必不肯放过我""迩来摆脱中央大学及组织部职务,复我自由之身,而各书肆多见拉拢"①。除此以外,中国近代(现代)伴随着此起彼伏的各种战争,特别是抗战时期,"华北之大,已经安放不下一张平静的书桌了",因此在这种环境下,怎样才能"不辜负这时代"呢?某种程度的"避世心"成为发展学术"事业"的必要,所以顾颉刚一直强调要做"长期的研究",不仅是自己终身努力,而且要几代中国学者的接棒努力。

四、余论

顾颉刚之同时具备"事业心"和"避世心",并以"避世"求"事业",这是顾颉刚学术生命中非常重要的组成部分。这种学术心态的出现既反映了顾颉刚对现代学术研究超乎常人的敏感认知,也体现出学术研究作为一种现代社会分工出现的学院化趋向。孔子曾说:"贤者辟世,其次辟地,其次辟色,其次辟言。"(《论语·宪问篇》)顾颉刚的学术"事业心"恰以"避世心"起,盖亦得其中三昧也。不过,由于近代时势变迁太剧,影响个体境遇太甚,顾颉刚不得不在辗转漂泊、对抗社会中展开学术事业,研究计划一再迁延甚至打断,这反过来强化了他以"避世"求"事业"的治学态度。由此一来,顾颉刚不仅没有被"事业心"和"避世心"的张力所撕裂,反而在以"避世"求"事业"中最终"成学术界之重镇"——正如其前辈偶像王国维一样。

费希特曾指出,学者阶层的真正使命是"高度注视人类一般的实际

---

① 顾颉刚:《顾颉刚日记》第1卷,1919年1月10日,第65页。

发展进程,并经常促进这种发展进程"①,特别是担负着"优先地、充分地发展他本身的社会才能、敏感性和传授技能"的职责②。以此相衡,看起来顾颉刚之以"避世"求"事业"在今日似无价值可言。不过顾颉刚之以"避世"求"事业",并不是认为"学术"应该完全脱离"社会"而存在,而是认为"吾人生于今日社会,亦求所以适应乎今日之情状而已矣"③,而"在二十世纪的学问界上,则自有二十世纪的成就的水平线"④,容不得任何人滥竽充数,则知顾颉刚对学术研究之标准实悬格太高。因此,顾颉刚以学术研究为根基的"事业心",最大限度地扩张了学术研究对于社会进步的意义,若能沉潜问学,以"科学的方法整理国故",则学者阶层推动社会之进化和进步自然水到渠成。抗战时期顾颉刚在完成"古史辨"研究计划以后,转向对中华民族形成发展史的研究,实为同一学术关怀所致,则顾颉刚之以"避世"求"事业"至今日仍有启发,绝无消极意味。

---

① 费希特:《论学者的使命·人的使命》,梁志学、沈真译,北京:商务印书馆2009年版,第41页。
② 费希特:《论学者的使命·人的使命》,梁志学、沈真译,北京:商务印书馆2009年版,第43页。
③ 顾颉刚:《顾颉刚日记》第1卷,1919年1月13日,第61页。
④ 顾颉刚:《古史辨第一册自序》,见顾颉刚:《顾颉刚全集》第1册,北京:中华书局2010年版,第82页。

《山海经》、民俗学与旅行史
——重返江绍原《中国古代旅行之研究》的历史世界*

近些年来，随着旅游学、历史学、民俗学等多学科的介入，旅游史（旅行史）研究取得了重要成就①。然若追本溯源，以现代著名民俗学家江绍原所著《中国古代旅行之研究》（以下简称《旅行研究》）为滥觞，当无异议②。但是很显然，本书并不仅仅是旅游史（旅行史）研究的发轫之作。以"重读民国"的视角来看，倘若充分考虑到当时的学术、社会、政治和思想环境，可以清楚地看到这种新视野下对《山海经》的研究，实际上是当时中国民俗学方兴未艾之时，交织于新兴学科（民俗史）、新兴领域（旅行史）和古代原典（《山海经》）之间复杂的互动关系。重新反观这一具有开创性意义的研究，无论对民俗学的研究还是旅行史（旅游史）的研究，都会有新的启发。

---

* 本文原载《民族艺术》2022年第2期。
① 若单纯以历史学为本位的旅游史研究而言，举其要者，早期如周振鹤：《从明人文集看晚明旅游风气及其与地理学的关系》，载《复旦学报（社会科学版）》2005年第1期；最近如巫仁恕、狄雅斯：《游道：明清旅游文化》，台北：三民书社2010年版。
② 李肇荣、曹华盛主编：《旅游学概论》，北京：清华大学出版社2006年版，第5页。王文宝：《中国民俗史》，成都：巴蜀书社1995年版，第332页。

一、有用无用之间：
江绍原及其《旅行研究》

江绍原（1898—1983）是现代著名的宗教学家和民俗学家，生前被列为"苦雨斋四大弟子"之一，死后被认为是"民俗学界五大核心领袖人物"之一①，可见其在近代学术史上之地位。正因其如此，近些年来对江绍原的研究已逐步展开，从生平、作品到思想、情感诸方面，都有较充分的论述②。然而任何历史人物都有多维面的特性，且学术史本身亦在某种程度上为政治史或社会史之一部分，因此对江绍原的研究仍有拓展的空间和必要。以其作品而论，1935年商务印书馆出版的《旅行研究》一书就未能得到学界的充分重视③。但是本文的目的不在于仅仅就《旅行研究》这一文本进行讨论，而希望将江绍原的个人境遇、民国学术的宏大时势与后来学者的外缘讨论结合起来，重返此书创作前后的历史世界，因此有必要从江绍原本身的学术脉络说起。

祖籍安徽旌德的江绍原，是典型的"五四"一代知识分子④；与大

---

① 王文宝：《鲜为人知的娄子匡创办的〈民俗旬刊〉》，载《西北民族研究》2005年第4期。
② 主要有王文宝：《江绍原》，载《民俗研究》1990年第3期；赵世瑜：《江绍原与中国现代民俗学》，载《民俗研究》1998年第1期；巫瑞书：《江绍原与他的民俗研究》，见苑利主编：《二十世纪中国民俗学经典·学术史卷》，北京：社会科学文献出版社2002年版，第233—238页；秦燕春：《江绍原的医药民俗研究与报章小品写作》，见夏晓虹等：《文学语言与文章体式：从晚清到"五四"》，合肥：安徽教育出版社2005年版，第357—378页；另有两篇硕士学位论文，分别是李春久：《江绍原的民俗学实践及其当代意义》，河南大学硕士学位论文，2007年；江小林：《江绍原：民间礼俗迷信研究的先驱——论其在民俗学研究方面的特殊贡献》，上海大学硕士学位论文，2008年。
③ 除通论型民俗学史著作简要带过之外，就目前所见，仅有谭颖：《历史中的"游"：读江绍原〈中国古代旅行之研究〉》（刊于《西北民族研究》2009年第2期）一篇。
④ 许纪霖：《二十世纪中国六代知识分子》，见许纪霖：《中国知识分子十论》，上海：复旦大学出版社2004年版。

多数近代学人一样,有着丰富多彩的求学生涯和交游网络。先前在国内沪江大学、北京大学求学,此后旅美负笈于芝加哥大学、意林诺大学,回国后先后任教/职于北京大学、中山大学等校,与当时学界的主流人物,如鲁迅(1881—1936)、周作人(1885—1967)、胡适(1891—1962)等均交情甚笃①。江绍原在学生时代即参加"五四运动",教师时代主张"眼光向下"等,这是后来学术史书写中的标签化表达。然而若以陈寅恪(1890—1969)"预流""主流"之说论及江绍原②,那么江绍原又不断被描述为处于边缘的"异类"——无论是在整个现代学界,还是在民俗学界。这背后到底纠缠着哪些复杂的历史因素?这些历史因素又是如何投射到江绍原的研究之中的?要回答这些以及类似的问题,必须回到江绍原创作《旅行研究》的历史世界中;而首要问题,就是江绍原的学术旨趣——具体到本文的讨论来说,要回答《旅行研究》是在怎样的个人学术脉络中被创作的。

处于古今中西夹缝(冲突)之中的近代学者,大体上可以分为三类:除晚清部分以经学为本位的学问为研究对象者外,其他两类似乎可以看作是古代传统学问与近代新式学科交织下的学者,只是或偏重前者,或偏重后者。以江绍原所处之时代及求学之经历而言,应属近代新式学科训练重于古代传统学问的学者。这也是那时代科学主义思潮影响下的重要时代特征。江绍原早期的训练,似以宗教学或宗教哲学为中心,早期的三部论著(《乔达摩底死》《佛教哲学通论》《宗教的出生与长成》)都是宗教学本位的研究,并且民俗学的训练还没有很好地体现出来。直到1930年代前后,才以民俗学的研究为重,并以民俗学与宗教学相结合,前后出版了《发须爪》(上海开明书店,1928年)和《中国古代旅行之研究》(上海商务印书馆,1935年)两著,均被视为江绍

---

① 王文宝:《江绍原》,载《民俗研究》1990年第3期。
② 陈寅恪:《王静安先生遗书序》,见《金明馆丛刊二稿》,上海:上海古籍出版社1980年版,第219页。

原的代表作，也是后来学者引证最多的两种。两种代表作中，似乎又以前者所受重视为要，对后者的研究则稍有不足。

对江绍原的学术研究旨趣或取向，似以其友人叶圣陶（1894—1988）、胡适和周作人的评价为最精当。早在1920年江绍原出版《乔达摩底死》时，胡适即在序言中对其"用史学家考证史料的方法"来研究佛学的方法赞赏有加①。这种研究方法似乎也贯穿到了此后江绍原的民俗学研究中。在江绍原出版《发须爪》（副标题为"关于他们的迷信"）以后，胡适在日记中写及安徽老乡，又说："我的朋友江绍原，从小问题做起，专研究胡子、头发、手指在中国历史上的迷信，成为一个系统，于是2500年的东西都活了。"② 这一宗旨与胡适倡导的"发明一个字的古义，与发现一颗恒星，都是一大功绩"的"学问平等观"无疑是相协的③。这也可以表明，即使是在当时科学主义思潮的冲击下，对学术研究的方法（认识论）与目的（致用否）的认识并不完全以科学主义为导向。恰如周作人的评价，"把严谨与游戏混和得那样好，另有一种独特的风致，拿来讨论学术上的问题，不觉得一点沉闷"④。周作人这里提到的"游戏"，不免让人联想起几乎同时代王国维（1877—1927）的"游戏"文学观——尽管这本身是借鉴西方思想（席勒，Schiller）的结果，但也可以看出对科学主义的某种反叛⑤。叶圣陶对江绍原的评价就更是入木三分，他在《江绍原君的工作》中，以江绍原比于张久（未知

---

① 胡适著，胡明编：《胡适精品集》，北京：光明日报出版社1998年版，第359页。
② 此处转引自王文宝：《江绍原民俗学论文集》，上海：上海文艺出版社1998年版，"序"第13—14页。
③ 胡适：《论国故学》，见朱文华编选：《反省与尝试：胡适集》，上海：上海文艺出版社1998年版，第305页。
④ 周作人：《发须爪：关于它们的迷信》，上海：上海文艺出版社1987年，"序"，第4页。此文后亦收入北京鲁迅博物馆编：《苦雨斋文丛·江绍原卷》，沈阳：辽宁人民出版社2009年版，第263—264页。
⑤ 王国维：《文学小言》，见徐洪兴编选：《王国维文选》，上海：上海远东出版社2011年版，第192页。

何人），说其工作"全由于兴味（即游戏）"，然而"不求用而自然有用"①。因此，研究"小问题"的江绍原在宏观的学术旨趣上，既不以科学主义的认识论为宗旨，也不以功利致用的研究目的为圭臬，而是介于有用无用之间②。与当时流行的国学家、哲学家和史学家不同，也与当时学界普遍取法西洋社会科学的研究取向有异③。这些研究特点，在《旅行研究》中都表现得相当明显。

对《旅行研究》一书，江绍原似乎甚为自负。在序言中就颇有自比于弗雷泽（James G. Frazer，序言中译为"弗莱日"）的《金枝》（The Golden Bough），又说"本书所欲证成之主要点，其为新奇未之前闻，恐怕将和葛兰言氏上说几乎一样"，乃有自比于与葛兰言（M. Marcel Granet）《中国古代的节庆与歌谣》之意。此言乃建基于原本宏大的写作计划：《旅行研究》的写作计划原为六章，当时出版的只是第一章，拿作者的话来说，"这只是一部尚未十分完成的书现行发表之第一分册"④。从中不难看出江绍原对《旅行研究》的重视，可惜此后第二至第六章未见出版，至今仍为学界憾事。就已出版的第一部分来说，本书的副标题为"侧重其法术的和宗教的方面"，从广义的宗教概念来说，"法术"亦为其中之一部分，因此本书的研究亦受其宗教学之影响殆无疑问。以此为研究视角，全书分为四个部分："序言""导言""正文"［第一章，标题为"行旅遭逢的神奸（和恶毒生物）"］及"附录"。其中，"序言"

---

① 叶圣陶：《江绍原君的工作》，见《叶圣陶散文名著》，成都：四川文艺出版社1995年版，第125页。此文后亦收入北京鲁迅博物馆编：《苦雨斋文丛·江绍原卷》，沈阳：辽宁人民出版社2009年版，第265—266页。
② 对有用无用的讨论，似乎是当时时代的重要问题，大约是西学或科学主义思潮冲击下的产物，如王国维在《国学丛刊序》中说："今之言学者，有新旧之争，有中西之争，有有用之学与无用之学之争。余正告天下曰：学无新旧也，无中西也，无有用无用也。"参见姚淦铭、王燕主编：《王国维文集（下卷）》，北京：中国文史出版社2007年版，第516页。
③ 杨堃：《江绍原〈中国古代旅行之研究〉》，载《社会学刊》1936年第5卷第2期，第81—90页。
④ 江绍原：《中国古代旅行之研究：侧重其法术的和宗教的方面》，上海：商务印书馆1935年版，"序言"，第1页。

篇幅极长,"导言"可看作是对前者的某种补充;"正文"和"附录"部分,则均是以法术与宗教两端展开的对旅行史的研究。此书最早由上海商务印书馆印行(同时出版了法文版)(1935),两年后(1937)再版,至1966年复有台湾商务印书馆三版,大陆现在通行版本多为1989年上海文艺出版社之版本。其中序言尚被单独收录在王文宝、江小蕙整理之《江绍原民俗学论集》中,可见此书的民俗学成色①。大约正因如此,江绍原或被单独视为民俗学家——言外之意,其宗教学的成分被民俗学的研究大大掩盖了②。

至于江绍原《旅行研究》的主要内容,同样是从"小问题"着手进行的研究。在对古代的两种玉器的普遍性解释——"一为王者之使的职权象征物,一则祭祀之玉"——提出不同看法的基础上,提出二者"皆为故人旅行时身上所带的辟邪御凶之物";以此为切入点,新读相关古代原典(《山海经》),开创性地开展旅行史的研究。在这种民俗学的视野之下,就不免"把《山海经》当作实用地理书而兼有或种旅行指南的性质"③。这种观点颇见新意,却又不嫌武断,在当时流行对古史、传说等进行重新审视的年代,学界自不免对这本大作中的第一部分有所讨论。在理清江绍原创作《旅行研究》的个人脉络以后,还需要还原江绍原此著在当时学界引发的讨论。

二、传统现代之际:
《旅行研究》引发的讨论

与江绍原极看重此书相似,《旅行研究》出版以后,在民国学界产

---

① 江绍原:《江绍原民俗学论集》,上海:上海文艺出版社1998年版,第230—248页。
② 谭颖:《历史中的"游":读江绍原〈中国古代旅行之研究〉》,载《西北民族研究》2009年第2期。但周作人与叶圣陶均不约而同地指出,"绍原是专攻宗教学的""江君是研究宗教学的"。参见北京鲁迅博物馆编:《苦雨斋文丛·江绍原卷》,沈阳:辽宁人民出版社2009年版,第264、265页。
③ 江绍原:《中国古代旅行之研究》,上海:上海商务印书馆1935年版,第37页。

生了相当的影响。江绍原在序言中已经提及，由于本书见解之新奇"未之前闻"，而"新奇的，异乎旧传的见解，未必一定中肯"，因此"凡确有所见，不得不冒险提出某项新解的人，无不静候旁人的批判"①。且不说蔡元培（1868—1940）和朱自清（1898—1948）都在日记中记录，表达自己曾经阅读《旅行研究》（及其感受）②，单单是相对客观的批评性书评就有三篇，评论者依次是红学家吴世昌（1908—1986）、古典文学家浦江清（1904—1957）和民俗学家杨堃（1901—1998）。不妨先看这三种书评文章。

吴世昌《评〈中国古代旅行之研究〉》最早发表在《史学集刊》（国立北平研究院）第二期上③，是最早对江绍原《旅行研究》研究的论文。吴世昌的研究畛域是红学，被认为是20世纪考证派红学的代表性人物④。在这篇评论性文章中，他从近些年（1930年代）古史研究的概况说起，谈到古史研究对古代原典的重新认识，尤其是顾颉刚（1893—1980）"古史辨派"的影响。其言下之意，在于将江绍原此书放在古史研究的脉络或在此脉络之下对古代原典《山海经》的重新认识的脉络中理解。吴世昌对《旅行研究》的这种史学贡献认同有加，认为"江先生的这本研究，用许多西洋宗教、民俗学的观点来探讨古代生活

---

① 江绍原：《中国古代旅行之研究》，上海：上海商务印书馆1935年版，"序言"，第2页。
② 从日记来看，蔡元培的阅读稍早（1936），朱自清的阅读稍晚（1942），但都可见江绍原此书在当时的影响。参见高平叔：《蔡元培年谱长编》第4卷，"1936年1月15日"条，北京：人民教育出版社1999年版，第273页；朱乔森编：《朱自清全集》第10卷《日记编》"日记下"，"1942年8月5日""1942年8月6日"条，南京：江苏教育出版社1998年版，第190页。
③ 吴世昌：《评〈中国古代旅行之研究〉》，载《史学集刊》（国立北平研究院）1936年第2期，第225—230页。此文后亦收入吴世昌《罗音室学术论著》第3卷，北京：社会科学文献出版社1996年版，第126—134页；以及吴令华编《吴世昌全集》第2册第2卷，石家庄：河北教育出版社2002年版，第131—136页。下引页码以《史学集刊》为准。
④ 董乃斌：《近世名家与古典文学研究》，上海：上海大学出版社2005年版，第167页。

上素不被人注意的问题,这无疑是中国古史上的新贡献"①,尤其对全书表现出"勾索的深入、想象的丰富、考证的精审"极为认同,正是这种古史研究中的"考证"思维,使得吴世昌认为"而这书最大的贡献,我以为还是在于作者用科学方法处置那些别人所认为怪诞不经的材料的态度",并且《旅行研究》"虽然是本研究宗教民俗的书,但在音韵训诂学上有极大的贡献"。这样一来,吴世昌对江绍原的某些论断就有不敢苟同之处——虽然本身存在误解。他认为《山海经》作为独特的古代原典,本身就有很多维面,对这种"传说"与"古史"的研究不能采取一刀切的态度,就江绍原《旅行研究》而言,"《山海经》是否仅仅是一本旅行指南"很成问题。吴世昌以《山海经》(西山、南山二经)中所载"各种有毒害于人的动植物"为例,说明"《山海经》的作者记载这些,至多只是在令人博物广智罢了"②。因此,在这位考证学者的眼中,江绍原之《旅行研究》即是名曰《〈山海经〉的研究》亦无不可。

在吴世昌评述文章发表的同一年,浦江清在《图书季刊》上发表了同名述评文章③。在这位古典文学研究学者的眼中,《旅行研究》多少呈现出不同的面向。与吴世昌相反,浦江清从近代民俗学的研究思潮开始讲起,并同样与当时的古史研究结合起来讨论。他承认,倘若没有"侧重其法术的和宗教的方面"的说明,"读者单看书名,很容易叫人疑惑这是研究中国古代舟车道路等实际状况的书"④。由于作者曾撰《〈山海经图〉与〈职贡图〉》⑤,并曾为江绍原《旅行研究》引用,因此与吴世

---

① 吴世昌:《评〈中国古代旅行之研究〉》,载《史学集刊》(国立北平研究院) 1936 年第 2 期,第 226 页。
② 吴世昌:《评〈中国古代旅行之研究〉》,载《史学集刊》(国立北平研究院) 1936 年第 2 期,第 230 页。
③ 浦江清(当时署名为"以中"):《评〈中国古代旅行之研究〉》,载《图书季刊》1936 年第 3 卷第 2 期,第 39—43 页。此文后亦收入浦江清《浦江清文录》北京:人民出版社 1956 年/1989,第 227—231 页。下引页码以《图书季刊》为准。
④ 浦江清:《评〈中国古代旅行之研究〉》,载《图书季刊》1936 年第 3 卷第 2 期,第 39 页。
⑤ 浦江清:《评〈中国古代旅行之研究〉》,载《图书季刊》1936 年第 3 卷第 2 期,第 41 页。

昌相比，浦江清对本书的理解似乎更为全面，对江绍原以西方新观念来研究中国古代原典的方法也有明确的认识。他大约认为江绍原本书的写作是问题意识先于史料证据，在当代旅行经验和民俗学观点的基础上，对原有古籍进行了重新审视。对此浦江清也认为，一是旅行中所遇见之事不一定就在旅行的范围之内，二是《山海经》中的有些记载不一定专为旅行者说法。浦江清当然清楚，这是"仁者见仁，智者见智"的论述，因为就性质和功用而言，《山海经》具有混合的性质，当我们用后设的"分工"的方法去解读古典的时候，"不能说不合，又不能说全合，多少有点出入"。因此在浦江清看来，《山海经》自不是"旅行指南"，毋宁是"原始的地理图志"。这既是《〈山海经图〉与〈职贡图〉》中的想法，自与江绍原所论不同。但浦江清补充了江绍原的结论，认为即是《山海经》在某种程度上是旅行指南，"这指南亦不过是少数王公大臣的指南，和近今旅行指南之人人得而参阅者，多少有点儿差别"。他一再指出江绍原《旅行研究》中富有新颖的创见和观点——这些观点也是后来学者引用江绍原此著的焦点所在——唯一遗憾的是，江绍原以民俗学的视角研究旅行史，却"侧重其法术的和宗教的方面"，不是"研究古代实际的旅行状况"，这已经指出江绍原此书与后来旅游史（旅行史）的不同：《旅行研究》只关注旅游论述（理论研究），而不关注旅游实践（实证研究）。

同年四月，民俗学家杨堃在《社会学刊》上撰文，评述江绍原《旅行研究》，是为第三篇评论文字①。杨堃既为民俗学家，研究领域又与江绍原相近（神话学、宗教学），那么他对江绍原著作的讨论也就更有发言权。三篇评论文章中，以此文篇幅为最长。本文是作者花了"三天工夫"读书，"两天工夫"写作的产物②。在杨堃的笔下，江绍原最早被描述为一个孤独的异见者，既与当时的"国学家、史学家或哲学家"不

---

① 杨堃：《江绍原〈中国古代旅行之研究〉》，载《社会学刊》1936年第5卷第2期，第81—90页。
② 杨堃：《江绍原〈中国古代旅行之研究〉》，载《社会学刊》1936年第5卷第2期，第83页。

同，又与"一般的社会学家或社会科学家"不同。与前者的不同，在于江绍原用实证而非逻辑的非唯理主义方法进行研究；与后者的不同，在于江绍原能将西洋社会科学理论与中国古典研究结合起来讨论。杨堃似乎对这位"神话学专家"同行的处境有所同情，引为"我的同志"①，文中一再提醒读者注意江绍原"小品文作家"背后的"神话学专家"身份，可以说在某种程度上，已经从学术研究的"内在理路"对江绍原《旅行研究》提供了基础。虽然只花了"三天工夫"阅读，杨堃对本书的阅读却足够详细，写作更是一丝不苟，按照全书的结构安排——序言、导言、正文和附录的顺序依次作出评论。杨堃对序言的看法是，"我觉得读此一序，胜似读一本史学研究法，例如梁启超氏的《中国历史研究法》"②。具体到本书的内容，杨堃对商务印书馆将《旅行研究》列入"中国地理"范围内的做法不敢苟同。显然本书虽揭橥"旅行"二字，却不是对旅行史的实证研究，因为"这一章不仅是'几乎全被鬼占去'，甚而连题中的'行途'两字亦几被作者忘掉"③。因此，杨堃反倒是对江绍原极为看重的"新奇见解"不怎么重视，而更看重"构成此类新见解的一切过程"，亦即方法论层面。在结合"新奇见解"与"学术方法"进行论述之后，杨堃就本书的四个方面（标题、编制、新解和印刷）提出了商量④。

---

① 杨堃此文自不当视与当代"人情书评"同类，但他在论文中的表述则不免将友人江绍原拔高，如"但我早就相信，江先生是我国现代最有希望的一位学者"，对此他提了五条标准：第一，"研究社会学，至少须具有德、法、英三种外国文学的工具"；第二，"在中国研究社会学，除具有社会学的知识外，还须具有民族学、神话学、民俗学、语言学与语文学的知识"；第三，"还须对于外国的旧学有研究，而能直接利用外国的旧籍与古物"；第四，"还须对于我国现代的民间生活与地方风俗具有深切的研究与认识"；第五，"还须有一种大才，至少亦须有一种比较聪敏的天资"，并说"在我认识的我国学者之内，真能具备这些条件的，江先生确能入选"。参见杨堃：《江绍原〈中国古代旅行之研究〉》，载《社会学刊》1936年第5卷第2期，第82页。
② 杨堃：《江绍原〈中国古代旅行之研究〉》，载《社会学刊》1936年第5卷第2期，第84页。
③ 杨堃：《江绍原〈中国古代旅行之研究〉》，载《社会学刊》1936年第5卷第2期，第85页。
④ 杨堃：《江绍原〈中国古代旅行之研究〉》，载《社会学刊》1936年第5卷第2期，第85—89页。

从上述讨论中，不难大致复原江绍原《旅行研究》在当时学界引起的讨论图景。三位学者分属不同的学科领域——红学、古典文学和民俗学，分别站在不同的学术立场——古史研究、文献考订和民俗研究，提出不同的学术讨论维面——《山海经》、民俗学和旅行史。实际上，江绍原此著是民国学术界难得的讨论个案，这一个案交织着新兴学科（民俗史）、新兴领域（旅行史）和早古代原典（《山海经》）之间复杂的互动关系。这三者恰恰是透视中国近代学术转型、范式转换或西学中国化历程的最重要层面，以江绍原所处之时代、《旅行研究》研究之内容、方法与特点及其引发学界的相关讨论为切入点，重返本书写作前后的历史世界，不失为一种有效的学术史做法。

三、主流边缘之争：
《旅行研究》的历史世界

通常而言，民国时期的学者大多"但开风气不为师"，这里不仅包括像胡适这样具有高度"历史角色意识"的学者（胡适）①，也包括当时西洋新学大量流入造成传统学说转型背景下的大多数学者。这种时代学术脉络下产生的学术著作，不免流于"广度有余而深度不足"——"深度不足"，故后人可以继续在此基础上推进；"广度有余"，故时人对同一著作不免看法多歧。江绍原《旅行研究》一书，正应以此为讨论基点②。后来学界对江绍原成果的引用，除《龙须爪》之外，就数《旅行

---

① 罗志田：《再造文明的尝试：胡适传（1891—1929）》，北京：中华书局2006年版，第29页。
② 今日讨论民国学术史的意义，或许正在于此。一则当时学界已经提出许多可供研究的学术课题，二则当时学界对这些学术课题有了初步的摸索，所有这些，都为我们在整整一个世纪的学习西洋理论之后，重新去西洋化，建立所谓的"中国学派"大有裨益。

研究》为要①，甚至后来有几乎同名的学术论著出现②，都是江绍原研究"小问题"以思考"大问题"，研究"无用之学"以寻求"有用之实"的学术取向下，"但开风气不师"的结果③。

按照谭颖的研究，江绍原以民俗学视野所作之《旅行研究》，在某种程度上是与当时学界流行的对中国古代历史（社会）的"理想化"和"理智化"对抗④。谭颖此文并未参阅杨堃的评论，但二者有不谋而合之处。从直接的层面上说，江绍原在试图还原古代人的社会生活（如旅行）时⑤，不可避免地要运用到现代新式学科的方法——在认识论上，中国原有的或近代新式传入的某些概念化教条无法达到这种标的。加上江绍原无论从性格还是兴趣上说，都与当时学界甚有出入——即使杨堃没有指出这一层面，在其《旅行研究》中都可反复看到。然而，江绍原试图复原古人的日常生活自是不争的事实——民俗学研究的很重要目的，即在于此；但是这里有必要强调，江绍原流露出的某种"对抗意识"，更多的并不在于研究对象和学术观点的差异，而在于方法论层面。因此抛开个人的因素不论，这种"对抗"背后凸显的是在两种学术训练、两种学科范式范畴内产生的，即原有的经史学科与西化的社会科

---

① 相关学术引例，参见蒲慕洲：《追寻一己之福：中国古代的信仰世界》，上海：上海古籍出版社2007年版；昝风华：《汉代风俗文化与汉代文学》，北京：中国社会科学出版社2009年版。
② 余欣：《中古时代旅行之研究：以禁忌与信仰为中心》，见卢向前主编：《唐宋变革论》，合肥：黄山书社2006年版，第575—592页。
③ 如杨堃提道，江绍原《旅行研究》的路数"不仅代表了一种新的方法"，而且"代表了一种新的学派"，参见杨堃：《评江绍原〈中国古代旅行之研究〉》，见《社会学刊》第五卷第二期，第89页。
④ 谭颖：《历史中的"游"：读江绍原〈中国古代旅行之研究〉》，载《西北民族研究》2009年第2期。
⑤ 江绍原对于解构史料与还原历史时期的真实生活，曾有较为明确的表达，"我国文人，素好作奇异之文，其意本不过动人听闻，或有所寄托以讥世人。后人习于听闻，疏于观察，遂信以为真。考其取材，或凭自己之还乡，或得之于野人传说，笔于书以行世"，参见王文宝、江小蕙编：《江绍原民俗学论集》，上海：上海文艺出版社1998年版，第281页。

学。学术（学科）范式之间的对抗背后，交织的正是上文提及的"有用无用""传统现代"之争。关于这点，江绍原在他的书中已经说得很明白，"中国学人开始用近代学术的眼光和方法，去重读他们的古书和发掘研究他们的古物了。因为有这种工作，他们对于古思想、古生活、古制度等等，业已重新发现了若干事实——若干被人误解或忽略了的重要事实"①。这句话表面上是评说当时学界，却显然也是江绍原的夫子自道。然而，倘若重新回到《旅行研究》的历史世界，就会发现创作江绍原《旅行研究》之时，存在一种"边缘"与"主流"的对抗——江绍原被后来的学术史著作描述为"边缘人物"②，应当看成是"主流"研究之外，对"边缘"研究的某种"挤迫"。这种"边缘"研究在现代学界的生存，则应当看成是新兴学科与新兴领域在现代学界的发生史（或成长史）。

正如吴世昌所言，江绍原《旅行研究》一书某种程度上可以更名为《〈山海经〉的研究》，亦即江绍原此著首先是对《山海经》的研究。已有的研究已经表明，自清代乾嘉朴学兴起以来，学人对《山海经》的讨论就不曾停止；至民国时期，受到"古史辨运动"的影响，《山海经》的讨论（主要是是否可以作为信史）越发激烈③。不过在罗志田"通过考察近代中国学人对《山海经》这一带争议的旧籍是否可以（及怎样）用为史料的态度转变，初步探讨民国新旧史料观的错位、传统观念怎样在'现代'学术里通过转换表现形式而延续以及与此相关学术传统的中断与更新等问题"的史学史论文中，并未提及江绍原的《旅行研究》④。原因可能是，江绍原本非历史学家，《旅行研究》本非历史学著作，自

---

① 江绍原：《中国古代旅行之研究》，上海：上海商务印书馆1935年版，导言，第1页。
② 施爱东：《倡立一门新学科：中国现代民俗学的鼓吹、精英与中落》，北京：中国社会科学出版社2011年版，第293页。
③ 罗志田：《〈山海经〉与中国近代史学》，载《中国社会科学》2001年第1期。
④ 罗志田《〈山海经〉与中国近代史学》后收入张越编《史学史读本》，可见此文之性质，参见张越编：《史学史读本》，北京：北京大学出版社2006年版，第220—239页。

难入史学史的视域。不过江绍原此书的创作，却无论如何也离不开当时学界对《山海经》的讨论：如在《旅行研究》"注七"中作者即详引了当时学界的《山海经》研究成果，可见江绍原对学界的《山海经》研究相当熟稔，写作本书时也一再借鉴①。因此，江绍原不可能不知道当时学界已经默认了《山海经》可以作为史料的普遍趋势②，《旅行研究》中对《山海经》的使用就是建立在这种学术基础上的。在序言中，江绍原以八个例子提到自己对待古代原典的八种态度，包括"随时校正误字""明白音借""看出古书里有错乱的文句""学会辨别""了解中国字有时不用作义标而只用作音标""古注与古籍本意不一定相合""不怕偷懒去解和懂""从古籍中找出实例并予以抽象"，而这八种态度归结起来只是一种态度，即"忠实于中国古代的原典"③。这既是序言中的理论阐发，也是全书忠实实践的学术法则。正是在这个意义上，吴世昌执着于"《山海经》旅行指南"的性质，不免误解了江绍原的本意。职是之故，江绍原在使用《山海经》时，不再执着于其背后神、怪记载的谬悠无端，而是不再固限于"考证（证实、证伪）的方法"，相反采用了一种新的方法和新的视野。这种新的方法和新的视野，使得《山海经》在古史研究之外，焕发出新的学术生命。

无疑，这种新的方法和新的视野就是民俗学的方法和视野。江绍原在美国经受的是比较宗教学（宏大的形而上的理论层面）的训练④，但在实际的研究中，却处处采取民俗学的方法和视野（微观的形而下的实证层面），这种"吊诡"与当时学界的世风有关。现代中国民俗学的建立，一般以1918年北京大学成立歌谣研究会为标志，此后"走向民间""眼光向下"等思潮配合政治实用主义的发展而演进，经受过西方民俗

---

① 江绍原：《中国古代旅行之研究》，上海：上海商务印书馆1935年版，第14—15页。
② 罗志田：《〈山海经〉与中国近代史学》，载《中国社会科学》2001年第1期。
③ 江绍原：《中国古代旅行之研究》，上海：上海商务印书馆1935年版，第3—16页。
④ 赵世瑜：《江绍原与中国现代民俗学》，载《民俗研究》1998年第1期。

学训练的江绍原，经历了以广州和杭州为中心的现代民俗学运动的两大高峰，对民俗学的理论和方法相当熟悉。正如杨堃所言，"本书的重要，不仅在发现处许多新的见解，而尤其在指示出一种新的方法"，杨堃称这种方法为"神话学的与社会学的方法"，实际上就是民俗学的方法。而杨堃更是强调这种新的方法"在消极方面，能将我国现代学术界的病态，即社会学与史学间的鸿沟，整治好；在积极方面，确已替我国史学界开辟出一条新的道路"，他甚至因为江绍原在方法论上的重要性，甚至转而强调其"代表了一种新的学派"①。这种"新的方法"与"新的学派"，正是指称现代民俗学运动而言。这里值得注意的地方在于，杨堃以民俗学家之身份，并从民俗学的立场评述《旅行研究》，却在落脚之时不免搭上史学研究（实际是古史研究）的讨论，已经再次表明了吴世昌论断的准确性，即江绍原此著毋宁是对《山海经》的重新审视。运用新视野对旧史料进行研究，确乎是一种"酒瓶装新酒"。这也是后来民俗学史论及江绍原与顾颉刚等现代民俗学家的差异之处——如果不是差距的话②。

旧史料（《山海经》）与新视野（民俗学）之外，实际上还有新领域——旅行史（旅游史）。然而，江绍原何以会进入旅行史（旅游史）的研究——哪怕只是借"旅行"研究之名，而行"宗教"研究之实，却是难觅踪迹。序言和导言中既无明确说明，此前和此后的研究中也未见同类论述。只是在1919年发表的《研究宗教学之紧要》中提到，宗教的生活或宗教的现象其普遍性"乃游历家、历史学家、古物学家所共认者"③，略可从中看到宗教学研究与旅行史（旅游史）接驳的端倪。如果真如浦

---

① 杨堃：《江绍原〈中国古代旅行之研究〉》，载《社会学刊》1936年第5卷第2期，第89页。
② 施爱东：《倡立一门新学科：中国现代民俗学的鼓吹、精英与中落》，北京：中国社会科学出版社2011年版，第296页。
③ 王文宝、江小蕙编：《江绍原民俗学论集》，上海：上海文艺出版社1998年版，第36—37页。

江清所说，江绍原此书写作的缘起在于问题意识先于史料证据①，那么就旅行史（旅游史）的研究而言，江绍原此书与当代旅行史（旅游史）研究的异同也就可以想见。不同之处在于：从时段上看，当代重视明清时期，江绍原重视汉代以前；从史料上看，当代重视文集，江绍原重视《山海经》。相同之处则在于对旅行（旅游）心态的强调。但相同之处又有细微的不同，即当代旅行史/旅游史研究中对旅行（旅游）心态的关注是在整个旅行史（旅游史）研究相对成熟之后所作的更高层次的考量，而江绍原《旅行研究》对旅行（旅游）心态的关注则是发生在问题意识的发端②。这应当与当时民国时期的旅行（旅游）风气以及旅行史（旅游史）研究视野有关。民国时期旅行（旅游）风气相当盛行，而江绍原自身有相当丰富的旅行（旅游）体验，殆无疑问③。而在《旅行研究》问世之前，学界对旅行史（旅游史）的研究就已经展开，成为江绍原可能接触到的学术背景。在江绍原研究旅行史之前八年，《旅游研究》就已经创刊（1927），成为最早的旅行史/旅游史研究的刊物。即使是在抗战进入相持阶段时（1943），余桂堂还出版了《游览事业之理论与实际》④。可见江绍原对旅行史（旅游史）的关注，并非毫无来由⑤。

---

① 这种说法很可能是成立的。江绍原在《中国古代旅行之研究》（第5页）的开篇，即说"由种种确证，我们知道古中国人把无论远近的出行认为一桩不寻常的事；换句话说，故人极重视出行。夫出行必有所为，然无论何以为……总是离开自己较熟悉的地方而去较不熟悉或完全陌生的地方之谓"。在"父母在，不远游"以及交通极不便利的上古时期，在没有史料证明之前，这种说法只能在逻辑上成立，作为一种预设。
② 对心理学方法的运用，是江绍原学术研究的一大特色。参见王文宝、江小蕙编：《江绍原民俗学论集》，上海：上海文艺出版社1998年版，第59—60页。
③ 陈蕴茜：《论清末民国旅游娱乐空间的变化：以公元为中心的考察》，见刘海平主编：《文明对话：东亚现代化的涵义和全球化中的文化多样性（中国哈佛-燕京学者第四、第五届学术研讨会论文选编）》，上海：上海外语教育出版社2006年版，第375—392页。
④ 李肇荣、曹华盛主编：《旅游学概论》，北京：清华大学出版社2006年版，第5页。
⑤ 谭颖曾经提及，江绍原"何以在日寇侵华前夕的紧张气氛中去撰写这样一本'闲情雅致'的小书，或许很有意思"（《历史中的"游"：读江绍原〈中国古代旅行之研究〉》，载《西北民族研究》2009年第2期）。但如果不仅考虑江绍原的个人学术旨趣，并且考虑到当时学界对旅行史（旅游史）的关注，这一问题并不成立。

不论是否出于自觉，江绍原在《旅行研究》中倒的确表现出杨堃所说与当时史学家、哲学家或一般社会科学家不同或对抗——甚至在"附录"中，他也不忘对"哲学家"作某种嘲讽，"《山海经》（乃至其他典籍）里的奥妙，只肯呈现给愿意下细密的校勘训诂的工夫的人。哲学家般走马看花的看它，完全不中用。我们共和哲学家们不消为这类的书耗费精神，然而我们还希望哲学家们承认哲学不是世界上唯一的学问"①，言语中颇见其对主流学界的不满及对自身研究的自信。他经受过新式学科的训练，对新兴领域颇为敏感，又有"校勘训诂的工夫"，所以创作《旅行研究》并不奇怪，反而能够在有用无用的学术功用、传统现代的学术范式、主流边缘的学术论争中求得发展的空间，也为现代民俗学的创立奠定了基础。

四、余论

近代以来的中国学界，本就交织着中西新旧等多重因素——江绍原自己就曾注意到，"谁说'新思潮''旧思想'是截然二物呢？"② 当受到系统的西学训练的江绍原回到故国，重新面对古代原典的时候，这种纠结于"旧瓶"与"新酒"之间的学术特色不免凸显——这里边就是江绍原的矛盾所在：经受了西式的学术训练，却研究古代的原典；研究古代的原典，却不完全致力于功用；身处于边缘，却坚持对抗主流。这些矛盾成为理解其创作《旅行研究》及由此引发的讨论的历史脉络的基础。由此即不难理解，为什么在江绍原的《旅行研究》出版之后，引起学界讨论的不是当时的古史研究家，而是两位文学研究专家和一位同仁

---

① 江绍原：《中国古代旅行之研究》，上海：上海商务印书馆1935年版，第106页。
② 北京鲁迅博物馆编：《苦雨斋文丛·江绍原卷》，沈阳：辽宁人民出版社2009年版，第255页。

兼朋友的民俗学家。因为在方法论层面上，江绍原不是仅仅采用"考证"的方法，而更多的是希望读出古代原典中的"义理"——这正是民俗学本位研究的重要目的。

回首民国学界的这些"往事"，却不免让人产生"今情"。对一段学术史的理解，理应放到当时的社会政治背景中，已是不刊之论；而倘若再考虑个人及其所处学科（领域）的微观生态，即充分返回"那一时代"的"历史世界"，就会更能够凸显这种学术史研究的意义。对古代原典而言，新视野的研究会带来发明而不是发现，毕竟学术研究中的（新）发现相当有限或已穷尽；对民俗学学科而言，如何在文史哲的主流研究中求得发展空间，以至两者可以相得益彰，是至今仍需面对的问题；对旅行史（旅游史）领域而言，利用江绍原所说的"历史的—心理学的—批评的"方法①，或者有某种程度的"移情"（empathy），也是重要的研究手段，因为"人同此心，心同此理"毕竟是百定不移的学术圭臬——对于民俗学（旅游史）习惯研究当下的共时性结构的领域来说，甚至还是重要的研究起点。

---

① 王文宝、江小蕙编：《江绍原民俗学论集》，上海：上海文艺出版社1998年版，第59—60页。

附录

闽北走廊与物的流动
——武夷山民俗研究的回顾与思考

作为中国为数不多的自然与文化双世界遗产①,武夷山是自然科学和人文社会科学研究的重要课题。自1999年以来,除自然科学方面在原有传教士汉学基础上继续推进以外,人文社会科学的研究也有很大提高。举其显要者,则以武夷山宗教、武夷山文学和武夷山理学研究为最著;相比较而言,武夷山民俗的研究则相对薄弱,甚至还没有引起学界的足够重视。因此本文试图在简要回顾武夷山民俗研究的基础上,以"闽北走廊"与"物的流动"两个概念为统筹,对未来武夷山民俗研究作初步思考。

一、研究基础:文献与田野

任何一门人文社会科学的研究,都以一定的文献资料为基础。武夷山民俗的研究自不例外。从学术史脉络上开说,武夷山民俗研究当在区

---

① 截至2011年,中国共有41处世界遗产,其中自然与文化双重遗产只有4处,分别是:山东泰山、安徽黄山、四川峨眉山—乐山和福建武夷山。

域民俗学的研究范畴之内。而区域民俗学的研究，以跨学科的视角来看，与人类学上所谓的"地方性知识"（local knowledge）相类。文献资料作为记录和传承这种地方性知识的重要载体，对了解区域民俗事象有重要意义。因此对武夷山民俗研究而言，是建立在武夷山丰富的文献资料基础上的。

作为世界文化遗产的武夷山，以古越族文化、朱子理学和三教圆融闻名于世，存世文献也十分丰富。主要包括以下四类：一是方志/山志。现存《武夷山志》有五种，分别是：《武夷山志》[（明）劳堪]、《武夷志略》[（明）徐表然]、《武夷山志》[（明）衷仲儒]、《武夷九曲志》[（清）王复礼]、《武夷山志》[（清）董天工]等①。现存《崇安县志》亦有五种，分别是：康熙本[（清）管声骏等]、雍正本[（清）刘埥等]、嘉庆本[（清）魏大名等]、民国十三年本（洪简等）、民国三十一年本（刘超然等)②。除此以外，尚有《五夫子里志》一种，为民国二十年（1931）詹继良撰。③ 另外，外围的方志资料如《建宁府志》等，亦可为间接佐证。二是诗集/文集。明清时期，福建涌现了许多士人精英，而各地士人的全国性流动，也留下了许多关于武夷山的记载。举例而言，如黎士弘（福建长汀人）《诧素斋诗文集》、周亮工（河南祥符人）《赖古堂集》等，其中都不乏对武夷山的记载和描述。文集/诗集中对某地风俗事象的记载，虽言简意赅，但往往生动形象。三是札记/小说。中国古代的札记/笔记传统，一直可以追溯到魏晋六朝时期；至明清两代而臻于极致，这种札记记载的是作者旅途或所居地所见的风物人情，是民俗研究非常重要的资料。与此相类似的文类（genre），是明

---

① 李智君：《武夷山历史景观意象研究：基于游客诗词、游记和景观图的分析》，见《闽文化与武夷山》，厦门：厦门大学出版社2008年版，第6页。
② 福建省天象资料组编：《福建省地方志普查综目》，内部资料，1977年，第79—83页。
③ 福建省天象资料组编：《福建省地方志普查综目》，内部资料，1977年，第84页。

清小说的记载。小说作为史料的运用,并非是在后现代思潮影响下的产物①;以"艺术真实反映生活真实"的最基本原理,小说资料无疑可以用于民俗研究的侧面观察。众所周知,明清对福建地区民俗事象记载最详细的笔记当属周亮工《闽札记》《闽小记》无疑。四是调查/报告。民国以来,大量的田野民族志或实习调查报告都以科学的方法得以呈现,其中尤以少数民族地区的调查为多。与武夷山有关的调查报告,以《闽北畲族调查报告》为代表。至于田野调查报告,以中国人民政治协商会议福建省崇安县委员会文史资料室编《崇安风俗志》和邹全荣《武夷山村野文化》为代表②。这些资料是了解和研究武夷山民俗的基础。

如果说上述资料很大程度上尚属于"官方文献"而有自身的文类局限的话——如方志/山志资料过于单一和简略;诗集/文集记载过于分散和零碎;札记/小说史料有待更多旁证;调查/报告资料则流于琐碎不系统——那么,民间文献就是民俗研究最重要,也是最直接的资料了。通常所说的民间文献,是与官方文献相对应的说法,既指其编纂是民间的自发行为,也指其内容反映了民间的意识形态。这些民间文献的文类包括:族谱/谱牒、契约、账本、歌册、碑刻、科仪书、榜文等等。而民间文献的发掘与使用,必须建立在良好的田野调查工作/参与观察的基础上。从学理层面上说,田野调查既可以提供更多的民间文献和口述资料,也可以为研究工作提供更多的方法和视野。最重要的,田野调查为解读史料及其所反映的民俗事象提供语境(context)或背景(background)。在这个意义上,所谓民俗研究的田野工作,不仅是"走近",

---

① 王日根:《明清小说中的社会史》,北京:中国财政经济出版社2000年版。
② 中国人民政治协商会议福建省崇安委员会文史资料室:《崇安风俗志》,见《崇安县文史资料》第5辑,1985年,第79—91页;邹全荣:《武夷山村野文化》,福州:海潮摄影艺术出版社2003年版。除此以外,1993年出版的"武夷山文化丛书"(福州:福建人民出版社1993年版)实际上也可以当作文献资料来使用,丛书共分9卷,标题依次是:奇山异水;千古之谜;道南理窟;佳茗飘香;洞天佛地;美丽传说;崖摩荟萃;物华天宝;名家赞山。

而且也是"走进"①。

与文献基础相比,民俗研究更为倚重田野调查。田野调查对(中国)民俗研究的兴起,或者说现代中国民俗学科的建立,实际上正是建立在田野调查的基础上的。在20世纪20—30年代,由于受到"走向民间"思潮的影响,学界研究以"眼光向下"为取向,成立各类风俗/民歌/信仰调查会,诞生了中国最早的一批民俗学论著②。这种早期的民俗学研究,实际上很大程度是后来学科细化之后的所谓区域民俗学。以福建地区为例,以顾颉刚、叶国庆等为代表的民俗学家即展开过多方面的调查。其中有部分涉及闽北(武夷山)地区。这些早期的民俗研究,既为我们留下了较为基础的民族志资料,也是民俗学得以成立的方法论基础。后来中国民俗学的发展,即是建立在田野调查的基础上的。就田野工作的"现场"而言,武夷山无疑是一种"理想类型"(Ideal Type)。表现在各类民俗事象(类型和内涵)极其丰富,信仰民俗、节日民俗、物质民俗都极具地方特色。更为重要的是,就纵向的历史而言,它表现为"闽北走廊";就横向的结构而言,它表现为"物的流动"。本文拈出这两个概念,既是武夷山民俗事象的客观反映,也是想借此推动武夷山民俗研究中历史(历时性)与结构(共时性)的互动。在此基础上,以多学科(民俗学/历史学/人类学)的视野对武夷山民俗进行多元审视和交叉论证(详见第三、四部分)。因此,武夷山民俗研究的基础,应是建立在丰富的文献资料基础上的田野调查,将主位研究(emic)与客位研究(etic)结合起来,将"在田野读"和"读田野"结合起来,将"田野中的文献"和"文献中的田野"结合起来。

---

① 关于田野工作中"走近"与"走进"的理论表述,参见威廉·富特·怀特(William H. Whyte):《街角社会:一个意大利人贫民区的社会结构》,黄育馥译,北京:商务印书馆1994年版。
② 王文宝:《中国民俗学史》,成都:巴蜀书社1995年版,第271—284页。

二、研究回顾：问题与关怀

很显然，文献与田野只是武夷山民俗研究的资料和方法论基础；要进一步推动武夷山民俗的研究，必须对以往学术史进行相关的回顾。如前所述，有关武夷山的研究成果已经相当丰富——无论是专题研究还是综合研究。本段只就武夷山民俗及其周边学术史而言，通过条分理梳过去学术界对武夷山民俗的相关研究，在追寻其问题意识和学术关怀基础上，就现有研究的修短优劣作简要介绍，以期更好地推动武夷山民俗的研究。

所谓民俗，即民间风俗的简称，可以理解为"群体内模式化的生活文化"①。按照法国经典民俗学家山狄夫（PieneSainqv）的分类，其主要内容可分为物质生活习俗、精神生活习俗和社会生活习俗②。但在中国民俗学界，一般不采用这种纲目式的分类，而是采用平列式分类，共分巫术民俗；信仰民俗；服饰、饮食、居住之民俗；建筑民俗；制度民俗；生产民俗；岁时节令民俗；生仪礼民俗；商业贸易民俗；游艺民俗等十类③。出于回顾和分析的方便，本文拟以山狄夫的分类为准，而以实际的年代顺序为例进行回顾。需要说明的是，武夷山地区的民俗研究，实际上最早是在对古代闽越人的丧葬习俗研究中开始的；只不过这与本文所说的武夷山民俗有较大出入，且这种古老的崖葬/悬棺葬习俗早已消失不复见，因此本文不拟讨论这部分的研究④。

---

① 高丙中：《"中国民俗志"的书写问题》，载《文化艺术研究》2008年第1期。
② 此处转自中国民间文艺研究会研究部编：《民间文学论丛》，北京：中国民间文艺出版社1981年版，第7页。
③ 张紫晨：《中国民俗与民俗学》，杭州：浙江人民出版社1985年版，第9—11页。
④ 有关这方面的学术史综述参见蒋炳钊：《闽越文化研究的历史与现状》，见福建省炎黄文化研究会、福建省文化厅编：《闽越文化研究》，福州：海峡文艺出版社2002年版，第427—445页。

武夷山民俗事象中，最引人关注的当属节日习俗。虽然从大的文化区上说，武夷山处于传统的化内之地和当代的东南汉人社区范围内，但以蜡烛会和柴头会为代表的民间节日习俗，却成为武夷山民俗区别于其他汉人社区的最典型代表。早在20世纪90年代初，新成立不久的福建民俗研究会就对武夷山的这两大民间盛会展开了研究。曾震中在《武夷山独特岁时节俗初探》中，对武夷山地区独特的闰月饭、晒书节、鱼苗会、柴头会、拔烛桥、修路日、蜡烛会等进行了描述和讨论。其中对闰月饭和柴头会的研究尤为令人注意。闰月饭是在闰年的闰月，由出嫁女的娘家人任意挑选一个合适的日子，认真筹办一餐非常丰盛的酒菜，专门邀请那出嫁的女儿，回娘家吃"闰月饭"。作者指出，"闰月饭"纯粹为妇女诚邀，自然备受广大妇女的崇尚和欢迎。对于柴头会，曾震中同意与清代咸丰元年（1851）年反抗官府"竹丝、明笋和茶叶三大税"的历史活动有关的看法①。龚少峰在《武夷山市"柴头会"研究发轫》中对武夷山市的柴头会进行了初步的研究。在文中，通过对比柴头会日期（二月初六和正月二十七）与清同治五年（1866）斋教农民起义日期（二月十五），并通过民国《崇安县志》对斋教起义的态度，提出柴头会与农民起义之间毫无关联的预设，而且通过实地田野调查和口头采访，否定了约定俗成地将柴头会追溯到清末农民起义的看法。然后在分析柴头会各地集市产品地域结构的基础上，提出"柴头会的形成与人们所具有的时令意识有很深的关连"的说法，认为"柴头会实际上是一个大墟，是集各乡镇墟节之大成的、一年一次的城乡物资交流会"。因此对于这样一种民俗事象的形成，"农时的需要与所处的地理环境是其自发产生的主要因素"。虽然仍然无法确定为什么柴头会在农历二月初六举行，但提出柴头会很可能与道教东华帝君（东王公）诞辰及其庙会有关

---

① 曾震中：《武夷山独特岁时节俗初探》，见陈国强主编：《闽台岁时节日风俗》，厦门：厦门大学出版社1992年版，第85—92页。

的看法①。这种结论，实际上很可能受到了蜡烛会研究的影响。

由于蜡烛会与柴头会都或多或少与信仰民俗有关，因此以这两大民间盛会的研究为焦点，学界很快对武夷山的信仰习俗展开了综合研究。已经无须更多强调，武夷山是中国儒释道三教圆融影响下最杰出的文化代表。这种信仰民俗中三教合一的形成，与武夷山作为"闽北走廊"的地缘环境有关（详见第三部分），对于这种宏观上的把握，已有不少研究，此处不详述②。与蜡烛会有关的信仰习俗，是扣冰古佛的信仰。作为历史时期福建地区最著名的高僧之一，扣冰和尚在《五灯会元》《神僧传》等著名宗教典籍中都有记载，成为武夷山乃至闽北地区最著名的地方信仰。在这方面，以陈支平的两篇论文和张慧远的论文为代表。陈支平在《崇安县辟支古佛崇拜与蜡烛会》一文中，对武夷山扣冰古佛（即辟支古佛）崇拜的缘起、意涵及与之相对应的蜡烛会进行了研究，全文用功能主义的解释模式对扣冰古佛及蜡烛会进行了研究③。在陈支平的另外一篇闽北信仰研究的论文——《闽北建瓯厚山村的三圣公王庙会》中，虽然将区域目标转移到了邻县的建瓯，但是其所研究的三圣公王（李材三兄弟）崇拜其起源地恰恰是在武夷山，并且与整个闽北地区有密切关系。在文章中，陈支平从社会维度和经济维度两方面对三圣王公庙会（农历七月二十三至八月初二）进行了研究；整个研究的思路，则与其对辟支古佛崇拜的研究相类似，指出庙会与商业行为/商品交换之间的关系。④ 张慧远在《武夷山扣冰古佛及其禅法思想》中，则对扣

---

① 龚少峰：《武夷山柴头会研究发轫》，见陈国强主编：《闽台岁时节日风俗》，厦门：厦门大学出版社1992年版，第328—335页。
② 邹义煜：《历史时期武夷山儒释道的构成及其关系》，厦门大学历史系硕士学位论文，2007年等。
③ 陈支平：《崇安县辟支古佛崇拜与蜡烛会》，《寺庙与民间文化研讨会论文集》（下册），台北：台湾"行政院"文化委员会，1995年，第433—455页。
④ 陈支平：《闽北建瓯厚山村的三圣公王庙会》，见庄英章主编：《华南农村社会文化研究论文集》，台北："中央"研究院民族学研究所，2008年，第261—272页。

冰古佛的起源及其禅法思想进行了形而上的分析①。除对辟支古佛（扣冰和尚）信仰的研究以外，学界还对武夷山的三奶娘信仰和妈祖信仰进行了研究。当然从信仰形态上来说，前者无论从祭祀圈还是信仰圈来说，都不出武夷山范围之内，因此可以看成是辟支古佛之外，武夷山地区特有的民间信仰习俗；而后者作为最早产生于福建莆田湄洲岛的海神信仰，对武夷山来说是一种外来信仰习俗，因此对两者的研究建立在不同的学术路径上。大约因为缺少文献资料，三奶娘信仰的研究尚未充分展开，目前仅见于崔如梅的初步研究。在其硕士论文中，崔如梅就下梅镇国庙的三奶娘信仰及其仪式过程进行了初步描述②。而在妈祖信仰的研究方面，周典恩提出妈祖信仰经由武夷山茶商从沿海带到内陆，因而妈祖神格有所扩展的说法③。此外，陈国明和徐晓望等都对闽北最大的妈祖庙——星村天上宫进行了初步讨论④。

在节日习俗和信仰习俗之外，新近对武夷山民俗研究的一个热点，是以建筑、饮食、服饰等为代表的物质民俗的研究。物质民俗的研究，本应是多元交叉研究的畛域，可以与人类学研究传统中有关"物"（或

---

① 张慧远：《武夷山扣冰古佛及其禅法思想》，见《闽文化与武夷山》，厦门：厦门大学出版社2008年版，第122—133页。此外，朱平安《武夷山摩崖石刻与武夷山文化》（厦门：厦门大学出版社2008年版）中，也有对扣冰古佛的少量研究，参见第406—407页。

② 崔如梅：《明清以来下梅村的空间结构及其发展机制》，厦门大学历史系硕士学位论文，2008年，第49—52页。作者还对许真君信仰作了初步讨论，参见第53—54页。有意思的是，肖坤冰的访谈与崔如梅的访谈以及本文在武夷山的田野访谈资料并不一致，参见肖坤冰：《茶叶的流动：晚期民国时期闽北山区的物质、空间与历史叙事》，厦门大学人类学与民族学系博士学位论文，2010年，第213—214页。

③ 周典恩：《移植与嬗变：武夷山妈祖信仰考察》，见《闽文化与武夷山》，厦门：厦门大学出版社2008年版，第161—173页；载《厦门教育学院学报》2008年第9期。很显然，这种解释模式受到了韩森（Valerie Hansen）《变迁之神：南宋时期的民间信仰》（包伟民译，杭州：浙江人民出版社1999年版）的影响；然而从下文的历史解析来看，这种解释模式用于武夷山妈祖信仰的研究中很显然并不合适。

④ 陈国明等：《闽北最大的妈祖庙：武夷山天上宫》，载《福建乡土》2004年第1期；徐晓望：《武夷山市的妈祖庙》，见徐晓望：《闽澳妈祖庙调查》，澳门：澳门中华妈祖基金会2008年，第120—125页。

物质、物质文化）的研究结合起来（详见第四部分）。但就现有的武夷山物质民俗研究来看，尚停留于对建筑、饮食、服饰等民俗事象的表层描述，其背后的文化意义和象征价值并未得到揭示。主要代表性论文有：孙蕴琦《武夷山明清古民居初探》、郑中禄《武夷山历史文化与建筑》、邹全荣、连荣华《到武夷山古民居赏"三雕"》、柯培雄《武夷山宗祠建筑的特色与保护》等①。

在以上简要的回顾中，我们可以看到过去学术界对武夷山民俗研究的重点侧重在三个方面：节日民俗（蜡烛会和柴头会）、信仰民俗（扣冰古佛信仰、三奶娘信仰和妈祖信仰）以及物质民俗（建筑、饮食、服饰等）。其问题意识和学术关怀自蜡烛会和柴头会的研究兴起，与一定的现实关怀/社会关怀相联系；既有形而下的现象描述，又有形而上的抽象分析。然而从广度上说，武夷山民俗研究还缺乏系统性和总体性/整体性；从深度上来说，已有的解释模式尚过于单一。因此，过去学术界对武夷山民俗的研究，与武夷山世界文化遗产的地位并不相符。因此，下文拟以"闽北走廊"与"物的流动"两个概念为统筹，对未来武夷山民俗的研究作相关展望。

三、闽北走廊：民俗与历史

法国年鉴派史学大师马克·布洛赫（Marc Bloch）曾在《历史学家的技艺》中说道，与"知其然"相比，智识的本质绝对在于"知其

---

① 孙蕴琦：《武夷山明清古民居初探》，见《闽文化与武夷山》，厦门：厦门大学出版社2008年版，第190—198页。郑中禄：《武夷山历史文化与建筑》，见石子镜、杨长岳主编：《武夷山与古越文化》，北京：社会科学文献出版社2002年版，第104—108页。邹全荣、连荣华：《到武夷山古民居赏"三雕"》，载《旅游景观》2003年第9期。柯培雄：《武夷山宗祠建筑的特色与保护：以五夫刘氏家祠为例》，载《文艺研究》2010年第11期。

所以然"①；也正是在这种思想基础上，我们可以认为，唯有能在诸现象（或表层结构）之间建立起说明性关系（或深层结构）之后，知识的意义方能得以凸显。其言下之意，即无论是民俗学的研究，还是人类学的研究，对于这种高度依赖田野民族志为基础的（人文）社会科学，都必须要有历史的维度。历史学对于民俗学的意义，似乎就在于沟通当下和过去、沟通结构和历史、沟通共时性和历时性、沟通"知其然"和"知其所以然"。从武夷山民俗研究的角度来说，就是要建构各类民俗事象的"结构过程"（structuring）②。

回头再翻看中国民俗学学术史，可以很清楚地看到，民俗研究中使用历史方法、建构历史维度的传统从一开始就存在。中国最早的民俗学会北京大学歌谣研究会（成立于1922年底）在创办的刊物《歌谣周刊》中，即发表了顾颉刚《吴歌小史》《东岳庙的七十二司》等具有历史深度的民俗学文章。歌谣发刊词中也明确表示风俗的研究"间接即为研究文学、史学、社会学、心理学之良好材料"③。此后随着厦门大学国学研究院和中山大学民俗学会的相继成立，顾颉刚、容肇祖、陈锡襄等学者南下，其坚持历史深度的民俗学研究方法与当时中国"南派"的民族学和人类学传统（"历史学派"）相结合④，进一步提升了民俗学的历史维度。如顾颉刚组织发起的《妙峰山》研究专号、叶国庆《平民十八洞的研究》等，无一不是建立在历史学研究的基础上的。后来顾颉刚所写《孟姜女》系列的考证，更是这种民俗学研究范式影响下的经典作品。至1930年代，林惠祥在《怎样研究民俗学》的演讲中，即明确倡导民

---

① 马克·布洛赫：《历史学家的技艺》，张和声、程郁译，上海：上海社会科学院出版社1992年版。
② 刘志伟：《地域社会与文化的结构过程：珠江三角洲的历史学与人类学对话》，载《历史研究》2003年第1期。
③ 容肇祖：《北大歌谣研究会及风俗调查会的经过》，见苑利主编：《二十世纪中国民俗学经典·学术史卷》，北京：社会科学文献出版社2002年版，第274—291页。
④ 黄向春：《人类学的南方传统及其当代意义》，载《光明日报》2009年6月11日。

俗学要采用历史的研究法，因为"民俗学是历史的材料"①。后来民俗学研究中的历史维度慢慢被削弱，至改革开放以后，民俗学作为一门独立学科并且中国的民俗学者试图建立民俗学研究的中国自主性的时候，又重新提出了民俗学与历史学相结合的命题②。中国民俗学从诞生至复兴的这种路程，以及历史学在此过程中所受到的重视，足以为我们今天的民俗学研究提供新的反思。

所谓"世异则事变，时移则俗易"，当我们重新拾检中国民俗学研究中的历史传统，并以此重新审视武夷山民俗的研究时，就会发现武夷山民俗研究实际上具备了天然的历史方法维度——亦即建构民俗学的历史维度是武夷山民俗研究的自身诉求。这里要提到的就是"闽北走廊"。众所周知，福建远离中原，又有武夷山脉阻隔。正因为如此，在历史时期，中原人入闽路线主要有三条：一条由抚州经杉关到邵武，一条由铅山经分水关到崇安，一条由江山经仙霞关到浦城。其中，铅山经分水关到崇安的路线是主要通道（崇安古道），叫"大关"（大路）；其他两条因水路不如而居次，均叫"小关"（小路）③。如果考虑到整个福建区域史的研究，实际上是在移民史的大框架下主导进行的话，那么可以非常清楚地理解崇安古道这条"闽北走廊"对于武夷山地区，甚至是整个福建地区的影响④。

以"闽北走廊"来考察武夷山民俗的研究，其一，必然注意到的就是移民/族群对民俗的影响。有关这方面的研究，尽管已经有学者开始

---

① 林惠祥：《怎样研究民俗学》，见苑利主编：《二十世纪中国民俗学经典·民俗理论卷》，北京：社会科学文献出版社2002年，第28—29页。
② 白寿彝：《民俗学与历史学》，见苑利主编：《二十世纪中国民俗学经典·民俗理论卷》，北京：社会科学文献出版社2002年，第133—140页。
③ 唐文基主编：《福建古代经济史》，福州：福建教育出版社1995年版，第82—83页。
④ 有关福建区域史研究概述，可参见李金强：《清代福建史论》，香港：香港教育图书公司1996年版，第1—24页。

注意，但还没有引起深入的广泛讨论①。武夷山的民俗事象（如前所述的信仰民俗）呈现出多元、多重的形态，这种形态的发生、流传与演变，必然与相关人群的移动有关。在实际的田野调查中，我们可以看到许多外来移民的因素：如妈祖信仰；如许真君信仰（江西会馆）；如汀州会馆；如龙岩寺等。这些不同的信仰背后，实际上是不同的族群。各种不同的族群及其带来的民俗本身的沿革，成为武夷山民俗研究中必须考量的主题。其二，在"闽北走廊"的视野中，蜡烛会和柴头会的研究应该得到重新审视。前已述及，学界对蜡烛会和柴头会的研究，纷纷将这两大民间盛会与历史记忆、社区信仰联系起来，由于历史文献对这两者之间关系的记载付诸简略，因此似乎很难落实蜡烛会和柴头会的起源及其意义。虽然历史学对于追根溯源的兴趣早已大为减弱，但是对于这种已成为惯习（民俗）一部分的民间盛会，其实仍然可以通过历史记忆或记忆史、象征人类学等方面的多方研究得到更有深度也更为圆润的解释。其三，在"闽北走廊"的视野中，武夷山文化/民俗的这种"走廊"特征得到很大程度的揭示，在此基础上，对于武夷山多元民俗事象的研究就可以建构历时性的交织互动形态，而不是停留于类型化的结构分析。儒释道三教的交织互动，不仅是武夷山之所以成为世界物质文化遗产的重要标杆，也是田野调查中最常见到的社区形态。当我们将历史的因素考虑进来的时候，就会发现各种各样的外来传统，实际上慢慢地叠加、演化，最后形成了武夷山社区自身的文化传统（民俗）。亦即，通过具有历史维度的思考，我们对武夷山民俗的研究可以超越简单对表层的结构描述，而从动态中把握其形成、演变的复杂历史过程。其四，在

---

① 李尾咕：《移民与闽北社会的变迁》，福建师范大学历史文化学院硕士学位论文，2005年。关于"闽北走廊"的提法及其对武夷山社区的总体影响，参见金婷：《两宋时期武夷山文化崛起与闽北走廊的关系》，见朱水涌主编：《武夷山世界文化遗产的监测与研究》，厦门：厦门大学出版社2005年版，第198—212页。关于崇安古道的一般性详细介绍，参见赵建平：《梦断"崇安道"》，载《炎黄纵横》2010年第12期。

"闽北走廊"的视野中，朱熹及宋明理学对武夷山民俗的影响可以得到深层揭示。在历史时期，"化民成俗"（或"美教化，移风俗"）是士人精英，尤其是宋明理学家的基本价值取向和实践动机；言外之意，某地民俗事象的形成，得益于士人精英对"教化"的推动甚多。以朱熹为例，朱熹曾两度长期定居武夷山：宋绍兴十四年至二十四年（1144—1154）；庆元三年至景泰元年（1197—1200）[①]。在武夷山期间，朱熹著述宏富，且多教化之举——建立义仓、推行蒙学等，从历史的视角看，历史时期士人精英的教化是如何被带入地方上去的仍是民俗研究中需要思考的命题。

通常，历史是胜利者的书写，因此历史的书写中就会有消失（减法）、增加（加法）[②]。民俗作为一种文化或地方性知识，具有较强的传承性特征[③]，这意味着对武夷山民俗的研究，可以较为自由地在历时性与共时性之间往返；在现实意义上，通过富有历史深度的民俗研究，可以接续曾经出现过的可以为当下所借用的民俗传统。当下是理解历史的起点，而当下又生活在历史的延长线上，于是历史与当下就有了相互依存且可相互勾连的关系。通过这样的一种沟通/勾连，可以很清楚地看到：哪种民俗事象出现了，为什么会出现；这种民俗事象的出现会伴随着哪种民俗事象的消失；通过闽北走廊传入福建以后，武夷山的民俗事象与外传的民俗事象之间有什么差异；等等。因此，在武夷山民俗的研究中，必须考虑其"闽北走廊"的地缘文化特征，将历史学与民俗学研究结合起来。

---

① 束景南：《朱熹年谱长编》，上海：华东师范大学出版社2001年版。
② 关于历史研究中的"加法"与"减法"的论述，参见葛兆光：《思想史研究中的加法和减法》，载《读书》2003年第1期。
③ "传承性"是钟敬文提出的民俗五大特点之一，参见钟敬文：《民俗文化学发凡》，见苑利主编：《二十世纪中国民俗学经典·民俗理论卷》，北京：社会科学文献出版社2002年，第249—274页。

四、物的流动：狂欢与日常

如果说武夷山地区"闽北走廊"的地缘文化特征，使得武夷山民俗的研究可以很好地与历史学结合起来的话，那么与之相对应的"物的流动"的地缘文化内涵，则使得武夷山民俗的研究可以很好地与人类学结合起来。作为历史时期北方地区进入福建最重要的通道，在崇安古道上来回通过的，不仅是人流，更多是物流，或者由人流带来的物流。而人流和物流带来的，又是文化（民俗）的流动。由此看来，"物的流动"（或物的研究）就成为武夷山民俗研究中可以超越"狂欢与日常"意义的概念。

有必要说明这里对"狂欢"与"日常"概念的使用。通常，人文社会科学学者较为强调事物的"狂欢"一面，即那些有意或无意、主动或被动、自觉或不自觉地打破人们原有日常生活节奏或秩序范围之外的历史或现实事件。这种事件因为通常具有较强的仪式感或阈限意义，因而成为学界关注的重点和热点。因此在这种不同的学科视野之下，产生了不同的研究意义：一般来说，人类学习惯关注"狂欢"，而历史学却总是强调"日常"。如此看来，本文对"狂欢"与"日常"概念的使用，侧重于在时间意义上的表层结构上立论；而赵世瑜在他对庙会的杰出研究中，指出那些庙会"不仅构成了民众的日常生活的一部分，而且也集中体现了特定时节、特定场合的全民狂欢"[①]，其侧重点无疑在社会意义上的深层结构上着眼，故而两者并不完全相同。本文拈出"物的流动"这一概念，目的就在于超越"狂欢"与"日常"之间的二元界限。具体到武夷山民俗的研究上来说，就是在时点上不仅关注柴头会、蜡烛会等

[①] 赵世瑜：《狂欢与日常：明清以来的庙会与民间社会》，北京：生活·读书·新知三联书店2002年版，第47页。

狂欢节日，而且也关注民众的日常生活；在人生礼仪中不仅关注出生、成年、婚姻等通过仪式（Rites of Passage），而且也关注各通过仪式之间的日常（生命/人生）形态。大略言之，这一概念在武夷山民俗研究中的超越性意义可以从以下三个方面得到说明。

其一，茶叶的研究。众所周知，武夷山的"物"首先体现为茶叶。在历史时期，武夷山之被外界认识，主要是生物多样性和作为三大饮料之一的茶叶。已有研究表明，在"五口通商"之前，武夷山茶叶的外销有"海上茶之路"和"陆上关外茶之路"：前者依次通过崇安古道—江西铅山—赣江—大余岭、梅关—北江—广东广州，后者依次通过崇安古道—江西湖口—湖北汉口—山西祁县—俄国恰克图①。"五口通商"以后，"海上茶之路"才逐渐被福州和厦门取代。由此可见，崇安古道（或本文所称"闽北通道"）对于武夷山茶叶的流动意义已经非常明显。然而，对物的研究本身，目的在于抽象出某种日常事物背后的价值和意义。在这方面，肖坤冰的研究是开创性的。在她的博士论文中，肖坤冰揭示了茶叶这种"物"在帝国、茶商与茶工之间的流动过程，茶叶作为一种物如何因消费者对本真性（authenticity）的追求而影响到武夷山的茶叶生产、贸易与消费，尤其精彩的研究可以从作者对近些年来出现于武夷山桐木村"金骏眉"的个案研究中看到②。在这种物的研究中，其所涉及的面向很显然不仅在物本身，也在与物相关的时间、空间与技术层面上，而武夷山茶叶的种植、采摘、生产与销售，都无一例外地与这三大因素有关。时间、空间对于武夷山茶叶、茶农和茶事的重要性自不待言；而已有的研究表明，"是日常技术塑造了物质世界"，这些物质材

---

① 刘彤编著：《中国茶》，北京：五洲传播出版社2005年版，第47—60页；肖坤冰：《帝国、晋商与茶叶：十九世纪中叶前武夷山茶叶在俄罗斯的传播过程》，载《福建师范大学学报》（哲学社会科学版）2009年第2期。

② 肖坤冰：《茶叶的流动：晚清民国时期闽北山区的物质、空间与历史叙事》，厦门大学人类学与民族学系博士学位论文，2010年。

料本身"连缀起一个记录着社会架构之纹理与变化模式的历史文本",因此,对技术的研究就必须嵌入其社会语境中进行审视①。因此,从物的研究角度出发,可以对武夷山茶叶及相关民俗(比如"喊山")作全面的和立体的研究。

其二,食物的研究。就现有武夷山民俗的研究来说,对武夷山饮食民俗的研究还很薄弱,少量出现在《武夷山旅游指南》等小册子中。其中一个很重要的原因,可能是因为武夷山饮食民俗与整个福建省的饮食(所谓"闽菜")传统不相同有关,但似乎也正是这种山区/内地/上游的饮食民俗,使得它与平原/沿海/下游的饮食民俗不同而有自身的地域特色,从而有自身的研究价值。在田野调查中我们可以听到这样的谚语,"北路米,南山茶,西溪鱼,东乡笋"②,这种武夷山"四特"已经概括出了武夷山饮食文化的丰富内涵。在人类学上对物的研究中,食物的研究占有很大的篇幅。早期如道格拉斯(Mary Douglas)和斯特劳斯(Le-vi-Strauss)对食物的综合研究,到近年西敏司(Sidney Wilfred Mintz)和穆素洁(Sucheta Mazumdar)对糖的专题研究等,都体现了这种物的研究对食物的重视③。从武夷山的饮食民俗上来说,其最大的特点,似乎是由米、茶、鱼和笋等自然物品构成的饮食结构④,以物的研究视野来看,我们不禁要问:这种曾经的"野味"如何堂而皇之地进入了普通百姓的餐桌变成"美味"的?其近些年来发展演变的背后是否含有某种程度的"现代性的屈服"?这种饮食民俗的背后体现了怎样的价值观念和心理意涵?

其三,蜡烛会和柴头会的研究。与茶叶和食物的研究相比,如果前

---

① 白馥兰:《技术与性别:晚期帝制中国的权力经纬》,江湄、邓京力译,南京:江苏人民出版社2006年版,第2—18页。
② 邹全荣:《武夷山村野文化》,福州:海潮摄影艺术出版社2003年版,第187—189页。
③ 陈运飘、孙箫韵:《中国饮食人类学初探》,载《广西民族研究》2005年第3期。
④ 除此以外,在武夷山饮食文化中占有重要地位的清明果、蕨菜等,也很明显地体现了这种结构特色。

者属于"日常"的范畴,那么蜡烛会和柴头会则属于"狂欢"的范畴。由于(受制于体例)现有方志对这两大民间盛会的记载极为简略——"蜡烛会者,定期于农历二月二十一日迎古佛。其夜则高烧蜡烛以禳瘟疫而压火灾也。游神之时,爆竹震耳,仕女如云,为一邑极热闹、极繁华之日"(蜡烛会)(《崇安县志》);"柴棍会,二月初六日集中竹竿、柴棍、农具及一切日用品于城坊售之,故名。五夫于正月二十日行立"(柴头会)(《崇安新县志》)①——现有对这两大盛会的研究尚远远不够,对于其起源、发展和演变的解释也并不令人信服。比如,在历史时期,武夷山和整个闽北地区的商业水平并不算高②,因此,尽管庙会与商业活动关系密切,但似乎光用商业发展这种功能主义的模式并不能很好地解释两大盛会。再比如,现有两大盛会——尤其是蜡烛会,在武夷山各地的举行时间并不重合,如果这种时间上的差异体现的是信仰上的地域等级,那么这种等级的划分并不处于一种(空间上的)均质的状态。能够更好地对这两大盛会做出研究和解释的,似乎是"物的流动"这一概念。无论是蜡烛会还是柴头会,其最大的主题——特别是在"文化大革命"以后游神习俗不再的情况下——就是各类物质的交换流动,并且这种流动的物质本身,也随着族群、空间和时代的变化而有不同。从中不难看出,物的研究对于研究蜡烛会和柴头会的重要价值。

严格地说,民俗学上对物质民俗的研究与人类学上对物(质)的研究并不相同——前者更注重具象叙述,后者更注重抽象阐释,但是两者之间的结合,本应是民俗学研究的题中之义。在最基本的意义上,武夷

---

① 分别参见民国:《崇安县志》,转自邹全荣:《武夷山村野文化》,福州:海潮摄影艺术出版社2003年版,第102页;民国:《崇安县新志》,第6卷《礼俗》,影印本,台北:成文出版社1976年版,第165页。
② 如《建宁府志》记载"农力甚勤,不事商贾末技";民国《崇安县志》记载"本县土质肥沃,气候温和……农产较富,从事耕作之农民……生活易于解决。每年除稻作外,他种作物极少栽培",转自陈支平:《福建六大民系》,福州:福建人民出版社2001年版,第234页。

山作为世界自然和物质文化遗产（与非物质文化遗产对举），本身就是一个"物的世界"。朱熹尝言，"饮食者，天理也；要求美味，人欲也"①，可见物/物质本身只是一种自在的存在（天理），只有通过人类社会的活动并在民俗学和人类学者的解读基础上，附加于其上并独具特色的文化叙事（人欲，象征意义）才能得到揭示。因此，只有在民俗学与人类学的双重观照下，这个"物的世界"才能与文化的体系建立联系并获得精神、心态等方面的价值和意义。

诞生于近代的中国民俗学研究，似乎从一开始就具有学术研究之外的价值。如周作人曾在北京大学《〈歌谣周刊〉发刊词》中即说："本会搜集歌谣的目的共有两种：一是学术的，一是文艺的。"② 可见与其他的人文社会科学相比，民俗学拥有更多的实践可能和实践价值。对于武夷山民俗的研究来说，尤其如此。现有对武夷山世界遗产的保护和开发，在民俗方面并未体现出与其身份相匹配的规模。在这方面，加强武夷山民俗的研究，从民俗学、历史学和人类学多学科交叉进行调查研究，不失为武夷山民俗保护和开发的重要基础。在这过程中，作为武夷山民俗事象中最具有地方特色的蜡烛会和柴头会尤其显得重要。而以"闽北走廊"和"物的流通"为统筹概念，就显得尤有价值。

---

① 朱熹：《朱子语类》第13卷，文渊阁四库全书影印本，子部第6册，第199页。
② 周作人：《〈歌谣周刊〉发刊词》，见苑利主编：《二十世纪中国民俗学经典·学术史卷》，北京：社会科学文献出版社2002年版，第272—273页。

后　记

本书撰写最早的论文是《晚清时期的宗法调适与宗族转型——以冯桂芬为例的考察》，系当年本科毕业论文修改而来。随后在读研期间（约2009年），面临着是否读博（即是否"以学术为业"）的困惑，想到本科上"中国史学史"课时，曾读过顾颉刚《古史辨自序》，重读之下就写了《"凡是和我有关的事情总使它和自己愿意研究的学问发生些脉络"——从〈古史辨自序〉看顾颉刚的学术自觉》，收入本书时，不满原作乃做了较大改动。另有四篇论文撰写于博士研究生期间：《闽北走廊与物的流动——武夷山民俗研究的回顾与思考》因参加2011年厦门大学人文学院等组织的武夷山世界文化遗产监测活动而起，《〈山海经〉、民俗学与旅行史——重返江绍原〈中国古代旅行之研究〉的历史世界》是厦门大学基础创新科研基金（研究生项目）"明清时期福建士大夫的旅游论述与实践"结项论文，《由爱乡而爱国——从王毓英看晚清民初的地方自治》则是跟随导师参加温州田野调查后撰写的，《重访中国近代革命的低音——以湖南士绅聂云台为例》是参加第五届"辛亥革命研究青年学者论坛"的产物。

参加工作以后，各种教学、科研及生活琐事缠身，论文写作往往因任务（会议或项目）驱动而起（很难由兴趣驱动）。其中，承蒙武昌辛亥革命研究室仝瑞中兄热忱，受邀参加第六届和第七届"辛亥革命研青年学者论坛",先后撰有《善书与20世纪初的国民话语——从橘朴〈与周氏兄弟的谈话〉说起》《〈扬州十日记〉与辛亥革命——一个书籍史和阅读史的分析》两文。2015年10月24—25日,因参加"山海环境与区域发展:乐清人文历史文化"学术研讨会而写了《宗法与国法——从高谊看民国族谱编纂的现代性》。2017年12月9日,因参加福建省社科界2017年学术年会"严复与中华传统文化的创造性转化、创新性发展"分论坛而写了《变道与变法——严复政治思想的变与不变》。此外,《从"雅集吴门"到"由越而闽"——南社与福建相关史事考述》为命题之作。时福州市美术馆主办内刊《素心》杂志需讨论福建籍南社社员的论文,在无法找到合适人选的情况下,我对相关问题略加考订,撰写成文。

不过对于青年学者而言,"不发表就死亡""为承认而发表"的学术环境毕竟不够友好,我也在各种"跨界"中常为学术研究感到困顿。又因常有跟踪顾颉刚研究,因此在读完余英时《未尽的才情——从〈日记〉看顾颉刚的内心世界》以后,有感于学术研究与个体经验之间存在千丝万缕的交织关系,后复读到丘文豪跟余英时的商榷文章,乃以个体经验而起撰写了《以"避世"求"事业"——论顾颉刚的"事业心"和"避世心"》。至近些年来,因以博士论文为基础的国家社科基金后期资助获批,本欲沉潜修改书稿,却往往因各种琐事所打断。复再读汪辉祖有关史料,对胡适与孟森之间的问答产生兴趣,有感于"明清士绅/乡绅是如何被制造出来"这一问题之重要,乃提炼出"善"与"忧愁"两个关键词加以考察,是有《善与忧愁——从〈病榻梦痕录〉看汪辉祖的精神世界》的出炉。

以上就本书收录的论文写作机缘略作交代。本书在收录这些论文时,除了订正一些必要的错别字和错误标点等以外,一概保留论文原貌。这些论文往往并不成熟,但对于写作者来说,却因此敝帚自珍,同时也别见"今日之我与昨日之我相战"的张力。对于"跨界"的青年学者来说，这种张力有时甚至剧烈到让人感到撕裂，由撕裂进一步带来困顿和疲倦。应对这种困顿和疲倦，或许也是出版本书的目的之一。所以，我要感谢在此过程中从未放弃对我指导和帮助的张侃老师，虽然我时常觉得愧对师恩；感谢一直伴随左右的家人、朋友和同事；感谢单位的培养和帮助，本书的出版得到福建师范大学马克思主义学院相关经费的支持，没有这种支持，本书的出版是不可能的。

聊为后记。

2021 年 11 月 16 日